발상에서 최종 승인까지
논스톱 보고서

회의록 작성·공문서 작성 ChatGPTs 제공

기획역량과 승진을 5년 앞당기는 보고의 힘
발상에서 최종 승인까지
논스톱 보고서

1판 1쇄 인쇄 2025년 12월 10일
1판 1쇄 발행 2025년 12월 15일

지은이 이윤석
펴낸이 송준화
펴낸곳 아틀라스북스
등 록 2014년 8월 26일 제399-2017-000017호

기획편집총괄 송준화
마케팅총괄 박진규
디자인 김민정

주소 (12084) 경기도 남양주시 청학로 78 812호(스파빌)
전화 070-8825-6068
팩스 0303-3441-6068
이메일 atlasbooks@naver.com

ISBN 979-11-88194-55-1 (13320)
값 24,000원

저작권자 ⓒ 이윤석 2025
이 책의 저작권은 저자에게 있습니다. 서면의 의한 저자의 허락없이
내용의 일부를 인용하거나 발췌하는 것을 금합니다.

기획역량과 승진을 5년 앞당기는 보고의 힘

회의록 작성
공문서 작성
ChatGPTs
제공

발상에서 최종 승인까지
논스톱 보고서

이윤석 지음

아틀라스
북스

글을 시작하며

AI 시대 최고의 무기,
기획력 & 보고력

AI와 로봇이 사람의 단순 업무를 대체하는 시대가 됐습니다. 이제 사람에게는 정보를 정리하고, 본질을 정의하며, 설득하는 능력이 어느 때보다 중요해졌습니다. 직장인에게는 그 능력이 바로 '기획력'과 '보고력'이죠. 보고는 단순히 문서를 올리는 절차가 아닙니다. 현상을 정의하고 원인을 파악해 대안을 제시하는 '문제해결의 기술', 상사와 고객의 욕구·두려움·상황을 파악하는 '이해관계자 분석의 기술', 결론부터 말하고 본문과 첨부를 나누어 설명하는 '설득 기술'의 총체가 바로 '보고'입니다.

보고법은 승진과 성공의 가장 확실한 지름길입니다. 보고 한 번에 신뢰를 얻기도 하고, 보고 한 번에 기회를 잃기도 합니다. 그래서 누구나 기획서와 보고서를 잘 쓰고 보고를 잘 하고 싶어하죠. 하지만 그 방법을 제대로 배우기가 쉽지 않습니다. 대부분 선배들의 보고방식이나 조직의 기존 문서형태를 따라하는 식으로 배우다 보니 체계적인 측면이 부족한 경우가 많습니다. 이 책에 그 실전형 기획·보고 노하우를 체계적으로 집대성했습니다. 보고서 잘 쓰는 법을 넘어, 생각을 정리하고 관점을 전환하며 사람의 마음을 움직이는 방법을 담았습니다. 실제로 제가 15년간 이 책의 주제로 강의한 결과, 많은 수강자에게서 확신 없이 따라 하던 것들을 명확하게 습득하고 이해하게 됐다는 반응을 얻었습니다.

이 책은 기획서, 보고서를 잘 쓰는 데 필요한 상황 파악, 이해관계자 분석, 전략적 사고와 함께 실무에서 가장 많이 활용하는 1페이지 보고서, 파워포인트 보고서를 잘 쓰는 노하우를 설명하고 있습니다. 문서가 아무리 좋아도 상대를 설득하지 못하면 의미가 반감되므로, 실전 보고법과 프레젠테이션 방법까지 빠짐없이 다루고 있습니다. 이 책은 기본적으로는 보고서 잘 쓰는 법을 다루지만 크게는 스마트하게 일하는 노하우 전반을 다룬다고 볼 수 있습니다. 여러분이 조직 생활을 하든, 창업을 하든 삶의 중요 순간에는 항상 '문서와 설득'이라는 과정이 따릅니다. 그럴 때 이 책의 내용을 활용하면 남들이 가지지 못한 무기를 지니게 되리라 확신합니다.

AI 시대의 핵심 역량은 단순히 기술을 다루는 능력이 아니라, 기술이 만들어 낸 결과를 어떻게 해석하고 활용하느냐에 있습니다. 이 책은 그런 점에서 '메타인지 생각 정리법'을 AI 시대의 가장 강력한 기획 무기로 제시합니다. AI는 패턴을 이해하고 창조하지만, 목적과 의미를 정의하는 것은 인간입니다. 자신의 생각과 감정을 인식하고 객관화하는 '메타인지'가 높을수록 올바른 선택과 판단을 내릴 수 있습니다. 따라서 앞으로는 AI와 로봇과 협업하면서도, 그 결과를 스스로 해석하고 방향을 제시할 수 있는 사람이 진정한 리더가 될 것입니다.

　이 책은 단순히 AI 활용법을 넘어, 경청과 질문을 통해 정보를 수집하고, 몰입을 기반으로 통찰을 얻으며, 전략적 판단력과 종합적 사고력을 기르는 구체적인 방법을 다룹니다. 철학과 인문학, 리더십의 지혜를 바탕으로 다듬어진 이 사고법들은 수천 명의 실무자와 리더들에게 실질적인 변화를 일으킨 검증된 방법론입니다.

　결국 21세기는 메타인지가 높은 사람이 가장 멀리 가는 시대입니다. AI가 제시한 답을 그대로 받아들이는 사람이 아니라, 그 결과를 자신의 목적과 연결해 재해석하고 다시 질문하는 사람, 그런 사람이 진정으로 생각을 리드하는 사람입니다.

　이 책의 1장은 꼭 정독하길 권합니다. 다른 장들은 순서에 관계 없이 여러분의 업무에 필요할 때 그와 관련된 부분을 찾아 읽어도 좋습니다. 리더로 승진을 앞둔 독자라면 모든 내용을 찬찬히 정독해 보길 권합니다. 여러분이 겪은 다양한 경험을 개념화시켜 완전히 내 것으로 만드는 기회가 될 것입니다. 저는 이 책에서 공공행정, 지식근로 분야 인사전문가, 컨설턴트, 작가, 강사, 스타트업 창업자, 기업 대표 등 다양한 경험과 연구를 통해 쌓은 체계적인 노하우를 최대한 쉽게 설명하려 노력했습니다. 많은 독자가 이 노하우를 업무에 잘 활용하기를 기대합니다. 마지막으로 이런 깨달음을 주신 신과 주변의 모든 분께 감사드립니다.

이윤석

차례

글을 시작하며_ AI 시대 최고의 무기, 기획력 & 보고력   5

1장   인생을 바꾼 깨달음, 보고서 최종 소비장면 상상하기

001   보고서 최종 소비장면 생생하게 그려 보기   16
모든 업무에 활용되는 '관점 전환 능력'

002   내 보고서 낯설게 읽어 보기   20

003   보고상황 입체적으로 파악하기   22
이해관계자의 '욕구―두려움―상황' 분석 / 의사결정권자가 두려워하는 것 반드시 해결해 주기

004   상사가 원하는 것을 파악하는 5가지 질문   30

005   막힘없는 보고서 작성을 위한 3가지 요건   34

2장   메타인지로 선명하게 생각 정리하기

001   메타인지, AI를 이기는 인간의 능력   40
메타인지 개념을 발전시킨 다양한 이론 / 인간의 역할은 최선의 것을 선택하는 것

002   몰입으로 활성화하는 '메타인지 통찰법'   46
'집중+만족' : 몰입으로 메타인지를 활성화하는 루틴 / '지금! 최선인가?' : 메타인지 통찰법

003   '메타인지 상황 인정법', 활로를 뚫는 전략의 핵심   54

004   '한마디로 요약하면?', 생각 정리를 위한 최고의 질문   60

005   '경우의 수 분석법', 치밀한 대안 마련을 위한 도구   64

3장 보고의 품질을 높이는 전략적 사고

001 '문제 인지와 정의', 문제해결의 핵심 70

002 '현상-원인-대안', 문제해결을 위한 3단계 사고 패턴 73
기획 고수의 사고방식 / Root Cause 분석도구 활용법

003 '시간-공간-에너지', 경쟁에서 승리하는 전략적 사고 패턴 80
전략이란 / 전략의 핵심 구성요소 / 전략의 핵심은 '유리한 싸움을 만드는 계산' / 전략의 본질은 '시간-공간-에너지' / 이순신에게서 배우는 에너지 집중 전략 / 전략적 마인드의 첫걸음

004 '퀵 윈 사고 패턴', 최소 자원으로 성과를 내는 기술 91
중장기 과제를 효율적으로 배분하는 방법

005 '최선-보통-최악', 위기를 최소화하는 시나리오 사고 패턴 97
다양한 가능성을 대비하는 전략적 사고 / 쉘(Shell)의 시나리오 경영사례 / 시나리오 사고의 핵심 구조, '최선-보통-최악' 3단계 프레임

006 '통찰 또는 직관', 뿌연 머릿속을 뚫고 나오는 선명한 생각 104

007 '3W 1H 프레임', 콘셉트를 쉽고 빠르게 뽑는 방법 107

4장 압축의 힘이 살아있는 1페이지 보고서

001 '압축과 정보 전달', 1페이지 보고서의 핵심 112
1페이지 보고서에 관한 고정관념 / 1페이지 보고서의 핵심은 '간결함'

002 '본문'과 '첨부'를 나누는 기술 116

003 4가지 보고서 유형별 목차 구성 패턴 120

004 설득 성공의 50%는 '제목과 추진배경' 127

005 '제목 정하기', 보고서 성패를 결정하는 출발점 129
부제 활용의 중요성

006 보고서 호감도를 높이는 '추진배경(목적) 잡기' 136

007 압축효과를 높이는 '표+문장 활용법' 141
008 문장 압축의 비법, '줄일 내용, 늘릴 내용 구분하기' 147
문장 압축의 핵심 기술 / 실전에서 효과적인 4가지 압축기술 / 용어 선택 시 유의할 점
009 문서성격에 적합한 '목차번호 붙이기' 153
010 공문, 원칙에 맞춰 쉽게 작성하기 157
공문의 성립요건 / 결재 의미 이해하기 / 공문 작성 핵심 표기방법 / 10분 만에 공문을 작성하는 핵심 노하우 / 국립국어원의 공공언어 바로 쓰기 자료 활용하기
011 보고의 완벽 마무리, 품의서 만들기 173
품의서란 / 품의서 효과적 활용사례 / 품의서 구성요소별 작성 팁
012 보고서 품질을 결정하는 14가지 점검기준 180

5장   커뮤니케이션 효과를 높이는 이메일 & 회의록

001 이메일, 기록과 정보 공유를 위한 최고의 도구 186
이메일 활용의 3가지 강점 / 이메일 고정관념 깨기 / 비즈니스 이메일 5가지 핵심 구조
002 이메일 작성역량을 높이는 13가지 실전 팁 190
003 업무 구석구석 쓰이는 이메일 효과 197
이메일 공지문 보낼 때 유의할 점
004 현명한 리더의 이메일 활용술 204
005 회의는 집단지성 효과를 발현하는 현장 207
회의는 집단지성의 기술
006 회의 준비는 보고서보다 '토의목록'으로 210
007 회의록, 쉽게 쓰고 효과적으로 활용하는 법 213
회의록의 2가지 역할 / 회의록 쓸 때 도움되는 실전 팁

6장 비즈니스 성공을 위한 사업계획서

001 '사업목적과 미션', 사업계획서의 출발점 220
미션 및 비전 수립방법 / 빠른 미션 수립을 위한 기준표

002 잘 작성된 사업계획서의 3가지 요건 227

003 '가치 & 실행 가능성', 비즈니스 모델의 핵심 230
비즈니스 모델 구상 8가지 핵심 원칙 / 다양한 비즈니스 모델 예시

004 스타트업 사업계획서(IR) 12가지 작성 노하우 235
스타트업 사업계획서 목차 반영 내용 / 스타트업 IR 자료(사업계획서) 작성 시 핵심 포인트

005 연간 사업계획서 6가지 작성 노하우 244

7장 간결함과 전달력이 돋보이는 파워포인트 보고서

001 스티브 잡스형 vs. 맥킨지형 보고서 248
002 맥킨지형 파워포인트 보고서 작성 노하우 251
003 헤드 메시지 간결하고 명확하게 쓰는 법 255
004 헤드 메시지가 돋보이는 5가지 슬라이드 패턴 260
005 파워포인트 보고서와 1페이지 보고서 바꿔서 만들기 274

8장 문서의 설득력을 강화하는 실전 보고법

001 때와 상황에 맞는 보고의 유형 280
002 시간대별로 잘 먹히는 보고방식 284
003 '요약 보고', 초반에 기선을 잡는 보고법 287
결론을 먼저, 부연설명은 나중에

004 '중간 보고', 논스톱 보고의 핵심 기술 295
005 보고의 신뢰와 설득력을 높이는 5가지 핵심 원칙 299
006 보고의 효율을 높이는 3가지 도구 302
007 커뮤니케이션 오류를 없애는 메모 소통법 306
메모를 활용한 소통의 장점 / '확인-우선순위-일정', 메모 활용 업무 협의의 핵심

9장 집중과 호응도를 높이는 프레젠테이션 기술

001 '청중-목적-환경', 프레젠테이션 사전 3P 분석 312
002 '시나리오', 프레젠테이션 생명선 만들기 316
003 '아이 컨택', 프레젠테이션 몰입의 열쇠 319
004 호감과 전달력을 강화하는 발성 & 말 속도 조절법 323
발성과 발음을 잡아 준 '아에이오우' 발성비법 / 발표 긴장을 줄이는 '말 속도 조절법'
005 박수받고 시작하는 첫인사 노하우 327
006 원활한 프레젠테이션 진행을 돕는 실전 팁 329
발표 시 청중 반응에 대처하는 방법 / 막강한 정보격차가 프레젠테이션 성공 요소

10장 종합적 사고력을 키워 주는 정보관리 & AI 활용법

001 '종합적 사고력', 창조적 대안을 뽑는 능력 334
종합적 사고력 강화의 원리
002 보고역량을 높이는 AI & ChatGPTs 활용법 338
생성형 AI가 잘하는 것, 못하는 것 / 생성형 AI에게 하는 지시는 잘게 쪼개서 / ChatGPTs 활용 ① : 회의록 작성기 / ChatGPTs 활용 ② : 공문서 작성기 / 생성형 AI로 보고서 검토하기

003 자료 활용이 편해지는 폴더 & 파일명 구조화 353
구조화된 파일명 작성법

004 과거가 현재를 돕는 업무 히스토리 파악법 359
005 언제 어디서나 생각을 기록하는 클라우드 메모장 362
006 '정보, 깨달음, 도식, 날짜'는 기록의 공통 요소 367
007 '동그라미, 네모, 선'이면 되는 비주얼 씽킹 370
비주얼 씽킹 6가지 기본 패턴

008 엑셀을 활용한 데이터베이스(DB) 관리방법 374
AI·빅데이터와 정보 분석의 중요성 / 1 대 다의 관계 이해하기 / 스프레드시트를 활용한 DB형 자료 관리방법

009 '디지털 & AI 전환(DX & AX)', AI 시대 필수 정보화 마인드 386
DX·AX 마인드란 / 일하는 방식을 바꾸는 작은 DX·AX 마인드 / 기술보다 중요한 건 문제를 푸는 방식

11장　보고역량을 높여 주는 몇 가지 조언

001 보고서 품격을 높여 주는 8단계 발상법 392
002 인정받는 보고는 언제나 '능동형' 396
003 '일기', 생각 정리에 가장 좋은 도구 398
004 '독서', 지식의 뼈대를 제공하는 토대 400
왜 지금, 독서인가 / 누구나 실천할 수 있는 7단계 독서습관 / 창의적 발상을 위한 독서카드 활용법 / 2주 만에 30권 읽는 '주제별 추적 조사법'

005 지혜의 출발점은 모름을 인정하는 것 407

※〈회의록 작성기 ChatGPTs〉는 345쪽, 〈공문서 작성기 ChatGPTs〉는 348쪽에 각각 사용법과 링크 및 QR코드가 있습니다.

1장

인생을 바꾼 깨달음,
보고서 최종 소비장면 상상하기

001
보고서 최종 소비장면 생생하게 그려 보기

이 책을 쓰는 저 역시 처음부터 일을 잘하지는 못했습니다. 제 첫 직업은 군 인사병과 장교였습니다. 그때 상당히 무서운 상관을 모셨었는데, 저는 한동안 보고만 들어가면 박살이 나는 고문관 장교였습니다. 저는 그 상관에게 기획안을 보고하기 무서운 나머지 기획이나 보고 자체에 두려움을 느끼기까지 했습니다. 인생에서 가장 힘든 시기였죠. 상관은 매번 제 보고서를 빨간 펜으로 난도질했고, 제가 모르는 내용만 꼭 집어 묻곤 했습니다. '블랙박스.' 당시 제 상황이 딱 그랬습니다. 상관의 속내가 블랙박스 같이 도대체 알 수 없다는 생각만 들었죠. 혹 여러분도 저와 비슷한 상황에 놓여 있진 않나요?

당시 제가 제일 많이 들은 욕이 '병사보다도 못하다'였습니다. 명색이 장교인 저로서는 수치심이 들 수밖에 없었죠. '까짓 군대생활 대충 때우고 사회 나가서 잘하면 되지 뭐…. 그런데… 군대에서 못하면 사회에서는 더 못하지 않을까?' 매일 밤 이런 고민이 반복됐지만 저는 꽤 오래도록 뚜렷한 답을 내지 못했습니다. 그러던 어느 날! 저는 문득 이렇게 마음을 고쳐먹었습니다.

'내 기필코 저 인간에게 인정을 받으리라!'

물론 현실이 쉽게 바뀌지는 않았습니다. 그러던 어느 토요일 오후, 모두 퇴근한 사무실에서 창밖을 내다보던 제 머리에 갑자기 이런 생각이 떠올랐습니다.

'그래, 보고는 문서를 작성하는 내가 아니라 '상관'이 사단장 앞에서 하는 거잖아!'

그러고 나서 저는 한 번도 생각해 본 적 없던 '상관이 사단장에게 보고하는 장면'을 떠올려 보기로 했습니다. 사단장은 보병이지 인사 전문가는 아닌데, 저는 내내 보고서를 '나 똑똑해요. 나는 인사 전문가라고요'라고 어필하듯 막 써 왔었습니다. 그러니 사단장이 못 알아먹을 보고서를 검토하는 상관은 속이 터질 수밖에 없던 것이었죠.

마침 주말 지나 월요일에 보고할 사항이 있었습니다. 저는 주말 내내 사무실에 혼자 앉아 상관이 제 보고서로 사단장에게 보고하는 장면을 눈앞에 그려보듯 상상하며 보고서를 써 봤습니다. 그러니까 갑자기 사단장이 물어볼 것 같은 내용들이 생각났습니다. 그것들을 보고서에 반영하고, 관련 규정이니 세부 조항 등은 수첩에 적어 두었습니다.

월요일 오전, 상관에게 보고서를 가지고 들어간 저는 정말 놀라운 경험을 했습니다. 여지없이 빨간 펜을 집어 든 상관이 보고서를 끝까지 읽을 때까지 한 줄도 긋지 않은 것이었죠. 그러고는 "됐네!" 하며 넘어가려는 차에 상관이 "여기 이건 왜 이래?" 하고 물어봤습니다. 떨리기는커녕

제가 예상했던 질문이 들어오니 너무 통쾌했습니다. 저는 미리 세부 조항을 적어 놓은 수첩을 보면서 답변했습니다. 그리고 저는 상관에게서 처음으로 "수고했어!"라는 말을 들을 수 있었죠. 저는 지금도 그날의 일이 안 잊힙니다. 말 그대로 처절한 배움을 통해 얻은 깨달음이었죠.

그 뒤로 저는 수십년간 매일 '내 일이 최종 소비되는 장면을 상상'하는 훈련을 했습니다. 이것만 이해해도 여러분은 이 책의 핵심은 다 읽은 셈입니다. 나머지 내용은 제가 얻은 깨달음에 살이 붙은 각론이죠. 이 깨달음을 한 줄로 요약하면 다음과 같습니다.

'내 일(문서)이 최종 소비되는 장면을 리얼하게 상상하라!'

모든 업무에 활용되는 '관점 전환 능력'

모든 문서는 최종 소비자(의사결정권자) 관점으로 만들어야 합니다. 이것이 제가 여러분에게 가장 강조하고 싶은 단 한 가지입니다. 여러분이 어떤 일을 하든 항상 기억하십시오. '최종 소비자!' 저는 그간 인사업무와 여러 조직을 구축하는 일을 해 오면서 수만 명을 뽑아 봤습니다. 하지만 그들 대부분이 '관점'이 어설펐습니다. 자기 관점과 상대방 관점을 적당히 섞어 문서를 작성하니 늘 결과물이 어설펐던 것이죠. 최종 소비자가 편하게 내용을 이해할 수 있게 해 주는 게 제일 중요한데, 그 관점을 떠올려 보려 하지 않았습니다. 이런 '관점 전환' 능력은 보고서 작성뿐 아니라 행사 진행, 서비스 기획, 고객영업 등 모든 분야에서 쓰입니다. 잘 활용하면 업무실력을 극도로 향상할 수 있는 능력이죠. 하지만 실상은 대부분 관점 전환을 안 해 본다는 겁니다.

어찌 보면 군에서의 깨달음이 저를 완전히 바꿔 놓았다고 할 수 있습니다. 그 깨달음이 8대1의 경쟁을 뚫고 대학원에 진학하는 데도, 졸업 후 취업을 하는 데도 큰 도움이 되었으니까요. 그때마다 저는 교수나 면접관이 제 연구계획서나 자기소개서를 읽는 장면을 상상하며 문서를 작성해서 좋은 결과를 얻었습니다. 32세에 첫 책을 쓰고, 34세에 상장기업 인사팀장이 된 데도 이 깨달음이 큰 도움이 됐습니다. 이후 저는 제 전공인 인사영역을 넘어 경영기획, 재무, 투자 유치, 마케팅, 영업 분야에까지 이 '관점 전환' 역량을 적용해 모두 성공적으로 수행할 수 있었습니다. 스타트업 초기 창업 멤버로 합류해 해당 기업을 성장시키는 일을 했을 때도 이것이 저의 차별화된 역량으로 발휘됐습니다.

한때 고문관이었던 저를 다양한 IT기업 조직 구축 전문가로, 스타트업 성공의 주역으로, 13권의 책을 쓴 작가로 만들어 준 이 역량을 여러분도 꼭 키워 보기 바랍니다. 이 책에 담긴 노하우를 여러분에게 맞게끔 조금씩 응용해 적용해 보면 그리 어렵지 않게 그 역량을 갖추게 될 것입니다.

002
내 보고서
낯설게 읽어 보기

업무에 적용할 수 있는 '관점 전환' 비법을 하나 소개하겠습니다. 먼저 여러분이 어떤 조직에서 어떤 문서를 만들든 혼자 고민하지 말고 그 조직에서 작성된, 유사 콘셉트의 문서 샘플을 빨리 찾아보십시오. 그리고 그 샘플을 그냥 베끼듯 활용해서 여러분이 만들 문서의 초안을 빨리 만들어 보세요. 그런 다음 그걸 이면지 등에 출력합니다. 왜 출력하느냐? 컴퓨터 화면으로 보는 문서는 눈에 익어서 수정할 내용이 잘 보이지 않거든요. '관점 전환'이 잘 안 된다는 말이죠.

자, 이제 출력한 문서를 정말 최종 소비자 관점에서 '낯설게' 읽어 보는 게 중요합니다. 마치 남이 작성한 보고서를 보듯 말이죠. 그런 관점으로 쭉 읽다 보면 잘 읽히는 내용이 있는 반면 좀 찜찜한 내용도 보일 겁니다. 그 찜찜한 느낌이 드는 내용에 체크하면 됩니다. 그것들은 대부분 문장이 좀 장황하거나, 정보가 불명확하거나, 대안이 미흡한 듯한 느낌이 드는 내용일 것입니다. 그렇게 체크한 부분만 살짝 바꿔도 여러분의 보고서가 확 좋아집니다.

여러분이 꼭 알아야 할 사실이 있습니다. 여러분이 운 좋게 직장에서 좋은 사수나 샘플을 만난다면 비교적 수월하게 문서를 작성할 수 있을 겁니다. 하지만 그런 사람도 언제든 완전히 새로운 환경에 놓이면 문서 작성에 어려움을 겪을 수밖에 없습니다. 반면에 '낯설게 읽기' 방법을 훈련하면 어디에서 어떤 일이나 샘플을 만나더라도 헤매지 않고 문서를 작성할 수 있습니다. 여러분이 꼭 이 비법을 실천하기를 바라는 마음에서 다시 한 번 '낯설게 읽기' 방법을 정리했습니다.

① 작성한 문서를 이면지 등에 뽑아서 정신을 가볍게 집중하고 낯설게 읽어 봅니다.
② 내 문서가 소비되는 장면을 리얼하게 상상하면서 초연하게 남이 작성한 문서처럼 읽습니다.
③ 다음 1)~3) 예시처럼 느낌이 불편하거나 찜찜한 부분은 표시해 두고, 더 자연스러운 표현을 고민해 봅니다.
  → 1) 문장 장황. 2) 정보 불명확. 3) 대안 미흡 등
④ 앞서 대략적으로 상상해 본 이해관계자(최종 소비자)들의 경험, 지식, 가치관 등을 토대로 보고할 때 나올 만한 질문이나 의견을 생각해 보고, 그것들을 노트 등에 적습니다.

이런 상상을 통해 얻은 내용을 바탕으로 부족한 자료를 보완하고, 문서를 다시 정리합니다.

003
보고상황
입체적으로 파악하기

많은 직장인이 보고서를 작성할 때 무작정 워드나 파워포인트 프로그램부터 엽니다. 그러고 나서 몇 자 치다가 멍을 때리죠. 멍을 때리는 이유는 간단합니다. 보고서를 승인하는 의사결정권자가 무엇을 원하는지 고민해 보지도 않고 보고자 자신의 입장만 생각해서 보고서를 작성하려고 하니 진도가 나가지 않는 것이죠. 따라서 보고서를 쓰기 전에는 지금부터 소개하는 내용을 고민해 봐야 합니다.

이해관계자의 '욕구-두려움-상황' 분석

대부분의 기획은 '사람의 마음을 움직이는 데' 목적이 있습니다. 제품 마케팅 기획이든, 조직 구성원을 위한 복리혜택 기획이든, 국가정책 기획이든, 기획의 90% 이상은 결국 사람의 마음을 움직이는 데 목적이 있습니다. 기획의 직간접적인 이해관계자의 마음을 모른다면 알맹이 없이 겉모습만 그럴 듯한 보고서나 기획안이 나올 가능성이 큽니다.

저는 문서 작성에 앞서 이해관계자들의 마음을 알기 위해 '욕구-두려움-상황' 분석을 합니다. 다른 말로 '원하는 것-걱정하고 두려워하는 것-처해 있는 상황' 분석이라고 풀어 볼 수 있습니다. 역지사지의 구체적인 실행방법으로 볼 수도 있죠. 어떤 사람이든, 돈이 많건 적건 원하는 게 있고, 걱정하고 두려워하는 게 있습니다. 그러니 의사결정권자의 원하는 것이나 걱정하고 두려워하는 것을 보고서가 해결해 주지 못하면 승인받기 어렵습니다. 예를 들어 제안서를 작성한다면 고객이 무엇을 걱정하는지를 고민해서 그것을 좀 더 어필하거나, 고객이 원하는 걸 고민해서 그 내용을 넣어 주면 경쟁 상대보다 조금이라도 앞서갈 수 있다는 것이죠.

제가 겪은 사례를 하나 소개하겠습니다. 제가 A 사에서 일할 때 투자업체인 B 사와 소송이 난 적이 있습니다. 사실 B 사 사장이 먼저 A 사 사장에게 같이 사업을 하자고 제안하며 돈을 꿔줬었는데, 막상 A 사 사업이 어려울 듯하니 대출을 중단하고 돈을 돌려 달라고 한 것입니다. 그러자 A 사 사장은 B 사 사장 때문에 시작한 사업인데 대출을 중단하는 바람에 사업이 멈춰서 피해를 봤다며 소송을 걸었습니다.

제가 이 상황을 지켜보니 두 회사가 소송만 하다가 모두 망할 것 같았습니다. 그래서 '욕구-두려움-상황' 분석을 해 봤죠. A 사 사장의 제일 큰 걱정은 투자금을 다 돌려주면 운영자금이 바닥나는 것이었습니다. B 사 사장은 돈을 돌려받지 못하는 상황이 제일 걱정되었고요. 저는 A 사가 B 사에 투자금을 천천히 돌려주는 게 윈-윈이라고 생각해서 A사 사장에게 이렇게 제안했습니다.

"B 사 사장님에게 투자금을 24개월로 쪼개서 돌려주겠다고 한번 해 보시죠. 그러면 사장님은 투자금을 천천히 돌려주는 사이에 다른 대안을 찾을 수 있으니까 좋고, B 사는 투자금을 조금이라도 돌려받을 수 있으니 반응하지 않을까요?"

A 사 사장은 'B 사 사장이 그 제안을 받아들일 리 없다'고 했지만 저는 전화라도 한번 해 보라고 설득했습니다. 결과는요? 결국 두 사장이 전화한 날 만나서 합의서에 도장 찍고 상황은 끝났습니다. B 사 사장 역시 한 푼도 돌려받지 못하는 상황보다 좋았기에 합의한 것이었죠. 다음 표는 이런 상황을 정리한 것입니다.

───── 욕구 - 두려움 - 상황 예시 ─────

구분	A 사	B 사
욕구	돈을 천천히 돌려주고 싶다. 싸게 넘긴 주식을 돌려받고 싶다.	A 사가 추진하는 사업이 어려울 것 같아 자금 지원을 끊고 기존 대출금을 돌려받고 싶다.
두려움	갑자기 대출금을 돌려주면 자금 곤란이 온다.	사업이 실패하면 대출금을 돌려받지 못할 것 같다.
상황	자금상황이 안 좋다.	다른 투자 실패로 인해 자금상황이 안 좋다.

- B 사는 A 사의 주식가치를 높게 평가하지 않으므로 주식을 매입가격으로 반환하는 데 반대하지 않을 것이다.

- B 사는 대출금을 돌려받지 못하는 상황을 두려워하고 있으므로 A 사에서 대출금을 일정 기간 분할해서 돌려준다고 하면 받아들일 것이다.

대부분 회사에서 위 사례와 유사한 일이 매일같이 벌어집니다. 이런 상황이 벌어질 때마다 저는 다음과 같은 표를 그려서 이해관계자 분석을 해 봅니다. 다음 표처럼 회사에는 재무팀도 있고, 법무팀도 있고, 영업팀도 있습니다. 각 팀별로 각자 원하는 것이나 두려워하는 것이 다르겠죠? 그런 상황을 다음 표처럼 정리해 보면 현재 벌어진 일에 대한 어느 정도의 균형점과 일 처리 방향을 찾을 수 있습니다.

── 욕구 – 두려움 – 상황 분석 예시 ──

구분	이해관계자 1	이해관계자 2	이해관계자 3
누구	영업팀장	재무팀	법무팀
원하는 것	업무를 빨리 처리해서 계약을 잘 진행하는 것	수익성 높게 계약하는 것	리스크 없이 좋은 조건에 계약하는 것
두려워하는 것	업무 처리의 세심함이 부족해서 계약이 깨지는 것	매출 대비 수익성이 떨어져서 회사가 손해 보는 것	거래 상대방에는 도움 되고 우리에게는 리스크가 되는 악성 조항이 포함되는 것
처한 상황	현재 본부장에게서 실적 압박을 받고 있음	회사의 비용 통제 및 수익성 강화 압박을 받고 있음	최근 대형 소송을 당해서 매우 민감하게 업무 처리를 하는 상황임
종합	위의 상황을 종합하면 세심하게 업무 처리를 해서 계약이 깨지지 않도록 하되, 수익성 약화 및 악성 조항이 들어가지 않도록 노력하는 것이 중요함. 특히 전략적으로 수익성을 확보하면서 계약을 하는 데 집중할 필요 있음		

의사결정권자가 두려워하는 것 반드시 해결해 주기

제가 과거 한 국가산하기관의 기획 및 보고서를 코칭해 주었을 때 이런 사례가 있었습니다. 어느 날 해당 기관의 총무 담당자가 기관 지역별 조직의 복지환경이 각기 다른 문제를 해결하는 방안에 대한 기획안을 써서 보여 줬습니다. 제가 검토해 보니 내용은 잘 작성됐는데 마지막에 다음과 같은 내용이 있었습니다. 여러분이 보기엔 어떤가요? 기관장이 두려워하는 것을 해결해 준 것 같나요?

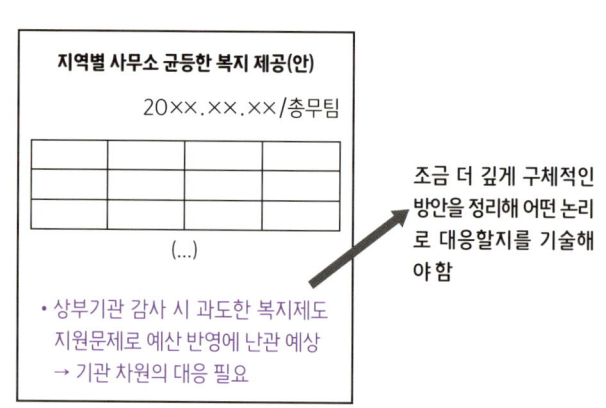

── 두려움을 해결해 주지 못한 기획(안) 사례 ──

기관장이 이 내용을 봤다면 아마 이렇게 피드백했을 가능성이 큽니다.

"김 과장! 내가 이 기획을 맡긴 이유는 기관 차원의 대응방안을 고민해 달라는 거였는데, 그 고민은 안 하고 일을 다시 윗선으로 밀어 올리면 어떻게 해!"

많은 실무자가 이런 실수를 합니다. 다른 것은 몰라도 의사결정권자가 걱정하고 두려워하는 것에 대해서는 논리적인 대안을 제공하려 노력해야 합니다. 힘들겠지만 좀 더 구체적인 방안을 제시해야 합니다. 완벽하지 않더라도 내가 생각할 수 있는 대안을 제시하면 상사와 논의를 시작할 수 있습니다. 이런 식의 대화가 이루어질 수 있다는 것이죠.

"김 과장! 고민 많이 했구나. 음… 내 생각엔 이 부분을 좀 더 반영하면 어떨까 싶네?"

이렇게 기획에는 상대방이 두려워하는 것을 해결할 대안, 논리, 기대 효과 설명, 수치적 증명 등이 반영돼야 승인될 수 있습니다. '욕구-두려움-상황' 3가지 분석은 항상 기획의 가장 중요한 전제가 된다는 점을 꼭 기억해야 합니다. 저는 영업이나 B2B 사업 제안을 하는 실무자들을 코칭할 때도 많습니다. 그런 사람들에게도 저는 제안서를 쓰기 전에 '욕구-두려움-상황' 3가지를 분석해 보라고 합니다. 영업사원에게는 고객이 반복적으로 걱정하고 두려워하는 것이 무엇인지를 꼭 확인해 보라고 합니다. 상대방이 원하는 것과 두려워하는 것을 해결할 내용을 제안서에 잘 반영하면 막연하게 쓴 경쟁 제안서에 비해 성공할 가능성이 높아지기 때문이죠.

제가 가구를 전국에 배송해 주는 풀필먼트 서비스사업을 하는 스타트업에서 직접 영업과 마케팅을 맡아서 제안서를 업그레이드할 때도 이 방법을 활용해 많은 효과를 보았습니다. 제안서의 내상은 가구회사 사장들이었고, 저는 그들이 가장 두려워하고 걱정하는 부분이 이것이라고 생각했습니다. '가구회사 사장도 물류회사를 통해 보낸 가구가 어디쯤 가고 있는지 모르는데, 고객에게서 언제 도착하냐는 문의가 들어오면 대응하기 힘들고 업무 집중도도 끊어져서 스트레스를 받는다.'

그래서 제안서와 구두로 이런 사항을 설명해 줌으로써 영업에 많은 도움이 됐습니다.

"사장님! 저희 회사로 입고만 시키면 가구회사로 걸려 오는 고객 문의전화가 80% 이상 감소됩니다. 알림톡으로 배송이 시작되니 예약전화가 간다는 알림, 상담원의 예약 및 일정 약속, 배송 알림까지 가니 가구회사로 배송 확인 전화가 걸려 오지 않게 됩니다. 그러면 가구를 만드는 데 집중하실 수 있어서 사업이 더 잘 될 겁니다."

위 사례의 상황을 표로 정리하면 다음과 같습니다.

───── 고객의 욕구-두려움-상황에 따른 전략 예시 ─────

구분	고객의 욕구	고객의 두려움	고객의 상황	제안 전략(문구 예시 포함)
가구 회사 사장	-제품 생산에 집중하고 싶음 -전화 문의 없이 안정적 배송 원함	-고객이 '언제 오냐'고 전화함 -배송위치 파악 어려움 -스트레스 및 업무 방해	가구 배송을 물류회사에 위탁하지만 실시간 배송 정보 부재로 클레임 발생	'당사로 입고만 시키면 가구사로 걸려 오는 고객 문의전화가 80% 이상 감소됩니다. 알림톡 예약·상담·배송 알림기능으로 고객 문의를 사전에 차단해 드립니다.' → 고객의 스트레스 해소+주 업무 몰입 가능성 강조

'욕구-두려움-상황' 분석을 제안에 활용할 때는 각 분석요인별로 고객 입장을 다음과 같이 반영하면 됩니다.

- **욕구(원하는 것)** : 무엇을 바라고 있는가, 어떤 것을 얻기를 기대하는가에 주목합니다.
- **두려움(걱정)** : 실제로 고객이 반복해서 스트레스받는 부분을 찾아야 합니다.

- **상황(처한 입장)** : 고객이 어떤 맥락, 시스템, 예산 안에서 움직이고 있는지 분석합니다.

가장 원하고 두려워하는 것을 해결해 주는 것! 이것이 설득의 시작점이 됩니다. 여러분도 일을 하기 전에 항상 위와 같은 표를 활용해 이해관계자들이 어떤 입장인지 분석하는 훈련을 해 보십시오. 그러면 점차 일을 어떻게 풀어가야 하는지, 어느 선을 지켜야 판이 깨지지 않을지가 보이게 될 겁니다. 이 방법은 제안은 물론 협상, 정책 수립 등 다양한 분야에 활용할 수 있습니다.

004
상사가 원하는 것을
파악하는 5가지 질문

보고에 실패하는 사람은 대부분 '상황 분석? 보고서만 잘 쓰면 되지, 그런 게 왜 필요해?', '정말 열심히 기획한 건데 팀장님은 왜 그걸 몰라주실까?' 같은 생각을 합니다. 이래서는 인정받는 보고나 기획을 할 수 없습니다. 앞서 강조했듯 보고나 기획을 할 때는 먼저 '입체적 상황 분석'을 해 봐야 합니다. 즉, 상사가 '구체적으로 무엇을 원하는지'부터 파악해야 한다는 것이죠. 이를 효과적으로 파악하려면 다음 5가지 질문에 대한 답을 찾아봐야 합니다.

❶ 확정된 결론을 원하는가? 여러 대안을 원하는가?
먼저 상사가 확정된 결론을 원하는지, 아니면 여러 대안을 제시해 주기를 원하는지부터 고민해야 합니다. 대부분의 상사는 부하직원의 보고내용에 대해 자신의 의견을 제시하고 싶어합니다. 따라서 보고서나

기획안을 작성할 때는 다음과 같은 표를 이용해서 상사가 고려할 만한 여러 대안과 함께 각각의 장단점을 제시하는 편이 좋습니다. 그 중에서 보고자가 가장 좋다고 생각하는 대안을 추천하는 방식을 활용하면 보고의 성공확률을 높일 수 있습니다.

구분	1안	2안	3안
내용			
장단점			

※1안 추천 : 사유 설명

❷ 긴급성을 원하는가? 정확성을 원하는가?

상사가 긴급성을 원하는지, 정확성을 원하는지도 명확히 파악해야 합니다. 상사에게 직접 '급한 건인가요? 아니면 정확하게 정리해 드릴까요?' 등의 질문을 해서 파악하는 방법이 좋습니다. 만일 긴급성이 중요한 보고라면 엑셀 프로그램 등으로 보고자료를 빨리 만드는 게 좋습니다. 파워포인트 프로그램으로 자료를 한 땀 한 땀 만들면 상사에게서 한 소리 들을 가능성이 큽니다.

❸ 현재 상사가 상위 결재권자에게서 어떤 환경에 처해 있는가?

상사 위에는 또 다른 상사가 있습니다. 따라서 현재 상사가 상위 결재권자에게서 어떤 환경에 처해 있는지를 고민하지 않으면 보고가 어려워질 수 있습니다. 이를 정확히 파악하는 데는 평소 하루에 10~15분 정도 타 부서 구성원들과 티미팅을 해 보는 방식이 바람직합니다. 남들은 다 아는 사실을 자신의 부서에서만 모를 때가 많기 때문이죠. 상사가 불편한 이야기를 직속 구성원들에게 잘 하지 않기 때문에 주변에 확인하는 것도 필요합니다.

④ 상사나 상위 결재권자는 주로 어떤 의견과 가치관을 가지고 있는가?

사람은 잘 안 바뀝니다. 저 역시 결혼한 지 20년이 넘었지만 아내의 성격도 제 자신의 성격도 거의 바뀌지 않더라고요. 직장에서도 마찬가지입니다. 따라서 기획이나 보고를 할 때는 상사나 그 상위 결재권자의 가치관이나 성향을 일단 인정하고 수용해야 합니다. 특히 추진하려는 일을 성공시키려면 상사 등의 가치관이나 성향을 고려해서 지금 당장 바꿀 수 없는 부분을 확인하고 인정한 뒤에 개선할 수 있는 부분에 집중하는 것이 좋습니다. 살을 주고(상황을 인정하고), 뼈를 취하는(꼭 이루고 싶은 것에 집중하는 것) 전략이 필요하다는 의미입니다.

⑤ 최종 결재권자는 어떤 방식의 보고를 선호하는가?

제가 아는 유명 파워포인트 강사가 있습니다. 하루는 제가 그 강사에게 왜 회사를 나와서 전문 강사가 됐냐고 물었습니다. 그랬더니 그는 예전 회사 최종 의사결정권자가 1페이지 보고서만 좋아해서 자기의 파워포인트 보고서를 인정받지 못해서 그랬다고 했습니다. 전문 파워포인트 강사라도 '나는 다 귀찮아. 1페이지 보고서로 가져와!'라는 최종 의사결정권자를 상대하기는 어렵다는 의미이죠. 이런 경우라도 보고자는 최종 결재권자의 성향에 맞출 수 있어야 합니다. '내가 파워포인트의 신

세계를 보여주리라' 하는 마음은 접어두는 게 바람직하죠. 반대로 최종 결재권자가 1페이지 보고서보다는 파워포인트 보고서를 선호하는 경우에도 그 성향에 맞출 수 있어야 합니다. 한마디로 보고를 할 때는 무조건 보고서의 '최종 소비자(결재권자)의 선호도'를 먼저 고려해야 합니다. 그런데 간혹 최종 결재권자와 중간 결재권자의 선호도가 달라서 고민될 때가 있습니다. 이럴 때는 보고서를 최종 결재권자가 선호하는 방식으로 구성하되, 중간 결재권자가 선호하는 부분도 일정 수준 반영하는 전략을 취하면 좋습니다.

005
막힘없는 보고서 작성을 위한 3가지 요건

앞서 말했듯이 많은 실무자가 보고서를 쓰라고 하면 일단 워드나 파워포인트 프로그램부터 켜고 나서 진도를 못 뽑고 멍을 때립니다. 그러다 상사가 지나가면 갑자기 키보드를 두들기는 척하다 또 멍을 때리죠. 상사가 모를까요? 그럴 리 없죠. 화면이 안 바뀌는데요. 멍 때림의 이유는 입력된 정보(Data)가 없어서입니다. 그러니 보고서라는 결과값도 나오지 않는 것이죠. 멍 때림 없이 보고서를 잘 쓰려면 다음 3가지 요건이 필요합니다.

첫 번째 요건은 '정보 충전'입니다. 쉽게 표현하면 '자료 읽기'죠. 여러분이 쓰려는 보고서와 관련된 예전 품의서나 보고서, 인터넷 검색, 구글링, 생성형 AI 대화, 회사 내부 자료방 등에서 자료를 찾아 읽어 보는 것이 중요합니다. 당연히 멍 때리며 시간을 허비하는 것보다 좋은 방법이겠죠?

두 번째 요건은 '현장 파악'입니다. 저는 이 요건을 되게 중요하게 생각합니다. 상사에게 보고하면서 보고서 내용을 '저 혼자 생각해 본 의견'이라고 하면 힘이 빠질 수밖에 없을 테니까요. 저는 보고서를 쓸 때 티미팅 등을 이용해 꼭 현업 의견을 묻습니다. 담당이 타지역에 있다면 전화라도 해 봅니다. 전화로 "김 팀장님, 잘 지내죠? 제가 보고서 방향을 이렇게 잡아 보려는데 어떻게 생각하세요?"라고 물으면 자기 입장에서의 속마음을 얘기해 줍니다. 이러면 보고를 할 때 의사결정권자가 "이거 현업에는 좀 물어봤나?"라고 물었을 때 "네, A 팀은 이런 의견이고, B 팀은 저런 의견이니까 이 정도 안이면 딱 괜찮을 것 같습니다" 하고 자신 있게 답할 수 있습니다. 그러면 OK가 나오겠죠?

이렇게 현장 이해관계자들의 의견을 들어 보는 것을 '관점 정보 획득'이라고 합니다. 보고서 초안을 뽑은 다음에 입장이 다른 사람의 머릿속 의견을 들어 보면 내 보고서에서 취할 균형점이 어딘지 보입니다. 안 그러면? 대부분 탁상공론 보고서가 되고 맙니다. 이런 보고서를 보는 사람은 시간이 아깝다는 생각이 들지 않을까요? 저는 이해관계자 의견 청취방법으로 '티미팅'을 추천합니다. 수시로 주변 이해관계자들과 차를 마시며 가볍게 툭 던지듯 물어보면 그들 관점에서의 의견을 주게 돼 있습니다. 굳이 정식 회의자리를 만들 필요가 없죠.

세 번째 요건은 '현실적 대안 제시'입니다. 이와 관련해 많은 실무자가 '구색 맞추기'를 하는 실수를 합니다. 보고서에 한두 개의 좋은 대안을 제시하고도 왠지 부족해 보이니까 현실성 없는 대안을 껴 넣어서 3개를 채우는 식이죠. 이러면 좋은 소리를 듣지 못합니다. 대안은 사람의 마음을 움직여야 하는데 현학적이고 그럴듯하게 구색만 맞춘 안을 껴 넣었으니 보고서를 보는 사람이 좋아할 리 없는 것이죠. 이럴 때 제가 활용하는 자기 판단 기준은 스스로 이런 질문을 해 보는 겁니다.

'너라면 하겠냐?'

기획을 잘 못하는 사람의 기획안에는 단서조항이 많습니다. 사은품을 준다는 홍보문구에 '단, 단, 단' 하는 단서조항이 많으면 어떨까요? 김새겠죠? 보고서에서 대안을 제시할 때도 똑같습니다. 확실한 안이 2가지면 2가지만 반영해야 합니다. 굳이 나도 안 할 세 번째 대안으로 구색 맞출 필요가 없습니다. 괜히 혼도 나고 기획력 떨어진다는 핀잔을 들을 뿐이죠. 확실한 대안만 넣는 것도 기획입니다. 좋은 질문이 또 하나 있습니다.

'내게 요구할 만한 것을 다른 사람에게 요구하고 있는가?'

예를 들어 어떤 실무자가 작성항목을 매우 세밀하게 구성한 양식을 만들었다고 해 보죠. 그런데 작성자가 그 양식을 채우는 데 30분 넘게 걸린다면 열받을까요, 안 받을까요? 폭발하겠죠? 이렇게 나라도 작성하다 짜증날 만한 양식을 만들어 놓고 내가 일을 잘한다고 생각하면 오산입니다. 나도 안 할 일을 다른 사람에게 요구하고 있는 거니까요. 무엇을 기획하든 이것이 굉장히 중요한 포인트입니다. 나라도 할 정도로 내용을 많이 빼내고 '이 정도면 하겠지'라는 관점으로 만들 필요가 있습니다. 이것도 최종 소비되는 장면을 상상해 보면 답이 나올 때가 많습니다.

―― 기획·보고의 3가지 성공요건 ――

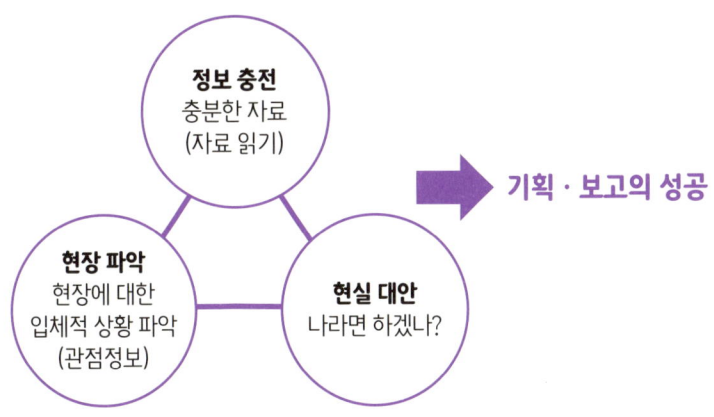

　기획이나 보고서 작성의 본질은 결국 '자료를 읽고, 현장 이야기를 듣고, 현실적인 대안을 내는 것'입니다. 이 3가지만 지켜도 멍 때림이 사라지고, 상사와 조직이 원하는 답이 담긴 기획이나 보고를 할 수 있습니다. 기획이나 보고능력은 특별한 재능이 아니라 작은 습관의 차이에서 비롯됩니다.

2장

메타인지로
선명하게 생각 정리하기

001
메타인지,
AI를 이기는 인간의 능력

보고서를 잘 쓰려면 단순히 자료를 모으는 것만으로는 부족합니다. 핵심은 내가 무엇을 알고, 무엇을 모르는지 명확히 구분하고, 이를 바탕으로 상대가 궁금해할 지점을 미리 준비하는 힘입니다. 이것이 바로 '메타인지'입니다. 메타인지가 약하면 머릿속은 익숙한 표현과 데이터로 가득해도 정작 상사가 묻는 질문에는 답을 못해 보고가 무너집니다. 반대로 메타인지가 높은 사람은 자신의 사고를 한 발 떨어져 바라보며 보고서의 빈 곳을 메우고, 읽는 사람이 어떻게 받아들일지까지 시뮬레이션하면서 문서를 완성합니다. 결국 '메타인지 역량을 얼마나 키웠는가'가 보고서 작성의 출발점이라고 해도 과언이 아닙니다.

메타인지 개념을 발전시킨 다양한 이론

　1950년대부터 사람처럼 학습, 생각, 판단, 행동하는 인공지능(Artificial Intelligence) 연구가 활성화되면서 컴퓨터의 정보 처리 과정과 인간 심리의 정보 처리 과정을 비교 연구하는 인지심리학이 발전했습니다. 이로 인해 인간 심리를 좀 더 체계적으로 분석하게 됐고, 인간의 자의식(자기인식) 등이 컴퓨터가 모방하기 어려운 영역임이 구체화됐죠. 1976년에는 존 플라벨(John H. Flavell)에 의해 '메타인지'라는 개념이 발달심리학, 인지심리학 영역에 도입돼 심리학의 폭을 넓히는 새로운 전기가 마련됐습니다.

　'메타인지(meta認知, metacognition)'는 자신의 생각, 감정 등을 관찰, 제어, 판단할 수 있는 상위인지·고도인지를 말하는 것으로, 자신의 생각을 바라보거나 관찰할 수 있는 인식 등으로 설명됩니다. 메타인지는 학습능력을 극대화하는 측면에서 연구 발전했는데, 다양한 문헌 연구를 통해서 이것이 여러 철학자가 말한 인간 본성과 인식에 대한 핵심 연구내용과 동일한 점을 발견했습니다. 한 예로 애덤 스미스는 《도덕감정론》에서 우리 내면의 공정한 관찰자를 강조하며, 이 '공정한 관찰자가 공감하도록 행동해야 우리가 행복하고 올바른 삶을 살 수 있다'라고 했는데, 이는 메타인지의 '상위인지 기능'과 동일한 내용입니다. 심리학자인 김경일 교수는 메타인지의 핵심적인 특성을 이렇게 이야기합니다.

① 내가 무엇을 아는지 모르는지를 아는 능력
② 기존 것을 낯설게 보고 새로운 것을 찾아 낼 수 있는 능력

③ 서로 멀리 떨어져 관련이 없는 것들을 연결시켜 문제를 해결할 수 있는 능력 등

그리고 인간이 사는 동안 발생하는 문제의 50% 정도가 메타인지 오류에서 비롯된다고 하죠. 그는 명확히 '안다'는 것은 내가 남에게 잘 설명할 수 있어야 하는 것이라고 하면서, 우리가 단지 익숙하다는 이유로 모르면서 안다고 착각하는 것은 '메타인지에 속는 것'이라고 이야기합니다. 또 그는 '아는 영역'에서는 이제 인간이 AI나 컴퓨터를 이기기 어렵지만, '내가 무엇을 모르는지 아는 영역'에서는 영원히 인간이 컴퓨터를 이길 수 있다고 합니다. 인간은 모르는 것을 바로 모른다고 알 수 있는데 컴퓨터는 자기 자료를 모두 검색하고 나서야 모른다는 것을 알 수 있기 때문이죠. 이렇듯 인간은 자신이 무엇을 모르는지를 알기에 컴퓨터나 AI를 이용해 더 좋은 것을 만들 수 있는 것이죠.

한편, 조직심리학자인 타샤 유리크는 자기인식을 '자신을 명확하게 보는 능력'이라고 정의하며, 자기인식이 예술, 정신 수향, 언어 등 고등한 인간의 표현형식의 토대가 됐다고 이야기합니다. 자기인식이 21세기가 요구하는 메타 기능이라며, 오늘날 성공의 결정적인 자질들인 정서지능(EQ), 공감능력, 영향력, 설득력, 소통능력, 협동심 등은 모두 자기인식에서 나온다고 주장합니다. 하지만 대부분의 사람이 자기인식의 반대인 자기망상을 선택한다고 합니다.

그는 자기인식이라는 주제의 연원은 기원전 600년까지 올라가지만 과학적 탐구의 대상이 된 지는 겨우 40년밖에 되지 않았다며, 수천 년

동안 자기인식은 철학과 종교분야에서만 다루어졌다고 이야기합니다. 플라톤, 플로티노스, 우파니샤드 등에서 자기인식을 연구해 왔는데, 심리학계에서는 그에 대한 근시안적이고 지엽적인 사항에만 집중하며 시간을 허비했다고 비판합니다.

그는 자기인식이 높은 사람은 가치, 열정, 포부, 적합한 환경, 행동양식, 반응, 영향력 등 7가지 통찰력을 가진다면서, 그 대표적인 인물로 벤저민 프랭클린을 꼽습니다. 그가 절제, 침묵, 질서, 결단, 검소, 근면, 진실, 정의, 중용, 청결, 침착, 순결, 겸손 등 13가지 덕목을 세우고, 매일 성찰하며 자기인식을 강화했다는 것이죠.

심리학자이자 《죽음의 수용소에서》의 저자 빅터 프랭클의 사례는 메타인지의 중요성을 명확히 보여줍니다. 그는 프로이트 심리학을 배우며 자란 운명론자로, 어린시절 경험이 우리 삶을 결정한다는 프로이트의 주장을 신봉했다고 합니다. 그런 그가 나치의 유대인 강제 수용소의 작은 감방에서 발가벗겨진 채로 있을 때 자신의 상태를 관찰자 입장에서 바라볼 수 있게 됐다고 합니다. 그리고 가장 치욕적인 상황에서도 우리에게는 자극과 반응 사이에서 선택할 수 있는 자유가 있다는 것, 그것은 '자신을 관찰하는 자아의식'에 의해 가능한 것이었다고 설명합니다. 극도의 상황에 처한 빅터 프랭클은 자신의 생각을 관찰할 수 있는 메타인지가 활성화됨으로써 자아 존중과 행동 변화를 통해 인생의 큰 변화를 만들어 낼 수 있었던 것이죠. 스티븐 코비가 이 빅터 프랭클의 사례를 모티브로 세계적인 베스트셀러인 《성공하는 사람들의 7가지 습관》을 쓰기도 했습니다.

리더십의 권위자 로버튼 퀸 교수는 '리더는 난제가 발생하면 한 차원 높은 시각, 다시 말해 리더십의 근원적 상태(the fundamental state of leadership)의 활용이 필요하다'라고 이야기합니다. 리더가 이 상태에 들어가면 안전 지향적 생각이 결과 지향적으로, 외부 지향적 생각이 가치 지향적으로, 자기 지향적 생각이 윈-윈(Win-Win) 지향적으로, 외부 폐쇄적 생각이 외부 개방적으로 변화돼 어려운 문제를 해결할 수 있다는 것이죠. 그가 말하는 리더십의 근원적 상태가 바로 '메타인지가 활성화된 상태'를 의미합니다.

인간의 역할은 최선의 것을 선택하는 것

인간은 있고 AI는 없는 것이 무엇일까요? 인간에 비해 학습력도 기억력도 월등한 AI에게 없는 것이라니 좀 와닿지 않나요? 바로 '자의식'입니다. 자의식은 인간이 느끼는 '나(我)'라는 중심점, 다른 말로 '존재감'이나 '주인공의식'이라고도 합니다. 이것이 '메타인지'라고 할 수 있죠. 자신의 생각과 감정을 관찰할 수 있는 텅 비고 또렷한 인식을 동양에서는 '양심(良心)', '양지(良知)'라고도 불렀고, 유학(儒學)에서는 '허령지각(虛靈知覺, 텅 비어 신령스럽게 인식하는 마음)'이라고 이야기했습니다. 모두 메타인지가 깨어났을 때의 상태를 뜻하죠. 앞서 말했듯 애덤 스미스는 이 인식을 '공정한 관찰자'라고 했고, 칸트는 '내면의 판관'이라고 했습니다. 이런 인식에는 '올바른 선택을 할 수 있는 능력'이 내포돼 있는데, 동·서양 철학에서는 그런 선택을 '중용(中庸)'이라고 부릅니다.

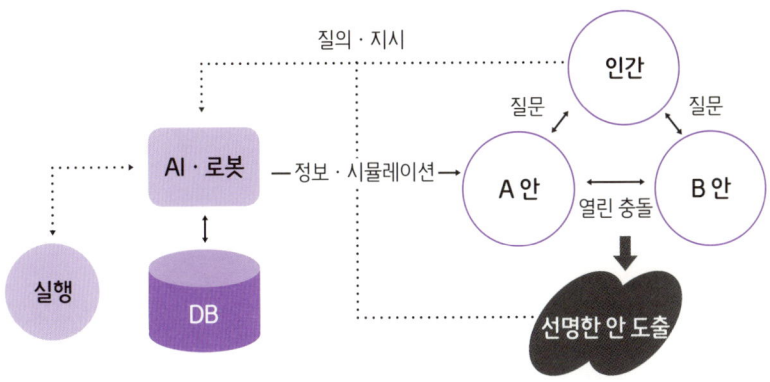

오늘날 AI는 우리에게 끊임없이 정보와 대안을 제시합니다. AI가 제일 잘하는 것이 수많은 정보 속에서 새로운 패턴을 발견하는 것이니까요. 그중 최선의 것을 선택하는 것이 바로 인간의 가장 중요한 역할이 될 것입니다. 그런데 메타인지를 통해 현명하게 선택하는 능력이 부족하다면 AI와 협업하는 시대에 뒤떨어지는 사람이 될 것입니다. AI를 무서워할 필요는 없을 듯합니다. AI가 아무리 학습하더라도 영혼이라는 인간의 자의식이 생기지는 않을 테니까요. 비슷하게 흉내낼 뿐이겠죠. 따라서 메타인지 통찰법을 연습해 인간만 가진 역량을 강화하는 것이 정말 중요해질 것입니다. 즉, 위의 그림처럼 앞으로는 인간에게 AI와 로봇이 주는 정보와 대안을 바탕으로 여러 사람과 열린 마음으로 질문과 경청을 하며 대안을 찾고, 그것을 다시 AI와 로봇에게 지시하는 역량이 정말 중요해질 것입니다.

002
몰입으로 활성화하는 '메타인지 통찰법'

대부분 회사에서 원하는 인재상 또는 공통 역량이 무엇일까요? 저는 평생 HR 분야에 몸담으면서 이 역량이 문제해결·창의력, 소통·협업능력 2가지임을 깨달았습니다. 그리고 이 2가지 역량이 잘 갖춰진 사람과 부족한 사람의 차이가 무엇인지 연구했습니다. 그 결과, '몰입능력'이 좋은 사람은 이 2가지 역량이 높다는 사실을 알게 됐죠. 몰입능력이 좋으면 시야가 넓어져 남의 입장이 잘 보입니다. 그래서 타인과 소통하고 협업할 때 좋은 역량을 발휘할 수 있죠. 또 몰입상태에서는 자주 '아!' 하는 영감이나 직관, 깨달음 등이 잘 일어나고, 서로 떨어져서 전혀 연결되지 않을 듯한 것들이 통합돼 문제해결을 위한 새로운 대안이 잘 도출됩니다.

몰입상태에서는 메타인지도 자연스럽게 활성화됩니다. 정신이 또렷해지면서 자신의 생각과 감정을 관찰할 수 있게 되죠. 이것은 제가 그동

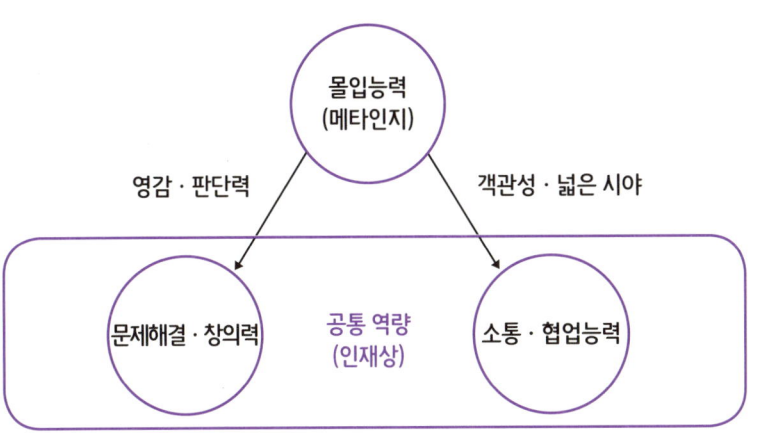

안 여러 조직을 안정적으로 구축하고 성장시킨 비법이기도 합니다. 저는 채용 인터뷰를 할 때도 눈빛이 또렷하며 아이 컨택을 잘하고, 자신의 역량의 장단점을 솔직하게 말하는 인재를 주로 뽑습니다. 이력서 경력이 조금 약해도, 큰 회사 출신이 아니어도 이런 사람들은 조직에 빠르게 적응하고, 주변과 소통·협력을 잘해 조직의 성과에 기여합니다.

몰입능력이 좋은 사람들은 외부에서 들어오는 정보나 자극을 '있는 그대로' 봅니다. 그래서 올바른 선택과 판단을 할 가능성이 큽니다. 반면에 몰입능력이 부족한 사람들은 외부에서 들어오는 정보나 자극을 '자신의 과거 경험이나 신념으로 셜러서' 인식합니다. 심리학 용어로 '확증편향'이라고 하죠. 확증편향에 빠지면 모든 것을 과거 기준으로 판단합니다. 새로운 문제를 창의적으로 해결하지 못하고, 자기고집을 부려 주변과의 소통과 협력이 어려워지죠. 속된 말로 '꼰대'가 됩니다. 꼰대가 많은 조직이 잘 될 리 없다는 사실은 여러분도 잘 알고 있겠죠?

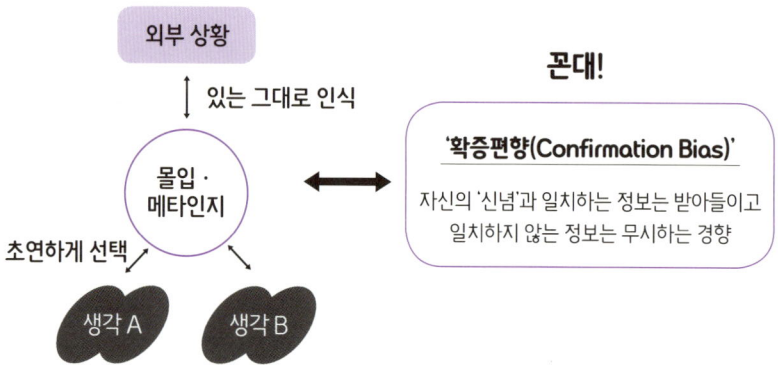

애덤 스미스는 확증편향이나 자기합리화에 빠진 사람을 '자기애에 빠진 사람'이라고 했고, 타샤 유리크는 '자기망상에 빠진 사람'이라고 했습니다. 조직에 가장 도움이 안 되는 부류이죠. 이런 사람들이 많은 조직은 서로 간에 벽을 치고 소통이 단절됩니다. 이런 조직에게 고객을 감동시키는 창조적인 제품을 기대하기는 어렵겠죠?

'집중+만족' : 몰입으로 메타인지를 활성화하는 루틴

스티븐 코비는 《성공하는 사람들의 7가지 습관》에서 '성공하는 주도적인 사람들은 외부의 자극이 들어오면 바로 반응하지 않고, 자극과 반응 사이 공간에 원칙 중심의 가치관이 있어서 이것에 따라 외부 자극에 선택적으로 반응한다'고 이야기합니다. 그가 말하는 '원칙 중심의 가치관'이 바로 '메타인지'입니다.

──── 주도적인 사람이 가진 원칙 중심 가치관 ────

  ➡ 주도적인 사람(성공하는 사람, 삶의 주인으로 사는 사람)

자극 / 원칙 중심의 가치관 / 선택적 반응

  그런데 저는 그 책을 아무리 보아도 자극과 반응 사이에 원칙 중심의 가치관이 들어갈 공간을 만드는 훈련법을 찾을 수 없었습니다. 실제로 리더십이나 코칭 교육을 받은 사람들도 2주 정도 지나면 외부 자극에 즉각적으로 반응하는 원래 상태로 돌아가곤 했습니다. 저는 '사람은 정말 바뀌지 않는 걸까?'가 정말 고민됐습니다. '자극과 반응 사이의 공간 만들기'는 저의 평생 화두가 됐고, 20여 년간 이 주제를 연구했습니다.

  인문학 공부와 명상 등을 통해 수없이 찾고 찾은 끝에 저는 동양의 한 자성어에서 그 답을 찾았습니다. 전 세계에 찾아 돌아다닌 파랑새를 결국 집에서 찾았다는 이야기처럼요. 어린시절부터 아버지에게서 매일 들었던 '정신일도 하사불성(精神一到何事不成, 정신을 하나로 모으면 이루지 못하는 일이 없다)'이 그 답이었습니다. 즉, '몰입'을 통해 스티브 코비가 말한 '원칙 중심의 가치관', 다시 말해 '메타인지'를 활성화할 수 있다는 것이죠. 이후 저는 15년 동안 몰입능력을 키우고 활용해 수많은 문제들을 해결했고, 이 능력을 많은 사람에 전하는 과정에서 다음과 같이 일종의 과학공식처럼 몰입에 들어가는 공식을 정리할 수 있었습니다.

• 집중+만족→몰입

'가볍게 집중하고 그 상태에 만족한다'는 2가지 조건을 갖추면 백발백중 몰입에 들어간다는 사실을 알게 된 것이죠. 제 강의를 듣는 수천 명에게 이 공식을 알려주고 테스트한 결과, 대부분 쉽게 몰입에 들어갔습니다. 강의에서 테스트한 방식을 글로 표현하기에는 한계가 있지만, 다음 방법을 따라 해 보면 반드시 효과가 있다고 확신합니다.

① 현재 눈앞에 있는 어떤 물체나 광경을 바라봅니다. (어떤 물체든 광경이든 상관없습니다.)
② 그 물체(또는 광경)에 시선(눈동자)을 고정하고, 가볍게 초점을 잡습니다. (집중)
③ (시간을 칼로 자르듯이) '지금!'이라고 소리 내어 선언합니다. (집중)
④ 입가에 미소를 지으면서 '딱 좋아!'라고 소리 내어 선언합니다. (만족)

마지막 선언하는 키워드는 '딱 좋아!'가 아니어도 됩니다. 여러분이 좋아하는 키워드를 활용해서 이 루틴을 일상에서 자주 실천하는 것이 몰입비법입니다. 몇 개월만 연습하면 키워드를 활용하지 않고 가볍게 눈에 초점을 잡고 미소 짓는 것만으로 자연스럽게 몰입이 됩니다. 몰입에 들어가면 정신은 또렷한데 별생각은 없는 상태가 됩니다. 뭔가 초연한 느낌도 들고요. 이 상태에 든 다음에는 중간중간 가볍게 미소만 지어도 몰입상태를 유지할 수 있습니다. 이렇게 되면 메타인지도 활성화됩니다. 사실 우리는 일상에서 수시로 몰입상태를 경험합니다. 즐겁게 취미생활을 할 때, 재미있는 영화 등을 볼 때, 여행 가서 멋진 경치를 볼 때, 마감이 임박한 일을 벼락치기로 할 때 등에 우리도 모르는 새에 몰입을 경험하죠. 몰입상태에 들어가면 세로토닌이 많이 분비돼 어렵고 힘든 일도 즐거운 마음으로 극복할 수 있고, 스트레스도 낮아집니다. 여러분도 위의 루틴을 자주 연습해서 업무성과 향상과 함께 행복감도 느끼길 바랍니다.

'지금! 최선인가?' : 메타인지 통찰법

여러분은 무언가를 배웠을 때 마치 운명처럼 그것을 써 보라는 듯이 자극이 찾아오는 경험을 해 본 적이 있나요? 저는 몰입을 배워 행복한 마음으로 일하게 됐을 때쯤 그런 자극이 왔습니다. 구조조정을 한 지 얼마 안 된 회사에 들어가서 인사팀장을 했을 때의 일입니다. 구조조정을 거치다 보니 당시 회사 구성원이 대부분 회사와 인사팀을 불신하고 있었죠. 저는 매일 밤 타 팀 구성원들과 술자리를 가지며 그들을 위로하고 비전을 설명했지만 잘 먹히지 않았습니다. 그런 생활이 거의 3년 동안 이어지던 어느 날 술자리에서 인사팀에 대한 뒷말과 험담을 듣게 됐습니다. 수년의 노력이 욕으로 돌아왔다고 생각하니 너무 막막하고 억울한 마음이 들었죠.

그러던 어느 날 새벽, 그간까지 배운 몰입을 통해 정신을 깨우고 스스로에게 이런 질문을 던져 봤습니다. '너, 지금 초심이냐?' 순간 복잡한 머릿속이 선명해졌습니다. '그래… 지금 최선을 다할 뿐, 자리에 연연하지 말자!'라고 생각이 정리됐죠. 그 뒤로 근 1년 간 마음속으로 '지금! 최선인가?'만 외치며 살았습니다. 술 먹은 다음 날 피곤할 때도 서류를 내미는 팀원에게 '나중에 검토할게'라고 하던 행동을 멈추고 매순간 집중해 팀원들과 함께 문제를 해결했습니다. 그 결과 그로부터 1년이 지나지 않아 직원들이 인사팀을 신뢰하게 됐고, 회사도 성장했으며, 저는 팀장에서 실장으로 승진할 수 있었습니다.

저는 그때부터 지금까지 매순간 스스로에게 '지금! 최선인가?'라고 질문하는 습관을 이어오고 있습니다. 나중에 인문학을 공부하면서 과거 현인들도 정신을 차리고 몰입하는 방법을 실천했음을 알게 됐습니다. 선비들은 매순간 몰입하는 것을 '거경(居敬)'이라고 했고, 매순간 천리(天理)에 부합되고 중용(中庸)에 맞는지 검토하는 것(최선인가?)을 '궁리(窮理)'라고 했다고 합니다. 또 결론이 선명하면 최선을 다해 실천하는 것을 '역행(力行)'이라 했죠. 율곡 이이는 거경, 궁리, 역행은 선비의 종신사업(終身事業)이라고 했습니다. 저는 이런 경험을 토대로 메타인지 통찰법을 만들어 수천 명에게 전파해 왔습니다. 기본적으로는 다음 6글자만 기억하면 됩니다.

'지금! 최선인가?'

메타인지 통찰법의 자세한 활용방법과 루틴은 다음과 같습니다.

① 우선 '지금!'이라고 선언하면서 집중하고, 입가에 가볍게 미소를 짓습니다.
② 이 상태에서 현재 처한 과제, 문제, 이슈 등에 관한 자신의 대안에 대해 '최선인가?'라고 스스로에게 질문해 봅니다.
③ 그런 뒤 선명한 느낌이 드는지, 찜찜한 느낌이 드는지 검토해 봅니다.
④ 선명한 느낌이 들면 최선을 다해 적극적으로 실행합니다. 좀 더 확실하게 하고 싶으면 선명한 느낌이 드는 안에 대해 주변 사람들과 논의해 보고,

그들도 선명하다고 하면 최선을 다해 실행하는 방식도 좋습니다. 이러면 거의 백발백중 좋은 효과를 볼 수 있습니다.

⑤ 만약 찜찜한 느낌이 들면 검토를 멈추고 다시 대안을 고민해 봅니다. 무엇인가 놓쳤든지, 정확하게 알지 못하든지, 부족한 부분이 있을 수 있습니다.

➡ 이런 루틴을 지속적으로 활용하면 기획력, 판단력이 기하급수적으로 향상됩니다. 직관력과 가설을 세우는 능력도 발달해 문제해결 능력과 창의력이 함께 발전합니다.

다음 그림은 자극과 반응 사이의 공간(메타인지, 원칙 중심의 가치관) 개념에 '지금! 최선인가?'라는 메타인지 통찰법을 매칭해 본 것입니다. 스티브 코비가 던진 질문에 답을 찾기 위한 제 20년 연구의 결론이라고 할 수 있겠네요.

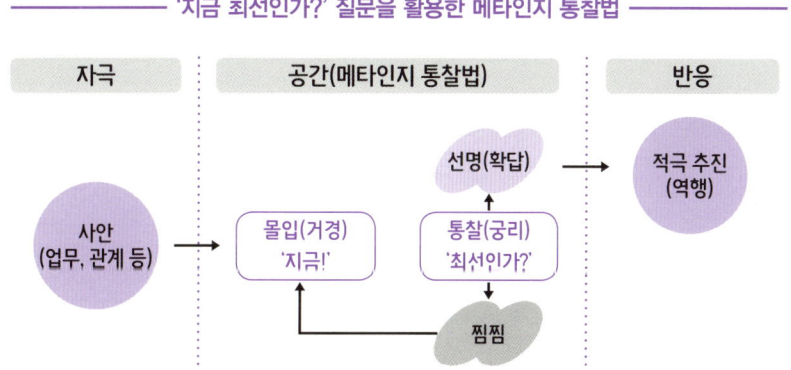

'지금 최선인가?' 질문을 활용한 메타인지 통찰법

003
'메타인지 상황 인정법', 활로를 뚫는 전략의 핵심

메타인지 통찰법의 연장선에서 제가 항상 활용하는 '메타인지 상황 인정법'이 있습니다. 이 2가지 방법을 같이 활용하면 성공적인 전략을 수립하고 문제를 해결하는 데 큰 도움이 됩니다. 보통 전략이라고 하면, 멋진 전략 보고서를 만들고 맥킨지의 MECE(Mutually Exclusive Collectively Exhaustive, 상호 배제와 전체 포괄) 등을 활용해서 구조화하는 활동을 떠올립니다. 조직에는 이런 걸 잘하는 헛똑똑이 전략가들이 수없이 많습니다. 왜 헛똑똑이일까요? 만들어진 보고서에 비해 실제 문제해결은 잘 못하기 때문입니다.

저는 '실질적인 전략'은 자신이 처한 상황과 가진 자원을 인정하고, 지금 할 수 있는 것에 최선의 에너지를 집중하는 것이라고 생각합니다. 신시아 A. 몽고메리 교수가 지은 《당신은 전략가입니까》라는 책이 있습니다. 하버드대학에서 가장 인기 있는 전략강의를 담은 책이죠. 이 책의 핵심 내용은 자신이 모든 것을 잘할 수 있다고 자신하는 슈퍼 경영자 함정에 빠진 리더들은 대부분 망했고, '자신이 처한 산업의 판을 인정하고, 통제할 수 없는 것은 인정하고 할 수 있는 것에 최선을 다한 리더는 성공했다는 것'입니다. 그러면서 나인홀드 니버의 '평정을 구하는 기도(The Serenity Prayer)'를 소개합니다.

> 신(神)이시여!
> 제가 바꿀 수 없는 것들을 받아들일 수 있는
> 평정심을 주시고,
> 바꿀 수 있는 것들을 바꾸는
> 용기를 주시며,
> 바꿀 수 있는 것과 바꿀 수 없는 것을 구별할 수 있는
> 지혜를 주십시오.

스티븐 코비도 《성공하는 사람들의 7가지 습관》에서 같은 개념을 설명합니다. 주도적인 사람은 지금 바꿀 수 없는 '관심의 원'은 인정하고, 지금 바꿀 수 있는 '영향력의 원'에 노력을 집중하는데, 그 원의 영역이 점점 커져서 결국 많은 영향력을 행사하게 된다는 것이죠. 철학자 에픽테토스도 이와 유사하게 '지금 바꿀 수 있는 것과 바꿀 수 없는 것을 아는 것이 행복에 이르는 비법'이라고 했습니다.

저 역시 바꿀 수 없는 것은 인정하고, 바꿀 수 있는 것에 집중하는 방법으로 다양한 문제를 효과적으로 해결해 왔습니다. 몰입을 통해 메타인지가 활성화되지 않으면 바꿀 수 없는 것에 에너지를 뺏깁니다. 그러

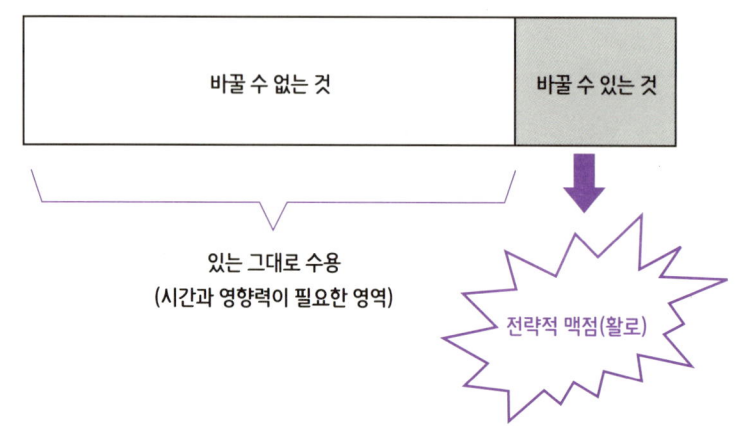

면 정작 바꿀 수 있는 사안이 있을 때도 에너지를 집중하지 못해 해결하지 못하는 경우가 많죠. 저는 위의 그림처럼 바꿀 수 없는 것은 적극적으로 수용하고 바꿀 수 있는 것에 집중하는 노력을 '전략적 맥점'이라고 부릅니다. '활로'라고도 하죠. 지금까지 제가 부족한 자원으로 수많은 문제를 해결해 온 비법이 여기에 있습니다. 몰입으로 메타인지를 활성화해 할 수 있는 것에 집중하는 것이 진정한 전략적 능력인 것이죠.

저는 '애걔~ 그걸로 되겠어?'라는 말을 제일 경계합니다. 몰입을 통한 메타인지로 정신을 차리고 보면 그 말이 나오는 지점이 바로 몰입을 통해 메타인지를 활성화해 찾아야 하는 전략적 맥점이자 활로가 되기 때문이죠. 앞서 언급한 가구 배송 관련 스타트업을 할 때 일입니다. 창업 후 영업사원의 인맥 영업이 끊어지자 회사 자금이 말라 가기 시작했습니다. 영업이 제 역할은 아니었지만, 저는 그 상황을 지켜보며 할 수 있는 것을 고민하다 좋은 생각이 떠올랐습니다. '키워드 광고'였죠. 네이버 검색광고에서 검색해 보니 가구 배송 사업 관련 키워드가 300개 정도밖에 되지 않았습니다. 저는 키워드 수가 적은 이유는 검색주체가 일반인이 아니라 배송업체를 찾는 가구회사 사장이기 때문이라는 가설을 세웠습니다. 다행히 경쟁사에 비해 우리 홈페이지가 더 잘 만들어져 있어서 검색 유입만 되면 승산이 있다고 봤습니다. 그래서 저는 경영회의 자리에서 홈페이지 내용을 좀 다듬어서 키워드 광고를 걸자는 의견을 냈습니다.

그때 나온 의견이 '그걸로 되겠어?'였습니다. 그 밖에도 'B2B 사업은 온라인광고 효과가 없다!' 등 다양한 부정적 의견이 나왔죠. 하지만 저는 당장 할 수 있는 것은 이것밖에 없다고 주장하며 제가 직접 한 달에 10만 원 정도만 광고를 걸어 보겠다고 했습니다. 그 결과 매일 하루에 1개씩 인바운드로 사업 제안이 들어왔고, 저는 그것을 3할 정도의 타율로 기계적으로 수주하여 결국 250개의 거래처를 확보했습니다. 이 일이 그때까지 조직 구축만 담당하던 제가 사업과 영업, 마케팅까지 역할을 넓히는 계기가 됐죠. 그때의 경험이 저를 지금의 회사에서 경영전략본부장으로서 다양한 사업을 인큐베이션하고, 그 중 하나의 대표까지 맡게 되는 흐름을 타게 해 주었습니다.

많은 사람이 자신이 모든 변수를 통제할 수 있다는 착각에 빠지곤 합니다. 하지만 우리는 매 순간 최선의 선택을 할 뿐 결과까지 통제하기는 어렵습니다. 결과는 대부분 선택에 따른 흐름에 따라 빚어질 뿐이죠. 따라서 겸손하게 상황을 인정하고 할 수 있는 것에 최선을 다하는 것이 부족한 자원으로 승리를 쟁취하는 최고의 비법입니다. 제가 이 비법을 활용하는 루틴을 소개하면 다음과 같습니다.

① 우선 '지금!'이라고 선언하고 미소를 지으며 몰입에 들어갑니다.
② 자신이 처한 문제의 상황을 생각하면서 다음과 같이 질문해 봅니다.
  '자, 이 일은 지금 이순간 내가 바꿀 수 있는 일인가? 바꿀 수 없는 일인가?'
③ 바꿀 수 없는 일에 대해서는 다음과 같이 흔쾌하게 외쳐 봅니다.
  '상황 인정! 오케이!'
④ 이어서 다음과 같이 질문해 봅니다.
  '자, 그럼 지금 이순간 내가 할 수 있는 것은 무엇인가?'
⑤ 이렇게 질문했을 때 할 수 있는 것이 있다면 그것에 에너지를 투입해 최선을 다해 처리합니다.

제가 좋아하는 '열 개의 검'이라는 타로 카드가 있습니다. 이 카드에는 다음 그림처럼 사람은 등에 칼이 10개가 꽂혀 죽은 듯한데 강 건너에서는 해가 뜨는 상황이 묘사돼 있습니다. 이 카드를 보자 마자 제 마음에 전율이 일었습니다. 우리가 풀어야 할 인생이나 조직의 문제가 대부분 이런 상황이 아닐까 하는 생각이 들었기 때문이죠. 죽을 만큼 스트레스받는 상황에서도 그 상황을 인정하고 할 수 있는 것에 집중한다면 밝은 미래가 올 것임을 암시하는 듯해서 좋았습니다. 메타인지 상황 인정법을 활용하면 어떤 어려운 상황에서도 절묘하게 문제를 푼다는 주변의 인정을 받을 수 있습니다. 여러분이 꼭 많이 활용하기를 바랍니다.

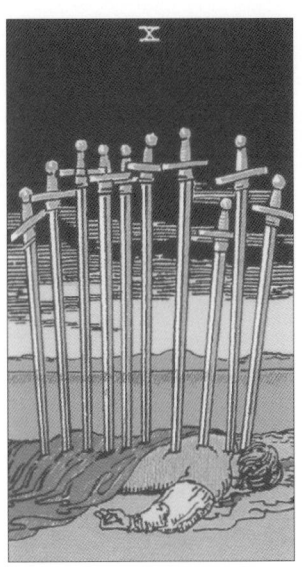

004
'한마디로 요약하면?', 생각 정리를 위한 최고의 질문

　예전에 어떤 기획팀장이 마인드맵으로 만들어진 보고서로 대표에게 보고하는 모습을 본 적이 있습니다. 결과는 어땠을까요? 대표는 복잡해서 도대체 뭔 이야기를 하고 싶은지 모르겠다며 짜증 섞인 반응을 보였습니다. 마인드맵은 생각을 정리하기 위한 발상의 도구입니다. 그런데 기획이나 보고는 그렇게 정리한 생각을 선명한 메시지로 압축해서 전달하는 작업입니다. 구두로 보고하든, 보고서로 보고하든 메시지에 '선명성'이 있으면 상대도 긍정적으로 반응합니다. 반면에 자신도 선명성을 확신할 수 없는 메시지로 상대를 설득할 수는 없습니다. 공자는 이 메타인지의 핵심을 이미 2,500년 전에 제자 자로에게 설명했습니다.

　"자로야! 안다는 것에 대해 가르쳐 주랴? 아는 것을 안다고 하고, 모르는 것을 모른다고 하는 것! 그것이 아는 것이다." <논어 위정 편>

　이것을 스스로 확인해 보는 질문이 있습니다.

'한마디로 요약하면?'

머릿속에서 논리적으로 정리한 생각들을 한마디로 요약할 수 있는지 묻는 질문이죠. 이 질문에 답하지 못한다면 정보들이 논리적으로 구성은 돼 있지만 완벽한 '생각 정리 단계'에는 이르지 못했다고 할 수 있습니다.

세계적인 컨설팅기업인 맥킨지에는 '엘리베이터 테스트'라는 규칙(rule)이 있습니다. 컨설턴트가 고객사 경영진과 함께 엘리베이터를 타고 내려가는 30초 동안 그 경영진을 설득할 수 있는지를 테스트하는 것이죠. 이것이 안 되면 그 컨설턴트가 스스로의 논리를 완벽하게 이해하지 못하거나 정리하지 못했다고 판단합니다. 사실 자신의 생각을 단 한마디로 정리하기는 쉽지 않습니다. 저도 예전에 보고를 들어갔다가 이것이 안 돼서 크게 당한 경우가 있었습니다. 당시 저는 대리 고참이었고, 보고 대상은 경영전략 담당 상무였습니다. 저는 멋지게 만든 보고서만 믿고 보고하러 들어갔는데 성격 급한 상무는 보고서를 낚아채 막 넘기며 읽다가 이렇게 물었습니다.

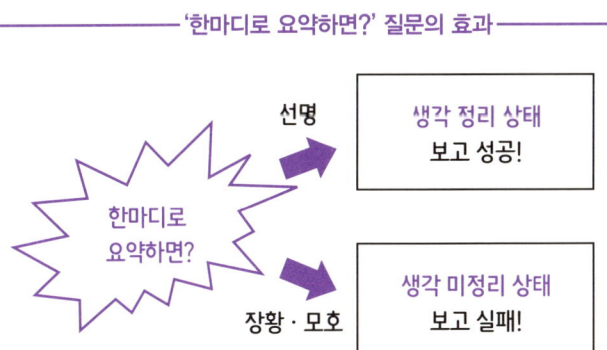

'한마디로 요약하면?' 질문의 효과

"그래서 뭐 하자는 건데?"

보고서 목차 대로 설명하려던 저는 이런 질문이 훅 들어오자 어버버하고 말았습니다. 결국 다시 보고하라는 핀잔을 듣고 말았죠. 저는 그런 경험을 몇 번 하고 나서 첫 메시지에서 결론을 이야기하는 훈련을 많이 했습니다. 예를 들면 이런 식이죠.

금번 조사 결과 서비스 장애의 핵심 원인이 시스템 구조의 복잡성으로 밝혀졌는데, 이 문제를 해결할 전문가가 현재 회사에 없습니다.
따라서 우선 타깃 리쿠르팅을 통해 업계 경험이 풍부한 시스템 구조 전문가를 확보할 필요가 있고, 두 번째로 시스템 구조 개편 전까지는 장애전파 체계를 구축해 장애 대응시간을 최소화할 필요가 있습니다.
보고서 3페이지에 이에 대한 종합적인 현황과 대안을 정리해 놓았습니다.

여러분도 스스로의 생각을 완벽히 정리하기 위해서는 이런 식으로 핵심만 이야기하는 훈련을 해야 합니다. 자신의 생각이나 의견을 한마디로 정리하고, 그에 따른 해결방안을 최대 3가지 정도로 압축하는 식이죠. 나머지 부연사항은 보고서나 제안서 등의 관련 자료로 제시하면 됩니다. 저는 이런 훈련을 반복하다, 어느 순간 구두로 하든 문서로 하든 보고의 질적인 편차가 줄어드는 것을 느꼈습니다.

몇 년 전 제가 위탁 배송 관련 스타트업에서 영업·마케팅을 담당했을 때 이런 일이 있었습니다. 당시 저는 배송물품 확장을 고민하던 중 한 전자제품 회사의 제품이 많이 팔린다는 이야기를 들었습니다. 그리고 그 회사 제품의 전국 배송 건을 얻기 위해 콜드콜을 해 보기로 했죠.

저는 회사 서비스 내용을 20~30초 정도의 문구로 압축한 다음 무작정 전자제품 회사의 물류팀장에게 전화해서 지체 없이 압축한 내용을 이야기했습니다. 그 결과 그 물류팀장에게서 '그럼, 만나서 이야기하자'는 답을 들었고, 미팅 끝에 계약이 성사돼 월 수천만 원의 매출을 만들 수 있었습니다. 한마디까지는 아니지만 핵심을 요약해 전달함으로써 얻은 수확이었죠.

여러분도 수시로 '한마디로 요약하면?'이라는 질문을 스스로에게 던져 보십시오. 그리고 결론부터 말하거나 문서화하는 훈련을 많이 해 보면 기획력과 보고능력이 함께 상승하는 경험을 하게 될 것입니다.

005
'경우의 수 분석법', 치밀한 대안 마련을 위한 도구

여러분은 최종 보고나 발표를 할 때 어떤 상황이 가장 살 떨리나요? 대부분 그 자리에서 어떤 질문이 나올지, 그 질문에 어떻게 대응할지가 스트레스일 듯합니다. 초보 기획자라면 다음과 같은 상황이 많이 벌어지죠.

팀원: 팀장님, 이렇게 하면 좋을 것 같은데요.
팀장: 이런 방식은 생각해 봤나?
팀원: 아… 그 부분은 미처 생각해 보지 못했습니다.
팀장: 다시 생각해서 보고해!

보통 상사는 보고자가 준비를 치밀하게 했는지 안 했는지를 여러 각도의 질문에 대한 답변수준으로 판단합니다. 보고서에 상사의 여러 질문에 대한 대안을 제시하려면 그 대안들을 도출하기 위한 '경우의 수 분석'이 필요합니다. 보고를 할 때 상사나 이해관계자가 어떤 질문(또는 의견)을 할지 미리 분석해 보는 것이죠. 그래야만 실제로 그런 질문을 받았을 때 당황하지 않고 잘 답변해서 보고나 발표를 성공적으로 마무리 할 수 있습니다. 그렇지 않으면 상사의 예상치 못한 질문에 "아, 그 부분은 미처 생각해 보지 못했습니다. 확인해서 다시 보고드리겠습니다"라고 하면서 보고를 마무리 못할 가능성이 큽니다. 게다가 이런 식의 보고를 반복하다 결국 보고자의 당초 제안대로 일이 진행되는 경우도 많습니다. 보고자 입장에선 짜증이 올라오겠지만 결국 경우의 수 분석을 건너뛴 보고자 자신이 초래한 상황임을 인식해야 합니다. 보고서에 여러 대안을 제시하기 위한 경우의 수 분석방법은 다음과 같습니다.

① 우선 연습장 등에 해당 업무를 처리할 수 있는 방안의 경우의 수를 적어 봅니다.
② 만약 경우의 수가 6가지 정도 나왔다면, 그것들과 함께 각각의 장단점을 고민해서 간략히 적어 봅니다.
③ 그 중에서 가장 괜찮은 대안을 2~3개 정도로 간추려서 보고서에 반영하고, 나머지 대안들은 머릿속에 담아 두었다가 보고할 때 상사나 이해관계자가 그에 관해 질문하면 구두로 답변합니다.

예를 들어 '신입사원 교육방법'에 대한 보고서라면 다음과 같이 각 사안에 대한 몇 가지 경우의 수를 연습장 등에 적어본 후, 그 중에서 가장 적절한 2~3가지 정도를 대안으로 선택하면 되겠죠.

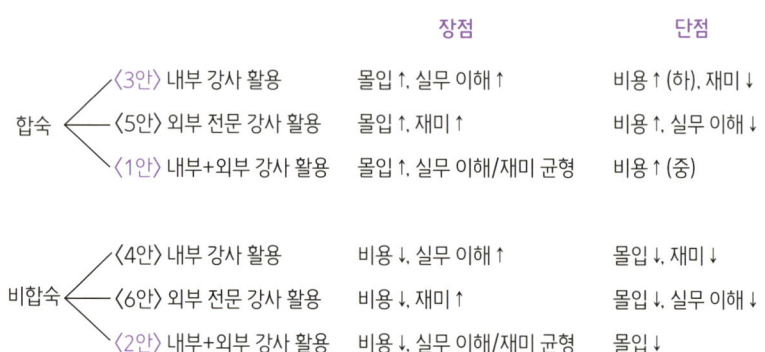

이렇게 분석한 다음 제일 괜찮은 대안을 다음과 같은 형식으로 정리하면 효과적입니다. 또 표 아래에 '※' 표시를 하고 자신이 생각하는 제일 좋은 안을 제시하고 사유를 기록하면 효과적으로 반영될 수 있습니다.

구분	1안	2안	3안
내용			
장단점			

※ 1안 추천 사유 :

다음은 이런 방법을 실제 업무에 활용한 예시입니다.

구분	1안	2안	3안
내용	서울 근교 1박 2일 워크숍 (비전 토의+조직 활성화 프로그램)	서울 시내 교육장에서 비전 토의 후 저녁식사	체육대회 (근교 체육관 대여)
장단점	• 몰입도 향상 가능 • 구성원 재충전 및 스킨십 강화에 효과적 • 2, 3안에 비해 비용 높음 (총 7,000천 원)	• 구성원 재충전 및 스킨십 강화효과 떨어짐 • 1, 3안에 비해 비용 저렴 (총 2,000천 원)	• 구성원 재충전 및 스킨십 강화에 효과적 • 비전 토의 진행 어려움 • 비용은 1, 2안의 중간 수준(총 3,000천 원)

※ 1안 추천 : 현 조직상황 고려 시 방향성 정립 및 친밀도 강화가 필요

경우의 수 분석의 핵심은 '장단점 분석'입니다. 보고를 할 때 경우의 수 분석을 통해 도출한 모든 대안에 대한 장단점을 숙지해야 한다는 것이죠. 실제 보고를 하다 보면 상사가 보고자는 중요하지 않게 생각한 대안을 고민해 봤냐고 물을 때가 많습니다. 초보 기획자라면 '아, 돌겠네…' 라는 생각이 절로 나겠죠. 저는 이런 경우에 이렇게 대응합니다.

본부장 : 제시된 1, 2, 3안도 괜찮긴 한데, 혹시 4안은 고민해 봤어?
팀 장 : 네, 고민해 봤는데 4안은 이러저러한 장단점이 있어서 1, 2안이 괜찮을 것 같습니다. 본부장님 생각은 어떠세요?
본부장 : 그래… 음… 그럼 6안도 고민해 봤어?
팀 장 : 네, 6안도 고민해 봤는데 이러저러한 장단점이 있어서 1, 2안이 괜찮아 보이긴 합니다. 본부장님은 어떠세요?
본부장 : 음… 그래… 그럼 1안으로 하지.

이런 상황이 몇 번 반복되면 상사는 보고자가 '치밀하게 일한다'라고 생각하게 되고, 어느 순간부터 그 보고자를 믿고 업무를 위임합니다. 업무 주도권은 물론 자유도 얻는 방법인 것이죠. 제 경험상 빨리 승진하는 사람들은 대부분 일을 이렇게 했습니다. 그래서 저는 경우의 수 분석방법을 승진비법이라고 부릅니다. 경우의 수 분석방법을 잘 활용하면 보고실력 급상승과 함께 기획안 수준도 올라갑니다.

3장

보고의 품질을 높이는 전략적 사고

001
'문제 인지와 정의', 문제해결의 핵심

기획의 70% 이상이 조직 내 기존 문제를 해결하기 위해 실행됩니다. 그럼 '문제를 해결한다는 것'은 무엇을 의미할까요? 보통 다음 그림처럼 '현재 수준'과 '되고 싶은 수준'과의 '차이(GAP)'를 메우는 활동을 말하죠. 되고 싶은 수준이 없다면? 그럼 문제해결 자체가 성립되지 않겠죠? 따라서 '문제 인식'과 '문제 정의'가 문제해결의 전제가 됩니다. 기획이나 개선에 뛰어난 사람은 이것을 잘합니다.

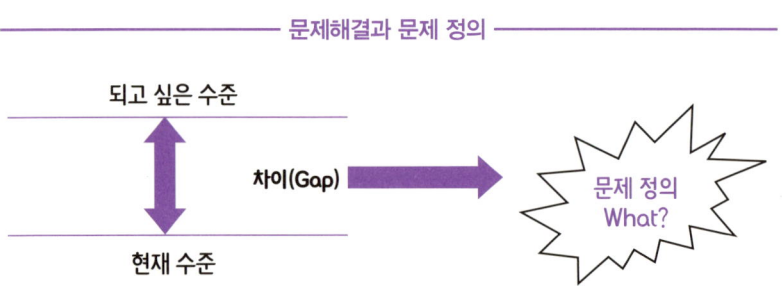

문제해결과 문제 정의

문제를 인식하고 정의하는 능력은 어떻게 향상될까요? 이를 위해 제가 활용하는 팁이 하나 있습니다. 저는 일을 하다가 귀찮고 불편한 요인이 있으면 바로 네이버 메모장, 구글 Keep 등의 클라우드 메모장에 1~2줄로 기록해 놓습니다. 구성원들과 술을 먹다가도 애로사항 등을 들으면 꼭 메모장에 적어 놓습니다. 이것이 향후 개선과제가 되죠. 여러분도 꼭 따라해 보길 권합니다. 분명 문제를 잘 발견하고 해결하는 사람이 될 테니까요. 기획은 결코 거창한 것이 아닙니다.

일하는 데 귀찮고 불편한 요인이 있는데도 계속 같은 방식으로 일하는 사람들이 있습니다. 제가 그런 사람들에게 이유를 물으면 대부분 "네? 제 앞 담당자 때부터 이렇게 해 왔는데요?" 식으로 답하곤 합니다. 이렇게 문제를 발견하지도 못하니 연말에 '원래 하던 일을 잘했다' 정도의 평가밖에 받지 못합니다. 조금이라도 일이나 시스템 개선에 기여한 사람에 비해 당연히 평가에서 밀리겠죠?

앞서 말했듯 문제해결의 중요 포인트는 '문제 정의'입니다. '문제가 무엇이다'라고 명확히 정의할 수 있어야 하죠. 예를 들어 한 회사의 시스템 구축 사업 수주를 두고 우리 회사와 경쟁사가 각자 제안을 한다고 가정해 보겠습니다. 이때 경쟁사는 특정 ERP 솔루션 도입에 초점을 맞춘 반면, 우리 회사는 단순 시스템 구축을 넘어 AX(AI Transformation, AI 전환) 혁신의 기반을 만드는 데 초점을 맞추겠다고 했다면 어떨까요? 이처럼 같은 문제를 어떻게 정의하느냐에 따라 그 문제를 해결하는 방법이 완전히 달라집니다. 보고서나 기획서를 잘 쓰는 사람은 대부분 다음 예시처럼 문제를 명확히 정의하고 논지를 전개합니다.

───── 문제 정의의 차이에 따라 달라지는 기획(전략)방향의 설정 예시 ─────

사례 구분	상황 설명	문제 정의 A vs. B	기획방향
B2B 제안 – 고객 불만 해소 솔루션	콜센터의 고객 클레임 빈도 높은 회사 대상	A : 문제는 고객 응대 스크립트 부족 B : 문제는 고객의 기대 수준과 실제 경험의 격차	A : 정의 기준 → 스크립트 개선 중심 제안 B : 정의 기준 → 고객여정 분석+VOC 대응 프로세스 재설계
B2C 마케팅 전략 수립	건강기능식품 구매율 감소	A : 문제는 광고 노출량 감소 B : 문제는 소비자의 신뢰 부족	A : 기준 → SNS · 검색 광고 강화 B : 기준 → 전문가 리뷰 콘텐츠, 신뢰지표 표기 강화

위와 같이 A와 B로 구분된 문제 정의의 차이에 따라 전략방향과 설득논리, 실행 우선순위가 완전히 달라질 수 있습니다. 이런 식으로 보고서나 기획서를 작성할 때는 항상 스스로에게 이런 질문을 해 보는 게 좋습니다.

- 이 문제를 어떻게 정의할 수 있는가?
- 누구 관점의 정의인가?
- 이 정의에 근거한 해결책은 타당한가?

002
'현상-원인-대안', 문제해결을 위한 3단계 사고 패턴

　보고나 기획을 하는 실무자들은 대부분 문제에 대한 현황 분석은 잘합니다. 이에 비해 대안은 잘 못 뽑죠. 그러다 보니 회의에서 나온 아이디어 중에서 가장 나은 것을 대안으로 삼곤 합니다. 물론 그런 대안이 먹힐 때도 있습니다. 반면에 승인받지 못하고 혼쭐이 나기도 하죠. 또 많은 초보 실무자들이 보고서를 작성할 때 '현상에 곧바로 대안을 붙이는' 2단계 사고를 하는 실수를 하곤 합니다. '바퀴벌레가 많다'라는 현상에 곧바로 '바퀴벌레 약을 놓자'는 대안을 붙이는 식이죠. 물론 간단한 문제라면 이런 대안도 통할 수 있습니다. 하지만 문제의 근본 원인을 찾지 않으면 같은 문제가 재발할 가능성이 큽니다. 이러면 보고서를 작성하면서도 찜찜함과 불안함이 남게 되죠.

기획 고수의 사고방식

그럼 보고서 작성이나 기획을 잘하는 사람들은 어떻게 사고할까요? 그들은 다음과 같은 3단계 사고 패턴을 자연스럽게 활용합니다.

(현상) 바퀴벌레가 많다.
→ **(원인)** 집이 지저분해서 바퀴벌레가 서식하기 좋다.
→ **(대안)** 바퀴벌레 약을 놓는 것과 함께 집을 정기적으로 청소하고 관리한다.

이 사고 패턴의 핵심은 문제에 '왜(Why)'를 파고들어 원인을 정확히 짚어낸 후, 그에 딱 맞는 대안을 세우는 것입니다. 이렇게 도출한 대안은 막연한 아이디어보다 훨씬 효과적이고 실행 가능성도 크죠.

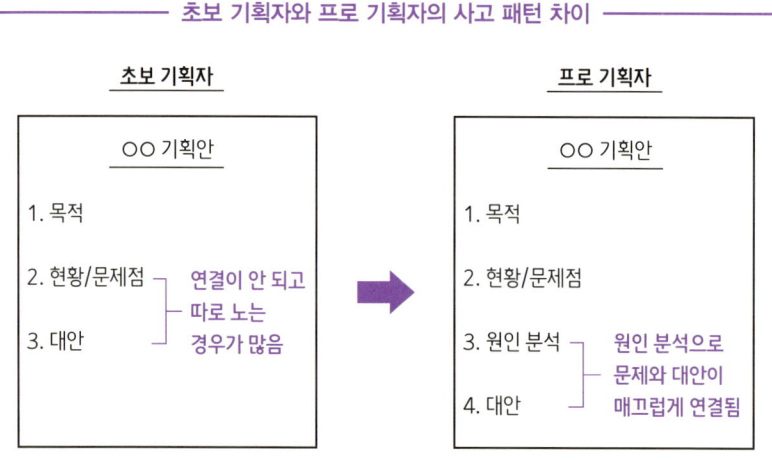

초보 기획자와 프로 기획자의 사고 패턴 차이

뉴욕 시에서 이런 사고법으로 지하철 범죄를 줄인 사례가 있습니다. 뉴욕 시에서도 '지하철 범죄 증가'라는 현상에 처음에는 '경찰을 늘리자'는 식으로 단순하게 접근했습니다. 전형적인 2단계 사고 패턴이죠. 그러다 뉴욕 시는 지하철 범죄의 '진짜 원인'이 지저분하고 낙서가 많은 환경에 있다고 봤습니다. 그리고 5년 동안 차량의 낙서를 지우고 청결을 유지하는 조치를 시행했죠. 3년 후, 뉴욕 시 지하철 범죄율은 무려 80%나 감소했습니다.

- **아마추어의 2단계 사고 패턴** : 범죄가 많다 → 경찰을 늘리자
- **프로의 3단계 사고 패턴** : 범죄가 많다 → 환경이 불결해서 범죄심리가 자극된다 → 청결 유지로 예방하자

다음 그림과 같은 3단계 사고 패턴을 활용할 때 가장 중요한 노하우는 '왜(Why)가 더 내려가지 않을 때까지 파 보는 것'입니다. 이렇게 단계를 이어가며 원인(Why)을 파다 보면 문제의 근본 원인을 알 수 있고, 개선할 수 있는 대안을 찾을 수 있습니다. 보통 5단계 이내에 원인이 도출됩니다.

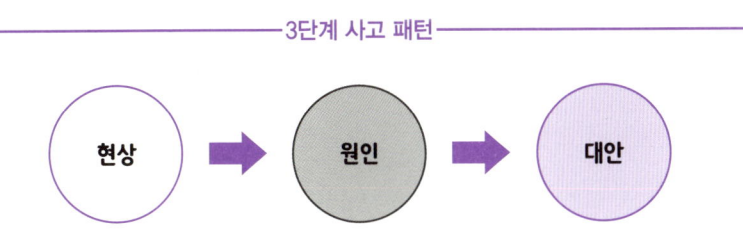
3단계 사고 패턴
현상 → 원인 → 대안

이 패턴을 한 번 활용해 볼까요? 최근 사회적 문제인 '출산율 저하'를 두고 다음처럼 연습장에 현상, 원인, 대안을 정리해 보는 것입니다.

──────── 3단계 사고 패턴 예시 ────────

현상   **원인**   **대안**

출산율 저하 ➡ 결혼 안 함 ➡ 돈이 부족 ➡ 집값이 높음 ➡ 주거비 낮추기
                                                                                - 임대 공급↑
                                                                                - 저리 대출↑

분석 중간에 '돈이 부족하다'라는 원인이 나왔네요. 나라에서 돈을 줄 리 없으니 여기서 멈춰야 할까요? 더 파 보기로 하죠. 결혼을 할 때 어디에 돈이 제일 많이 들까요? 그렇죠! 집값이겠죠? 좀 더 포괄적으로 멋있게 '주거비가 높다'로 정리해 보겠습니다. 이제 왜(Why)가 더 안 내려간다고 치고 대안을 뽑아 볼까요? 대안은 주거비를 낮추는 각종 정책이될 것입니다. 신혼부부에게 좋은 임대주택을 공급해 주거나 주택자금을 저리로 대출해 주거나 하는 다양한 정책이 나올 수 있겠네요. 출산율 저하 관련 정책이라면 보통 보건복지부를 떠올릴지 모릅니다. 그런데 위의 대안처럼 '주거비 낮추기'가 정책의 핵심이 됐으니 보건복지부, 국토교통부, 기획재정부, 금융 관련 부서 간의 협업이 중요하겠네요.

그럼 아마추어들은 어떤 대안을 낼까요? 보통 출산이나 보육수당을 50만 원 지급한다는 식으로 현상에 곧바로 대안을 붙이는 정책안을 냅니다. 그렇다고 애를 많이 날까요? 출산율은 지지부진한데 예산은 많이 축나겠죠. 이런 식으로 문제해결이 안 될 때가 많습니다. 회사도 마찬가지입니다. 조직 내 발생하는 다양한 문제에 관해 원인을 파지 않고 막연

하게 그냥 현상에 곧장 대안을 붙이는 경우가 많습니다.

저는 여러 조직에서 제도 개선과 변화를 만드는 조직 구축자의 역할을 많이 했습니다. 그러다 보니 '판메이커'라는 닉네임을 갖게 됐죠. 잘 되는 판을 만들어 내는 사람이라는 뜻입니다. 다음 표는 그런 사례 중 하나입니다. 한 조직의 평가·보상제도를 개선하기 위해 원인을 파악해 개선안을 도출한 사례이죠. 여러분도 이런 3단계 사고 패턴을 꾸준히 훈련하기를 권합니다. 눈에 보이는 현상에 바로 답을 붙이면 아마추어입니다. 반드시 근본 원인을 파악해 문제를 개선해야 합니다. 다음 예시처럼 3단계 사고 패턴을 표로 정리하는 것도 좋은 방법입니다.

──────── 표로 정리한 3단계 사고 패턴 예시 ────────

현황·이슈	원인	개선전략
- 상대 평가로 인해 고생한 사람에게 억지로 나쁜 등급을 부여해서 회사를 떠난다. - 평가가 왜곡돼 구성원의 평가제도 신뢰도가 낮다. - 승진재원의 제한으로 승진률이 제한된다. - 승진하려고 관계를 맺으려는 노력들이 많다. - 보상에 대한 불만으로 젊은 구성원들이 회사를 떠난다.	- 재원 걱정으로 상대평가를 실시하게 돼 억지로 평가등급을 부여하게 됐다. - 승진시점이 되면 평가를 잘 주려고 하다 평가가 왜곡된다. - 직무가 다양한데 평가위원이 구성원을 다 알지 못하니 자신을 알리려는 노력을 하게 된다. - 전사에 평가등급별 동일한 인상률을 공지한다.	- 조직 리더에게 권한을 주어 평가등급은 가이드를 참조하여 자유롭게 부여하되, 보상 총 재원 내에서 인상하도록 한다. - 승진을 호칭으로 바꾸거나 아예 폐지하고, 역량·시장가치에 따른 보상을 통해 빠르게 상대적인 보상이 이루어지게 한다. - 전사 인상률은 비밀로 하고, 조직 리더도 누설하지 않도록 한다. - 절대평가를 실시하되, 숨겨진 공헌도 순위를 통해 정확한 보상이 이루어지도록 한다.

Root Cause 분석도구 활용법

다음 그림처럼 현상-원인-대안의 3단계 사고 패턴을 응용해, 컨설턴트들이 활용하는 'Root Cause 분석(근본 원인 분석)'을 할 수도 있습니다.

──────── ROOT CAUSE 분석 양식 사례 ────────

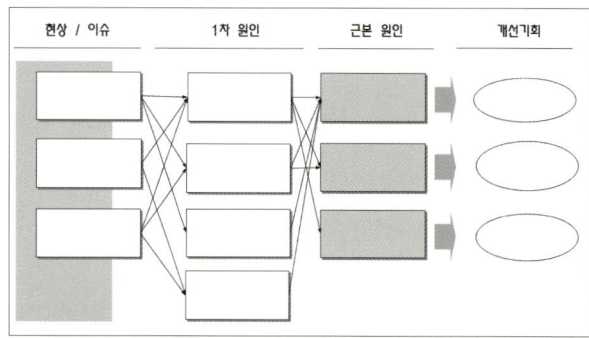

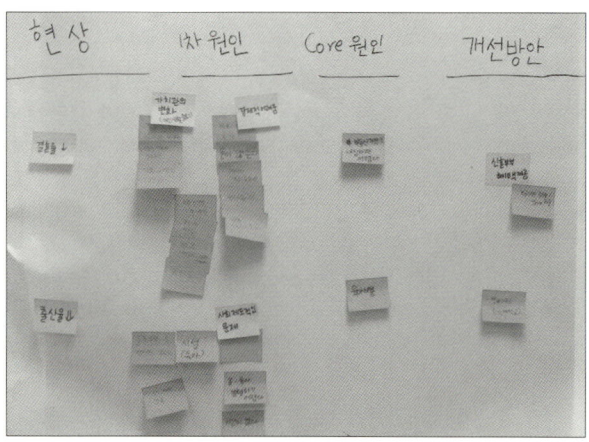

문제의 진짜 원인을 콕 집어내는 데 이만한 도구도 없습니다. 조직 내에 매년 재발하는 문제가 있다면 이 방법이 문제해결에 많은 도움이 될 것입니다. 위의 그림처럼 화이트보드 등에 양식을 만들어 팀 구성원들이 포스트잇을 이용해 함께 조직 내 문제에 대한 원인을 파악해 볼 수도 있습니다. 너무 복잡하게 생각하지 말고 딱 아래 순서대로 해 보면 됩니다.

• Root Cause 분석도구 사용방법

① 화이트보드와 포스트잇 또는 연습장을 준비합니다.

혼자 할 땐 노트나 연습장도 좋습니다. 눈에 잘 띄고 자유롭게 쓸 수 있는 도구가 가장 적합합니다.

② 첫 번째 박스에는 지금 문제되는 현상이나 이슈를 적습니다.

예를 들면 '고객 이탈이 많다' 같이 그냥 느끼는 그대로 쓰면 됩니다.

③ 두 번째 박스에는 1차 원인인 '왜 그랬는지'를 적습니다.

'응대가 늦어서 그런가?', '품질이 떨어졌나?' 등 뭐든 의심 가는 원인을 다 적어 봅니다.

④ 이제 진짜 원인이 맞는지 한 번 더 점검합니다.

'이게 진짜 문제였나?'를 다시 생각해 보고, 핵심 원인(Core Cause)을 세 번째 박스에 씁니다. 이게 핵심입니다. 핵심을 찾아야 진짜 해결책이 나옵니다.

⑤ 이 도구의 핵심은 파레토 법칙과 같습니다.

이 도구는 '문제의 80%는 20%의 핵심 원인에서 나온다'는 파레토 법칙과 맞닿아 있습니다. 그 20%만 제대로 잡으면 일의 80%는 알아서 풀립니다. 진짜 문제해결에 효자 노릇하는 분석도구입니다.

003
'시간-공간-에너지', 경쟁에서 승리하는 전략적 사고 패턴

전략이란

'전략적 사고 패턴'은 현상-원인-대안의 3단계 사고 패턴과 꼭 함께 익혀야 할 중요한 사고법입니다. 자원과 시간은 늘 한정돼 있습니다. 한정된 시간과 자원으로 모든 것을 할 수 없는 상황에서 '어디에 집중할 것인가'를 판단하는 것이 바로 전략적 사고 패턴의 핵심입니다.

'전략'은 기획은 물론 일상 업무에서도 자주 사용되는 용어입니다. 그런데 정작 '전략이 무엇인지' 정확하게 설명하는 사람은 드물죠. 심지어 전략 담당자나 사업기획자를 뽑는 면접에서도 이 질문에 명확히 답하는 지원자가 별로 없습니다. 전략의 구체적인 사례나 방식을 설명하는 지원자는 많지만 전략 자체를 명확하게 정의하지는 못합니다. 전략의 사전적 정의는 이렇습니다.

'전쟁을 전반적으로 이끌어 가는 방법이나 책략. 전술보다 상위 개념 (표준국어대사전)'

위 정의처럼 전략은 원래 군사적 배경에서 유래한 개념입니다. 전쟁 또는 경쟁상황에서 승리하려면 전체적인 계획을 세우는 것, 즉 '전략적 판단'이 중요하다는 의미로 쓰였습니다. 전략이 조직경영 분야에서 본격적으로 사용되기 시작한 것은 1962년 찬들러(Chandler)의 저서 《전략과 구조(Strategy and Structure)》에서였습니다. 그는 경영전략을 이렇게 정의했습니다.

'기업의 기본적인 장기 목표와 방향을 결정하고, 그 목표를 달성하기 위한 활동과 자원을 어떻게 배분할 것인가에 대한 판단'

이 분야의 또 다른 대표 학자인 앤소프(Ansoff)는 그의 저서 《기업전략(Corporate Strategy)》에서 전략을 다음과 같이 설명합니다.

'경영목표를 달성하기 위한 의사결정 또는 방향지침'

전략의 핵심 구성요소

위의 정의들을 종합하면 전략은 다음 3가지 핵심 요소를 포함합니다.

① **경쟁상황** : 전략은 항상 경쟁을 전제로 합니다. 전쟁이든 시장이든 경쟁자가 존재합니다.
② **제한된 자원** : 시간, 인력, 예산 등 한정된 자원을 어떻게 배분할지가 핵심입니다.

③ **계획성과 계산력** : 전략은 우연이 아니라. 분석과 기획에 기반한 선택입니다.

정리하면, 전략은 이렇게 한 문장으로 정의할 수 있습니다.
'경쟁환경 속에서 승리하기 위해, 제한된 자원을 효과적으로 배분하여 목표를 달성하는 계산 또는 계획'
단순히 계획과 실행뿐 아니라, '방향을 정하고 선택하고 집중하는 판단의 기술'이 바로 전략입니다.

전략의 핵심은 '유리한 싸움을 만드는 계산'

'란체스터 법칙(Lanchester's Law)'은 전략의 개념을 보다 과학적으로 설명해 주는 대표적 이론 중 하나입니다. 이 법칙은 영국의 항공학자 프레데릭 윌리엄 란체스터가 제1,2차 세계대전 당시의 공중전 데이터를 분석하면서 도출했습니다. 그는 '전투의 승패가 원래 병력 수 차이로 결정될 뿐 아니라, 그 차이는 전투가 진행되면서 더 크게 벌어진다'는 사실을 밝혀냈습니다. 예를 들어 아군과 적군이 동일한 전투력을 가진 전투기 5대씩을 가지고 전투를 벌인다고 가정해 보겠습니다. 그런데 아군이 전술적으로 유리한 고지를 차지해 적군 전투기 2대를 따돌리고, 나머지 3대와 먼저 교전에 들어갔습니다. 이 상황을 단순하게 따져 보면 아군이 5:3으로 적군을 상대했으니 아군 전투기 2대 정도가 살아남겠지 하고 예상할 수 있습니다. 하지만 란체스터 법칙에 따르면 이야기가

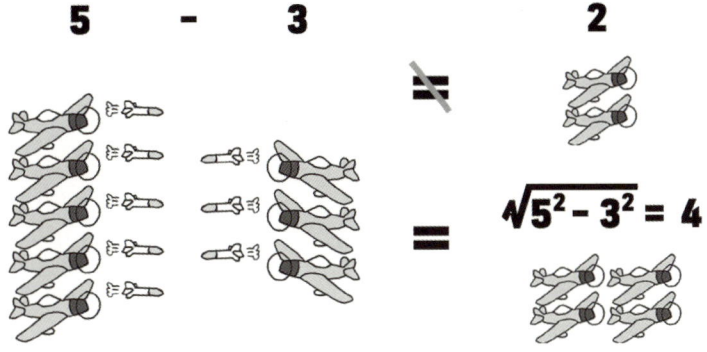

달라집니다. 이 법칙에서는 다음과 같은 공식이 적용됩니다.

$\sqrt{(m^2 - n^2)} = O$

(m은 병력 수가 많은 쪽, n은 적은 쪽, O는 전투 후 생존 수)

앞의 전투상황을 위 공식에 대입해 보면 이런 결과가 나옵니다.

• 아군 5대, 적군 3대일 때
$\sqrt{(25 - 9)} = \sqrt{16} =$ (아군) 4대 생존

• 이후 남은 적 2대와 아군 4대가 다시 교전할 경우
$\sqrt{(16 - 4)} = \sqrt{12} \approx$ (아군) 3.46대 생존

처음부터 전력에서 앞선 쪽이 유리할 뿐만 아니라 전투가 진행되면서 그 차이가 더 커진다는 것이죠. 즉, 에너지가 분산되면 같은 전력으

로도 힘을 발휘하지 못하고, 반대로 에너지가 집중되면 같은 전력으로도 큰 승리가 가능하다는 것입니다.

위의 설명처럼 란체스터 법칙은 단순한 전투이론을 넘어, 전략이란 유리한 국면을 조성하고 전력차이를 확대하는 '수적 판단의 기술'이라는 점을 알려줍니다. 전략은 때로 매우 인간적인 감각과 직관이 필요하지만, '어디에 자원을 집중할 것인지, 어떤 타이밍에 어떤 싸움을 할 것인지'는 결국 '계산된 선택'이어야 합니다. 이러한 계산이 바로 '전략적 사고의 본질'이라 할 수 있죠. 작은 차이가 승패의 차이로, 나아가 결과의 격차로 이어질 수 있기 때문에, 전략이 필요한 모든 상황에서 우리는 계산을 해 보는 습관을 가질 필요가 있습니다.

전략의 본질은 '시간-공간-에너지'

앞서 란체스터 법칙으로 확인했듯이 전략의 핵심은 '에너지의 집중'에 있습니다. 에너지의 집중을 효과적으로 실현하기 위해 꼭 고려해야 할 3가지 축이 있습니다. 바로 '시간(Time), 공간(Space), 에너지(Energy)'입니다. 전략은 단순한 기술이나 아이디어가 아니라, '같은 시간과 같은 공간에 상대보다 더 많은 에너지를 집중해 승리하는 것'이라고 정의할 수 있습니다. 독일의 군사 전략가 클라우제비츠는 《전쟁론》에서 '전쟁의 결과에 가장 큰 영향을 주는 것은 언제, 어디서, 어떤 병력으로 싸울지를 결정하는 것이다'라고 했습니다. 시간과 공간, 병력(즉, 에너지)의 선택이 곧 전략의 본질임을 강조한 것이죠.

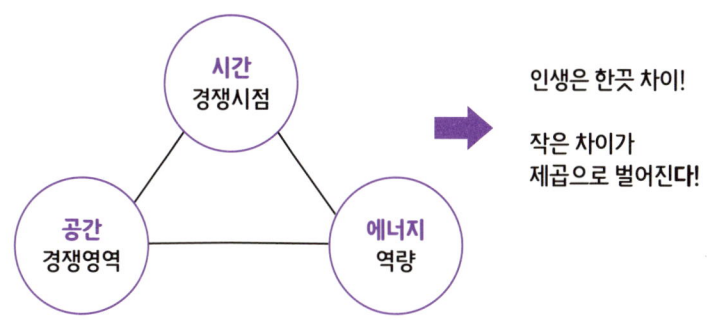

　어찌 보면 우리 인생도 한끗 차이로 달라지고 그 한 끗의 차가 제곱으로 벌어진다고 할 수 있습니다. '지극 정성이면 하늘이 감동한다'는 말도 마지막 순간까지 에너지를 집중하면 원하는 바를 이룰 수 있다는 의미로 볼 수 있죠. 저도 그런 한끗 차이로 성공을 맛본 경험이 있습니다. IMF 당시 취업하기가 암울해진 저는 공부를 더 하기로 마음먹고 대학원에 진학하기로 했습니다. 그런데 그 마저도 쉽지 않았습니다. 조교 역할로 학비를 충당할 수 있는 자리이다 보니 1명을 뽑는 데 8명이 경쟁해야 했죠. 차별화가 관건이었지만 마땅한 답이 보이지 않았습니다. 학점 외에 다른 사람과의 차이를 보여줄 만한 요소가 별로 없기 때문이었죠. 그러다 제출서류를 보니 연구계획서 양식이 있었습니다. 빈 A4 지 상단에 '연구계획서'라는 제목만 달랑 적혀 있는 양식이었죠. 순간 머릿속에 이것이 나를 차별화해 줄 유일한 요소가 아닐까 하는 생각이 스쳤습니다.

　저는 한참을 고민하다 워드 프로그램으로 연구계획서 양식을 똑같이 만들어서 작성하기로 했습니다. 지금과 달리 그때는 PC 활용이 일반화

돼 있지 않아서, 지원자 대부분이 인쇄된 양식에 수기로 작성할 테니 분명 눈에 띄리라고 생각했던 것이죠. 여기에 표까지 넣으면 더 큰 차별화가 되리라 생각했습니다. 그야말로 'One Page Proposal' 전략을 썼던 것이죠. 양식 한 장에 모든 내용을 담아야 하니 장황한 표현은 빼고 제시하려는 연구계획의 핵심 키워드만 뽑았고, 그것들을 연결해 다음 그림처럼 한 장의 문서로 구성했습니다.

연 구 계 획 서

1. 지원동기
   - ○○○○○○○○ ○○○○○○○○ ○○○○○○○○
   - ○○○○○○○○ ○○○○○○○○ ○○○○○○○○

2. 보유경험/지식
   - ○○○○○○○○ ○○○○○○○○ ○○○○○○○○
   - ○○○○○○○○ ○○○○○○○○ ○○○○○○○○

3. 연구하고 싶은 주제
   - ○○○○○○○○ ○○○○○○○○ ○○○○○○○○
   - ○○○○○○○○ ○○○○○○○○ ○○○○○○○○

4. Action Plan

구분	학습 / 연구 내용	비고
1학기		
2학기		
3학기		
4학기		

당시 제가 쓴 연구계획서 내용을 요약하면 이렇습니다.

'군대에서 사단급 조직의 인사업무를 수행하며 인사에 흥미를 느꼈고, 전문 지식과 방법론을 습득하여 인사 전문가가 되기 위해 지원했다. 나는 인사업무를 하면서 이러저러한 점에 문제를 느꼈고, 그것을 2년 동안 연구해 보려고 한다. 이를 위해 나는 학기마다 이러저러한 방향으로 연구하겠다.'

면접관 교수들은 '단 한 장으로 하고 싶은 이야기를 논리적으로 정리한 데 감탄했다'는 반응과 함께 좋은 평가를 줬습니다. 결과적으로 저는 그 한끗 차이로 8:1의 경쟁을 뚫고 대학원에 합격했죠. '한 장의 문서가 이렇게 효과적일 수 있구나.' 지금의 제가 있게 한 중요한 변화였습니다. 저의 이 경험을 '시간-공간-에너지' 전략에 맞춰 보면 다음 표와 같습니다.

시간(경쟁시점)	모두 동일. 차별화 어려움
공간(경쟁영역)	연구계획서 영역에서 경쟁. 인사실무 경험과 그로 인해 도출된 연구주제와 리포팅 능력
에너지(역량)	연구계획서를 워드로 작성. 액션 플랜(Action Plan)을 표로 작성

같은 시간과 공간에 상대보다 더 많은 에너지, 즉 단 한끗이라도 더 큰 차별화를 한다면 반드시 성공할 수 있습니다. 여러분의 기획에 바로 이것을 반영해야 합니다.

이순신에게서 배우는 에너지 집중 전략

임진왜란에서 23전 23승의 전설을 남긴 이순신 장군이 해전에서 펼친 전략은 시간-공간-에너지라는 세 요소를 완벽하게 적용한 사례입니다. 당시 조선 수군이 맞은 현실은 이랬습니다.

- 조선 수군 보유 전력 : 판옥선 24척, 거북선 미완성 상태
- 일본 수군 보유 전력 : 수백 척의 대규모 함대

그는 모든 전선에서 일본 수군과 맞서지 않는 대신 분산된 적군을 개별적으로 타격하는 '각개격파' 전술을 활용했습니다. 각 포구마다 조선 수군의 전력이 우세하도록 시간을 조정하고, 지형을 이용해 전장을 통제하면서 압도적인 승리를 이끌어 냈죠. '동일한 시간과 공간에 더 많은 에너지를 집중'한 결과 피해는 최소화하고 적은 수로도 승리를 거둘 수 있었습니다. 명량해전에서는 단 12척의 배로 133척 이상의 일본 수군을 물리치기도 했죠. 흔히 이 승리를 '기적'이라 하지만 전략적 관점에서 보면 다음과 같이 '계산된 전략의 결과'였습니다.

- 폭이 좁은 울돌목 해협을 이용해 적군의 물량 우위를 무력화
- 12척의 조선 수군이 일렬로 진을 쳐서 효율적인 방어포진 구성
- 적의 수가 많아도 한 번에 붙는 병력은 제한되므로 전투력 차이를 최소화하고 포격을 활용한 우위 확보

'동일한 시간과 공간에 적보다 많은 에너지를 집중'함으로써 불리한 전세를 뒤집은 것이죠. '길목 확보, 집중된 병력, 적시 투입'은 과거뿐 아니라 지금까지도 유효한 전략의 기본입니다.

전략적 마인드의 첫걸음

전략을 고민할 때는 항상 '시간-공간-에너지' 3가지 요소를 고려해야 합니다. 이 세 요소가 전략의 절반 이상을 차지한다고 해도 과언이 아닙니다. 이것을 자연스럽게 떠올리는 사고구조가 바로 '전략적 사고'입니다. 전략적 사고를 비즈니스에 적용하면 이렇게 되겠죠.

- 비교우위 분야에 먼저 에너지 집중하기
- 확보된 영역에 자원을 모으고, 그것을 기반으로 다른 영역을 확장하는 방식이 효과적
- 80:20 법칙(파레토 법칙)처럼, 핵심 20%에 집중하면 전체 성과의 80%를 달성할 수 있음

쿠쿠전자의 사례가 대표적이죠. 이 회사는 대기업에 비해 기업규모나 자본력이 상대적으로 작았습니다. 그래서 다양한 전자제품 라인업을 내세운 대기업과 달리 '프리미엄 밥솥'이라는 한정된 제품영역에 자원을 몰입하고, 기술력, 브랜드 이미지, 고객만족도를 꾸준히 강화했습니다. 특히 소비자들이 가장 민감하게 반응하는 '밥맛', '안전성', '편의기

능'에 집중하며 시장을 선도했죠. 이를 바탕으로 이후 정수기, 공기청정기 등으로 제품영역을 넓혀갔습니다. 동일한 시간과 공간에서 더 많은 에너지를 집중한 결과, 소규모 기업이 대기업을 이긴 전략적 승리의 전형이라고 할 수 있죠.

전략은 기발함이 아니라 '집중의 원리'입니다. 여러분도 지금의 업무, 사업, 기획에서 시간-공간-에너지를 어디에 모을지를 먼저 생각해 보십시오. 그것이 전략적 선택의 시작입니다.

# 004
'퀵 윈 사고 패턴', 최소 자원으로 성과를 내는 기술

업무환경은 언제나 예측할 수 없고, 통제할 수 없는 변수도 많습니다. 이런 환경에서도 '빠른 성과'를 내는 사람은 분명 존재합니다. 그 비밀은 바로 '퀵 윈(Quick Win) 사고 패턴'에 있습니다. 퀵 윈은 단순히 '쉬운 일 먼저 하기'가 아닙니다. '내 통제범위가 높은 상황에서 작지만 중요한 일을 최소 자원으로 성공시키는 것'을 의미하죠. 보통 과제는 '중요도'와 '달성 가능성'을 기준으로 다음 그림처럼 나뉩니다. 달성 가능성은 내 통제범위가 높은 정도', 쉽게 말해 '나 혼자만 잘하면 되는 정도'로 보면 됩니다.

―― 처리해야 할 과제의 구분 ――

달성 가능성 ↑	유지과제	퀵 윈 과제 70% 비중, 초기 투입
	폐기과제	장기 추진과제 30% 비중, 중후기 투입

중요도 →

각 과제의 의미는 이렇습니다.

① **퀵 윈 과제** : 사업에 미치는 영향이 크고, 다른 프로세스와의 연관성이 낮아 구현이 쉽고 가시적인 효과를 빠르게 볼 수 있는 과제

② **장기 추진과제(Strategic Initiatives)** : 사업적 영향력이 크고 반드시 투자해야 하지만, 다른 프로세스와 연계돼 있고 전문성이 요구돼 구현이 어려운 과제

③ **유지과제(Nice to Have)** : 쉽고 빠르게 구현할 수 있지만, 사업적 가치가 낮아서 꼭 해야 할 필요는 없는 과제

④ **폐기과제(Leave for Now)** : 구현하기 어렵고 전략적 가치도 낮아서 당장은 추진할 필요가 없는 과제

일 잘하는 사람은 퀵 윈 과제에 집중합니다. 조직에 새로 온 리더가

산적한 과제를 해결하는 경우를 가정해 보죠. 조직은 내부 문제가 복잡하고, 제도나 시스템을 바꾸는 일은 시간도 오래 걸리고 이해관계자들의 충돌도 많아 쉽지 않습니다. 이런 상황에서는 다른 부서나 이해관계자와 얽히지 않은, 리더의 노력만으로도 성과를 낼 수 있는 과제에 먼저 집중하는 방법이 가장 현명합니다. 바로 퀵 윈(Quick Win) 과제죠. 이렇게 초반에 내가 잘하고, 단기에 성과를 낼 수 있는 과제를 잘 선택해 추진하면 자신감과 함께 조직 내 신뢰도 함께 쌓여서 나중에 더 큰 일을 추진하는 발판이 됩니다. 퀵 윈 과제에 집중하면 이런 선순환 구조를 만들 수 있는 것이죠.

'작은 성공 → 신뢰 확보 → 자원 확장 → 다음 단계 과제 실행'

주식투자도 그렇죠. 목표수익률을 높게 잡고 풀 베팅하면 홈런보다 삼진 아웃 확률이 커집니다. 처음부터 높은 수익률을 욕심내면 시장이라는 투수가 던지는 변화구에 결국 삼진아웃을 당하게 된다는 것이죠. 퀵 윈 사고 패턴은 주로 다음 상황에 효과적으로 작동합니다.

상황	퀵 윈 적용 이유
새 조직에 배치됐을 때	빠른 신뢰 확보 필요
상사와의 관계가 불확실할 때	기대수준을 파악하고 신뢰를 얻기 위해
프로젝트 초기 단계	전체 흐름을 장악하고 주도권 확보를 위해
자원이 부족할 때	작은 성과를 만들어 자원을 끌어오기 위해
자신감이 떨어졌을 때	성취감 회복과 자기동기 강화를 위해

중장기 과제를 효율적으로 배분하는 방법

연간 또는 프로젝트 계획을 세울 때는 '중요한 일'과 '지금 당장 할 수 있는 일'을 구분해야 합니다. 처음에는 퀵 윈 과제처럼 '달성 가능성이 높은 일에 에너지를 집중'하는 것이 좋습니다. 그러다 성과가 쌓이고 주변의 인정을 받게 되면 그때부터는 조금 더 시간이 걸리는 중장기 과제도 안정적으로 추진할 수 있습니다. 장기 과제는 다양한 제약요소(시간, 예산, 인력, 이해관계 등)가 얽혀 있습니다. 너무 성급하게 접근하면 오히려 성과 없이 에너지만 소모될 수 있죠. 퀵 윈 과제를 도출할 때는 스스로에게 다음 질문을 던져 보세요.

- 이 일을 했을 때 조직, 상사, 고객 반응이 즉각적으로 나올까?
- 나만 노력하면 되는, 통제범위가 높은 일인가?
- 이 성과가 다른 과제 추진을 설득하거나 예산을 얻는 데 도움이 될까?
- 나 스스로도 작은 성공을 통해 동기를 얻을 수 있는가?

이순신 장군도 일종의 퀵 윈 전략으로 전쟁의 중장기 과제를 지혜롭게 배분했습니다. 임진왜란 초기에 그는 사천, 당포, 옥포 해전 등 비교적 작은 전투에서 빠르고 확실한 승리를 거둬서 수군의 사기를 올리고 조정과 백성의 신뢰를 빠르게 확보했습니다. 이것이 조선의 삼도 수군을 뭉치게 하는 계기가 됐고, 이후 한산도대첩, 안골포해전, 부산포해전 등 전략적으로 전쟁의 판도를 바꾸는 전투를 성공으로 이끄는 밑거름이 됐죠.

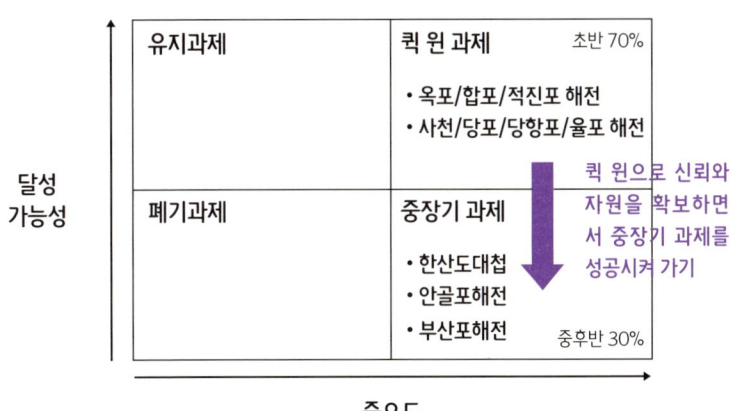

　퀵 윈 사고 패턴은 제가 여러 조직의 어려운 상황을 개선하는 데도 큰 도움이 됐습니다. 저는 새로운 조직에 가면 처음부터 구조 개편이나 평가·보상제도 개선 같은 복잡한 중장기 과제에 손대지 않았습니다. 처음엔 직원 신용대출 제도, 복장제도, 경조사 제도 등 퀵 윈 과제를 빠르게 개선해 나갔죠. 실행하기 쉽고 구성원이 체감할 수 있는 작은 변화를 만들어 그들의 신뢰를 얻고 '일을 해낸다'는 분위기를 형성한 것입니다. 그리고 나서 점차 조직의 핵심 개선 대상인 평가제도, 구조 개편 등 전략적인 중장기 과제로 자연스럽게 확장할 수 있었습니다.

　퀵 윈 과제의 2가지 성공조건을 다시 정리하면 다음과 같습니다.

① 누가 봐도 '성과가 났다'는 사실을 확인할 수 있는 숫자, 화면, 변화 등의 가시성

② 빠른 시일에 결과가 나올 수 있는 속도

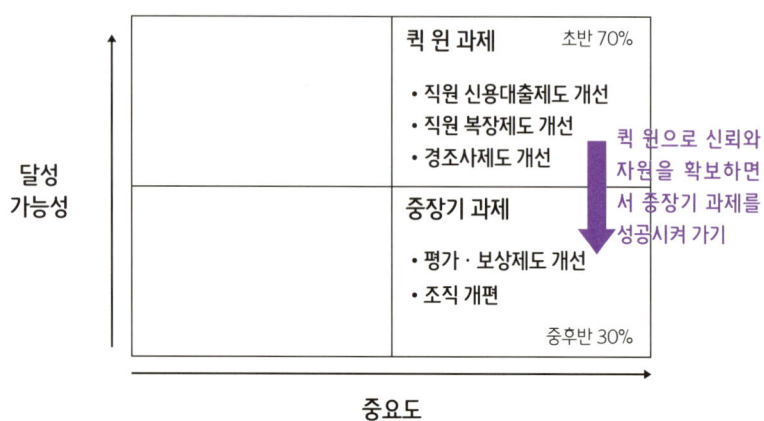

여러분도 업무 우선순위가 고민될 때 위의 4가지 분류 틀을 활용해 보면 보다 전략적이고 효율적인 선택이 가능해질 것입니다. 특히 퀵 윈을 먼저 잡는 것이! 다음 기회를 여는 열쇠가 됩니다.

005
'최선-보통-최악', 위기를 최소화하는 시나리오 사고 패턴

다양한 가능성을 대비하는 전략적 사고

누구나 미래를 예측하고 싶어합니다. 만약 경영진, 상사, 고객의 반응을 미리 예측할 수 있다면 얼마나 좋을까요? 하지만 실제로는 매우 어려운 일이겠죠? 이런 불확실한 상황에서 실질적인 도움을 주는 사고도구가 있습니다. 바로 '시나리오 기법'입니다. 시나리오 기법은 하나의 미래를 단정적으로 예측하는 것이 아니라, 여러 가능성 있는 미래 상황을 설정하고 그에 따른 흐름과 발생 가능한 문제들을 사전에 가상해 보고, 그것이 현실화될 경우 어떤 결과가 나타날지 예측해 보는 전략적 사고입니다. '가설 수립'이라고도 하죠. 이렇게 사고하는 기획자는 흔치 않으므로 진짜 기획자라고 인정받기 위해 반드시 익혀야 할 능력입니다.

시나리오 사고에서는 '변수(Variable)'가 가장 중요합니다. '이 변수가 충족되면 어떤 변화가 나타날까?'라는 질문을 반복하며 다양한 시나리오를 펼쳐 보는 것이죠. 이 사고에서 가장 많이 활용하는 변수가 마이클 포터 교수의 '5 Forces 모형'입니다. 이 모델은 다음 5가지 경쟁요인(변수)이 기업의 전략과 미래에 영향을 준다고 설명합니다.

① 산업 내 경쟁자
② 잠재적 경쟁자
③ 대체재
④ 소비자
⑤ 공급자

이 중 기술 변화로 인한 새로운 대체재의 등장, 새로운 경쟁자의 등장, 소비자 행동의 변화 등은 특히 미래를 바꾸는 강력한 변수로 작용할 수 있습니다.

쉘(Shell)의 시나리오 경영사례

1970년대 쉘(Shell)의 전략은 시나리오 기법의 대표적인 성공사례로 꼽힙니다. 석유 호황이던 당시 석유기업 대부분은 그 상황이 계속되리라고 믿고 안일한 태도를 보였습니다. 하지만 쉘은 달랐습니다. 쉘의 기획팀은 '유가 급등'이라는 가능성에 주목하고, 그 가능성을 초래할 요인들을 분석해 다양한 시나리오를 스토리 형태로 정리했죠. 특히

OPEC(석유수출국기구)의 정치적 행동 가능성을 중심으로 변수들을 가정했습니다.

1973년에 중동전쟁이 발발하자 OPEC이 석유 수출을 제한했고 유가는 폭등했습니다. 많은 석유기업이 위기를 겪었지만, 쉘은 이미 시나리오에 따라 공급처 다변화, 비축량 확보, 관계관리를 해 뒀기에 위기를 기회로 바꿀 수 있었습니다. 그 결과 업계 7위였던 쉘은 단번에 2위로 올라섰습니다. 쉘은 이후 시나리오 경영을 상시화했고, 1986년 유가 급락 사태 역시 미리 대비해 경쟁사보다 빠르게 대응할 수 있었죠.

이처럼 좋은 시나리오의 핵심은 '위기상황에서도 살아남을 수 있도록 준비하는 것'입니다. 스펜서 존슨의 《누가 내 치즈를 옮겼을까》를 보면, 쥐들은 항상 운동화를 목에 걸고 다니며 변화에 대비했지만, 사람은 편안함에 젖어 변화에 대비하지 않았다는 비유가 나옵니다. 이 비유처럼 좋을 때일수록 깨어 있는 준비가 필요합니다. 다음 내용에서 설명할 '최선-보통-최악'의 3가지 시나리오를 미리 가정하고 움직이면 위기에도 당황하지 않고 중심을 잡을 수 있습니다. 많은 실무자가 기획서나 보고서를 쓸 때 '가장 바람직한 경우만' 상정합니다. 하지만 현실에서는 반드시 예측 못한 변수가 발생합니다. '시나리오 사고'를 훈련한 사람은 이렇게 상황이 흔들려도 무너지지 않습니다. 실제 업무에 시나리오 사고를 적용하는 기본 흐름은 다음과 같습니다.

① 미래 발생 가능한 변수 파악 : 고객, 시장, 기술, 규제 등 주요 변수를 수집하고 분석합니다.

② **3가지 시나리오 구상** : 변수에 따른 시나리오를 최악, 보통, 최선 3가지로 구분하여 각 시나리오별 대처 전략을 설계합니다.

③ **최악의 시나리오에 집중하여 준비** : 낙관적인 기대보다는 실패 가능성을 기준으로 대응력을 높입니다.

④ **시간여유를 두고 준비** : 새로운 사업이 안정화되기까지는 생각보다 시간이 2배 이상 걸릴 수 있음을 감안합니다.

시나리오 사고의 핵심 구조, '최선-보통-최악' 3단계 프레임

시나리오 사고는 다음 표처럼 미래를 '최선-보통-최악' 3단계 프레임으로 나누어 그 대응방안을 정리해 보는 것이 가장 중요합니다. 두렵다는 이유로 '최악 시나리오'를 회피하는 경우가 많은데, 이것을 직시해야 전략이 생깁니다.

─────── '최선-보통-최악' 3단계 프레임 ───────

구분	내용	생각 포인트
최선 시나리오	일이 가장 잘 풀릴 경우	이 경우 어떻게 '확장'할 것인가?
보통 시나리오	가장 가능성 높은 현실적 상황	기본 계획은 이 경우를 기준으로 준비합니다.
최악 시나리오	예상되는 최악의 흐름	최소한 이 경우만은 피하기 위해 막아야 할 핵심 리스크는?

제가 아는 컨설턴트가 한 스타트업의 투자 유치 발표를 도왔을 때 일입니다. 그 컨설턴트가 해당 스타트업에서 투자자에게 제안하기 위해 만든 IR 피칭 문서를 살펴보니 매출전망이 '시장 반응이 좋을 때'에만 집중돼 있었습니다. 그러다 보니 기존 발표에서 "혹시 예상보다 고객 유입이 느리면 어떻게 대응할 계획인가요?"라는 투자자 질문에 답을 할 수 없었죠. 발표자가 대답을 망설이자 당시 발표 분위기가 순식간에 냉각됐었다고 합니다. 그 컨설턴트는 해당 스타트업에 새로운 구조의 대안을 제시했는데, 그 내용은 대략 다음 표와 같았습니다.

시나리오	매출전망	핵심 전략
최선	3개월 내 예상고객 3,000명 도달	유료 프로모션 확장+인플루언서 채널 강화
보통	1,500명 수준 유지	핵심 기능 A/B 테스트+리퍼럴 유도
최악	고객 전환율 저조(500명 수준)	트래픽 유입구조 전면 개편 및 UX 리디자인

해당 스타트업은 그 컨설턴트의 제안대로 구조를 재정비해서 다시 IR 발표를 했고 투자자들로부터 '리스크 대응방안이 잘 준비됐다'라는 반응을 얻었습니다. 그리고 실제 투자가 성사되는 결과로 이어졌죠. 이 사례처럼 실제 보고서에 3단계 시나리오를 적용하려면 다음과 같은 3단계 작성 팁이 필요합니다.

① **보통 시나리오 먼저 작성하기** : 실현 가능성이 가장 높은 수치를 먼저 기준점으로 잡습니다.

② **최선·최악을 '낙관 vs. 비관'이 아니라 '상황별 분기점'으로 상상하기** : 고객 증가율을 예로 들면, 일정 이상 증가율이 유지되면 최선으로, 떨어지면 최악으로 잡습니다.

③ **최악 시나리오에는 항상 '플랜 B'를 세트로 붙이기** : '이 경우에는 ○○ 방식으로 방향을 전환하겠습니다' 식의 플랜 B를 제시합니다.

저도 일할 때 '최악을 가정'하는 경우가 많습니다. 이런 사고가 제가 변화와 조직 구축을 잘 리딩하는 리더로 성장하는 데 큰 도움을 주었죠. 세상은 절대 내 마음대로 움직이지 않습니다. 그러니 언제나 '최선-보통-최악'이라는 3가지 시나리오를 가정하고 계획이나 전략을 짜야 합니다. 예를 들어 '신상품 출시계획'이라면 다음 표와 같이 시나리오를 정리할 수 있습니다.

구분	내용	대응방안
최선	• 신상품 10개 출시(20××년 6월까지 달성) • 매출 20억 원 달성 상품 2개 • 경쟁사에서 신규 경쟁상품 2개 출시	• 성공 가능성 높은 상품에 마케팅 비용을 과감하게 투입
보통	• 신상품 7개 출시(20××년 8월까지 달성) • 매출 20억 원 달성 상품 1개 • 경쟁사에서 신규 경쟁상품 3개 출시	• 현재 사업계획 유지
최악	• 신상품 5개 출시(20××년 12월까지 달성) • 매출 20억 원 달성 상품 없음 • 경쟁사 신규 경쟁제품 4개 출시로 시장상황 악화	• 20××년 3월까지 점검 후 최악 가능성 높아질 경우 사업방향성 및 계획 변경 • 비용 절감 계획 운영

시나리오 사고는 '기획의 현실성'을 높여 줍니다. 어떤 상황이더라도 '최선-보통-최악' 3가지 시나리오 사고로 준비하면 중심을 잃지 않게 됩니다.

006
'통찰 또는 직관', 뿌연 머릿속을 뚫고 나오는 선명한 생각

어떤 분야에서 큰 업적이나 성취를 이룬 사람들은 의외로 잘 알려진 생각 정리 도구를 사용하지 않습니다. 대신 '통찰력(Insight)'이라는 무기를 사용하죠. 콜럼비아대학 윌리엄 더건 교수는 《제7의 감각 - 전략적 직관》에서 이런 이야기를 합니다.

'인류사의 근본적인 변화를 가져온 때'에는 여지없이 '섬광 같은 통찰력'이 찾아왔다.'

그가 제시한 역사적인 사례들은 이랬습니다.

- 빌 게이츠가 마이크로소프트를 설립했을 때
- 피카소가 자신만의 스타일을 발견했을 때
- 구글이 인터넷을 제패했을 때

그는 통찰력을 한마디로 이렇게 정의합니다.

'마치 머릿속의 뿌연 안개를 뚫고 지나가는, 선명하고 반짝거리는 생각'

실제로 주변에 늘 번뜩이는 아이디어를 내는 사람들을 잘 관찰해 보면 대부분 이런 통찰력을 가지고 있습니다. 한 번은 제 지인에게서 이와 관련한 경험담을 들었습니다. 그 지인이 다니는 회사에서 추진하던 사업의 성과가 지지부진하자 사업 존폐 여부를 놓고 회의를 했었다고 합니다. 그 지인은 '이 고비만 넘기면 분명 활로가 뚫릴 것이니 계속 추진해야 한다'는 입장이었던 반면, 경영전략 담당자는 엑셀로 작성한 분석 자료를 내밀며 '앞으로 더 어려워질 테니 최대한 이익을 챙기고 접어야 한다'고 주장했습니다. 이렇게 양쪽 의견이 팽팽하게 맞서고 결론이 나지 않자 결국 그 지인이 이렇게 이야기했다고 합니다. "그렇게 분석에만 의존하면 어떻게 사업을 합니까? 그렇게 자신이 없으시면 제가 사업권을 사서 가지고 나가서라도 계속 추진해 보겠습니다!"

결국 오랜 논쟁 끝에 그 지인의 의견대로 사업을 계속 추진하기로 결정됐습니다. 그래서 어떻게 됐을까요? 얼마 뒤 그 사업은 공전의 히트를 쳐서 회사에 장기적인 이익을 가져다 줬습니다. 그 지인은 이 경험담 끝에 저에게 이런 말을 했습니다. "여러 상황과 정보들을 파악하다 보니 '이건 된다!'라는 생각이 강하게 떠오르더군요. 분석만으로는 설명할 수 없는 성공 가능성이 보였습니다." 바로 '섬광 같은 통찰력'을 얻은 것이죠.

미셸 루트번스타인과 로버트 루트번스타인도 공저한 《생각의 탄생》에서 '직관'에 관해 이야기합니다. 그들은 이 책에서 인류사를 통틀어 생각의 달인이라고 할 수 있는 사람들의 창조성을 다루면서 '과학자들은 수학공식이나 모형으로 진리를 알아내는 것이 아니라고' 주장합니다. 그들은 우선 '직관'으로 어떤 진리를 알아낸 후, 그것을 설명하기 위해 수학공식이나 남들이 납득할 수 있는 도구로 설명하는 것뿐이라는 것이죠. 그리고 그 근거로 아인슈타인의 말을 제시합니다.

'나는 직감과 직관, 사고 내부에서 본질이라고 할 수 있는 심상(心想)이 먼저 나타난다. 말이나 숫자는 이것의 표현수단에 불과하다.'

'과학자는 공식으로 사고하지 않는다.'

생각 정리 도구를 쓰든, 산책을 하다 영감을 얻든 우리는 이런 선명한 생각, 즉 '통찰'을 얻어야 합니다. 그래야만 일이나 사업, 문제해결 등에서 진정한 성공을 이룰 수 있습니다. 물론 이런 통찰력이 갑자기 생기지는 않습니다. 평소에 정보력, 몰입 등 여러 역량을 쌓아야 가능한 일이죠. 결국 통찰은 하늘에서 떨어지는 번개가 아니라 준비된 사람에게 찾아오는 섬광입니다. 수많은 정보와 경험을 흡수하고, 몰입해 그 정보와 씨름하며, 때로는 한 걸음 떨어져 자신을 관찰할 때 비로소 선명한 아이디어가 떠오릅니다. 보고서 작성이나 사업기획에서도 마찬가지입니다. 단순한 분석에 머물지 말고 축적된 정보와 몰입 속에서 '이건 된다!'라는 확신을 길어 올리는 순간, 그것이 바로 여러분을 성공으로 이끄는 통찰의 힘이 될 것입니다. 앞에서 배운 몰입과 메타인지 통찰법을 많이 활용해 보길 바랍니다.

007
'3W 1H 프레임', 콘셉트를 쉽고 빠르게 뽑는 방법

콘셉트란 기획이나 보고서의 핵심 메시지를 '한 줄로 정리한 문장'입니다. 보고서나 발표내용이 흐릿하고 정리되지 않는 이유는 대부분 이 '한 문장 요약'이 빠져 있기 때문입니다. 이럴 때 활용하는 도구가 '3W 1H 콘셉트 도출법'입니다. 1페이지 보고서 작성이 어려울 때 이 도구를 활용하면 빠르게 콘셉트를 도출할 수 있습니다.

이 프레임은 콘셉트의 뼈대를 '누구를 위해(Who)', '왜(Why)', '무엇을(What)', '어떻게(How)'를 기준으로 잡아가는 방식입니다. 각 항목별로 다음과 같은 질문을 던지며 내용을 정리하면 빠르게 콘셉트를 도출할 수 있습니다.

3W 1H 콘셉트 도출법

항목	질문	실무 적용 포인트
Who?	누가 최종 소비자인가?	상사, 고객사, 실제 사용자 등 의사결정자나 사용자가 누구인지 명확히 합니다. 그들의 욕구, 두려움, 상황까지 함께 떠올리면 더 현실적인 콘셉트가 나옵니다.
Why?	왜 이 일을 하며, 어떤 가치가 있는가?	기획목적이 무엇인지, 상사나 조직에 가치 있는 제안인지를 점검합니다. 목적이 불분명하면 보고서가 아니라 그냥 노력의 기록으로 끝납니다.
What?	한마디로 무엇을 하겠다는 것인가?	'무엇을 위한 기획인가'를 20자 이내로 압축해 봅니다. 메시지가 선명해질수록 문서도 간결해집니다.
How?	어떻게 실행할 건가?	간략하게라도 실행시기, 방식, 대상, 자원, 협업방식 등을 정리해 봅니다. 언제, 얼마나, 어떤 방식으로 등을 적어 봅니다.

예를 들어 다음 상황에서 콘셉트를 어떻게 정리할 수 있는지 살펴볼까요?

- **상황** : 고객 이탈률이 증가하고 있음
- **목적** : 이탈 방지 전략 보고

항목	정리 내용
Who	2030 여성 고객층(최근 이탈이 많은 대상)
Why	고객 유지율 하락 → 전환비용 손실 증가
What	이탈 방지를 위한 CS 프로세스 재설계
How	FAQ 자동 응답+챗봇+인입절차 개선

이를 콘셉트 문장으로 요약해 정리하면 다음과 같습니다.

'2030 여성 고객의 이탈률을 줄이기 위해 CS 중심의 대응 프로세스를 자동화하고 고객접점을 다층화하자.'

콘셉트는 어렵지 않습니다. '누구를 위해, 왜, 무엇을, 어떻게'라는 질문을 통해 핵심을 잡고, 그것을 한 문장으로 정리하는 것이 핵심입니다. 그 한 문장이 바로 보고서의 시작이자 끝이 될 수 있습니다. 기획이나 보고서 작성이 막힐 때마다 이 프레임으로 정리해 보길 권합니다. 특히 요즘은 콘셉트가 정확하다면 디테일한 내용 작성은 생성형 AI의 도움을 받을 수 있기 때문에 3W 1H 프레임이 기획과 보고서 작성에 많은 도움이 됩니다.

4장

압축의 힘이 살아있는 1페이지 보고서

001
'압축과 정보 전달', 1페이지 보고서의 핵심

1페이지 보고서에 관한 고정관념

보고서를 작성할 때 빠지기 쉬운 고정관념이 있습니다. '보고서가 얇으면 상사에게 성의 없어 보이진 않을까? 내용이 부족하다고 오해받지 않을까?' 하는 생각입니다. 그래서 억지로 자료를 늘리고 글을 장황하게 쓰곤 하죠. 실제로는 짧고 명료한 1페이지 보고서가 더 큰 영향력을 발휘하는 경우가 많습니다. 하루에도 수십 건의 보고서를 검토하는 상사나 경영자는 '핵심이 빠르게 눈에 들어오는 보고서'를 훨씬 선호하기 때문이죠.

실제 사례를 하나 볼까요? 한 공무원이 도지사에게 수소경제에 대해 보고할 일이 있었습니다. 박사급 전문가인 그 공무원은 자랑하듯 본인이 오랜 기간 모아온 자료를 보고서 앞부분에 배치했죠. 그는 저에게 정식으로 그 보고서를 검토해 달라고 자문했습니다. 제가 내용을 살펴보니 좋은 자료는 많았지만 메시지가 뒤에 숨어 있었습니다. 메시지 전달력이 아쉬운 상태였죠. 저는 이렇게 조언했습니다. "앞쪽 자료는 전부 첨부로 빼고 뒤쪽에 있는 결론을 앞에 배치하세요. 도지사님께 보고하는 시간이 1시간도 안 된다고 하셨죠? 그렇다면 결론부터 분명하게 전달한 다음에 시간이 허락되면 필요한 자료를 부연하는 방식이 좋겠습니다." 그는 제 조언을 받아들여 보고서를 수정했고, 결과적으로 도지사에게서 '아주 보고를 잘했다'는 피드백을 받았다고 합니다. 이 사례의 핵심은 '보고자는 자신의 노력과 과정을 설명하고 인정받고 싶은 반면, 의사결정권자는 그럴 생각이 없고 핵심 정보만 빠르게 알고 싶어한다'는 것입니다. 이 차이를 이해하고 접근하는 것이 보고서의 성패를 좌우합니다.

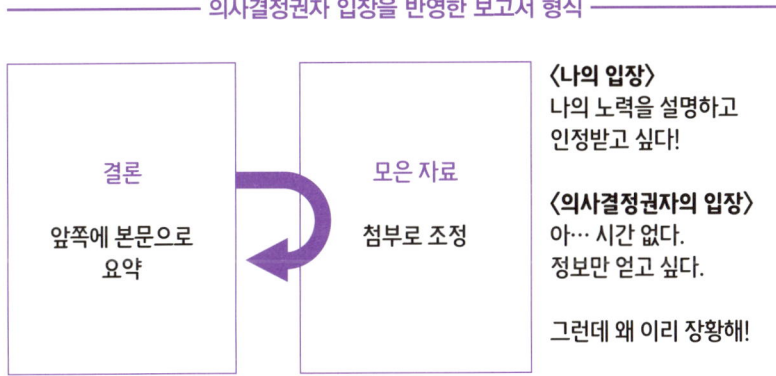

1페이지 보고서의 핵심은 '간결함'

잘 정리된 1페이지 보고서는 마치 비즈니스 예술처럼 보이기도 합니다. 내용은 명확하고, 논리는 정돈돼 있으며, 딱 필요한 정보만 담겨 있어서 보는 사람도, 설명하는 사람도 모두 만족할 수 있죠. 물론 모든 보고서를 무조건 1페이지에 담지는 않습니다. 최소 2페이지 이상 필요한 보고서도 있죠. 이 부분은 유연하게 접근해도 좋습니다. 1페이지 보고서는 다음 그림처럼 중요한 메시지는 1~2페이지에 담고, 나머지 세부 데이터나 부연 정보는 첨부자료로 분리하는 방식이 효과적입니다.

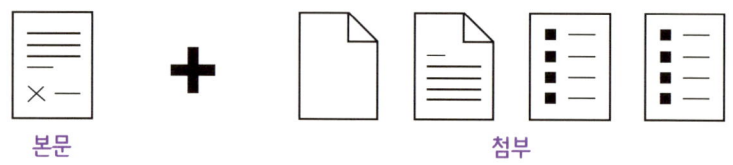

이러면 핵심 메시지가 간결하게 전달되면서도, 필요한 경우엔 첨부자료로 충분히 설명할 수 있어 정보 전달과 설득력을 모두 잡을 수 있습니다.

상사는 크게 2가지 유형으로 나뉩니다. 하나는 직관적으로 빠른 판단을 하는 유형입니다. 요약본만 보고 '좋네, 진행합시다' 하는 부류죠. 다른 하나는 꼼꼼하게 검토하는 유형입니다. 요약본을 보고 나서 '이건 왜 이런 거야?' 등의 질문을 하는 부류죠. 상사에게서 이런 질문을 받으면 보고자는 바로 첨부자료를 넘기며 추가 설명을 하면 됩니다. '본문+첨부 구조의 1페이지 보고서'로 이 두 유형의 상사를 모두 만족시킬 수 있습니다. 1페이지 보고서는 결국 '보고받는 사람의 시간을 아껴주는 방식'이자, '보고자의 생각이 잘 정리됐다는 증거'이기도 합니다.

   핵심과 논지를 짧게 압축할수록 상대방에게 전달되는 메시지는 더 명확하고 강력해집니다. 특히 의사결정권자가 많은 보고서를 빠르게 판단해야 할 때 한눈에 들어오는 1페이지 요약은 그 자체로 보고의 완성도를 높이는 전략이 됩니다. 요즘은 파워포인트 기반의 보고서도 많습니다. 이 경우에도 핵심 메시지를 정리한 1~2페이지 보고서가 첨부되면 훨씬 신뢰도가 올라갑니다. 결국 중요한 건 분량이 아니라 '얼마나 정확하고 빠르게 소통하느냐'입니다.

002
'본문'과 '첨부'를 나누는 기술

본문과 첨부를 어떻게 나누면 좋을까요? 먼저 '핵심 스토리, 배경, 현황 분석, 원인 분석, 대안 제시'는 반드시 본문에 포함해야 합니다. 반면에 '부연설명, 구체적 수치, 참고자료 등'은 첨부로 분리하는 게 좋습니다. 첨부는 다양한 질문에 대비하거나 제안을 뒷받침할 자료로 유용하게 활용됩니다. 참고로 공공조직에서는 '첨부'보다는 '붙임'이라는 용어를 사용합니다. '별첨'이라는 용어는 거의 쓰지 않으니 '첨부' 또는 '붙임'으로 통일해서 사용하면 좋겠습니다.

그럼 '이 내용은 넣을까, 말까?' 고민될 때는 어떻게 할까요? 저는 '애매하면 첨부로라도 꼭 넣기'를 추천합니다. 이러면 가끔 운 좋은 일이 생기기도 합니다. 보고할 때 갑자기 상사가 "이건 어떻게 된 건가?"라고 물었을 때 "네, 첨부 5번에 정리돼 있습니다"라고 하면 "오, 준비 잘했네"라는 반응도 얻을 수 있거든요. 그러니 본문엔 핵심만, 애매하거나 보완할 내용은 첨부로 넣는 방식이 좋습니다. 저는 30년 가까이 보고서를 만들면서 '첨부가 너무 많다'는 반응은 한 번도 못 들어 봤습니다. 종종 '본문이 너무 길고 장황하다'는 반응은 있었죠. 이게 보고의 중요 포인트입니다.

❶ 상세한 표와 긴 설명은 첨부로

보고서에 표를 넣을 때도 마찬가지입니다. 본문에는 표를 요약한 내용만, 상세한 표 전체는 첨부로 빼는 게 좋습니다. 본문이 너무 복잡해지면 읽는 사람도 지치니까요. 만일 본문에 '○○교육 진행 필요'라고만 적었다면 상사가 "이 교육은 어떻게 진행할 거지?"라고 물을 수 있습니다. 그럴 때 "네, 첨부 7번 표에 대략적인 커리큘럼을 정리했습니다"라고 답하면 보고 흐름이 훨씬 매끄러워집니다.

❷ '(자세한 사항은 [첨부] 참조)'라는 안내문구 적극 활용

전자결재 시스템에 보고서를 올리면 상사가 첨부파일을 확인하지 않는 경우가 많습니다. 따라서 첨부자료가 있다면 보고서 본문에 '(자세한 사항은 [첨부 1] 참조)' 같은 문구로 해당 사실을 명확히 알리는 게 좋습니다. 웹 문서에 하이퍼링크를 걸 듯 보고서에 첨부 안내문구를 넣으면 "왜 세부 자료 정리가 안 돼 있어?"라는 상사의 질문을 미리 피할 수 있습니다. 간단한 안내문구 하나로 큰 차이를 만들 수 있죠.

❸ 첨부파일 안내표시는 '디귿자 꺾쇠([ ])'로

일반적으로 첨부파일 안내표시에는 다음 예시처럼 '디귿자 꺾쇠([ ])'

를 사용합니다.

　예) [첨부 1] 경쟁사 매출액 현황

　일반 꺽쇠 기호(< >)도 쓰긴 하지만 약 90%의 조직에서는 디귿자 꺾쇠 기호를 선호합니다. 특히 정부기관에서 많이 사용되죠.

④ 문서 작성순서는 첨부 먼저, 본문은 나중에!
　많은 실무자가 보고서를 본문부터 순서대로 작성하려고 합니다. 사실 가장 효율적인 방법은 '첨부 먼저, 본문은 나중'입니다. 첨부는 자료 기반이라 작성방향이 중간에 크게 흔들리지 않기 때문이죠. 또 첨부를 먼저 정리해 두면, 그 내용을 바탕으로 본문을 더 빠르고 논리 있게 구성할 수 있습니다. 특히 본문을 쓸 때 '자세한 사항은 첨부 몇 번 참조'라고 자연스럽게 연결시킬 수 있어서 작성속도가 빨라지고 구조도 훨씬 깔끔해집니다. 또 하나의 팁은, 잘 만들어진 첨부자료를 ChatGPT 등 생성형 AI에 넣고 프롬프트로 가이드를 주면 1페이지 보고서 초안을 빨리 작성할 수 있습니다.

　시간이 부족할 때는 본문에 더 신경 쓰고, 첨부는 간단히 정리만 해도 괜찮습니다. 본문은 메시지를 전달하는 중심이고, 첨부는 말 그대로 보조자료이기 때문이죠. 결론적으로 보고서는 '상대방의 시간을 아껴주는 구조'가 가장 중요합니다. '핵심만 본문에 담고, 근거와 보완은 첨부로 정리하기.' 이 간단한 기술만 익혀도 보고의 질이 훨씬 좋아집니다. 마지막으로 보고서 본문에 첨부자료 내역을 명확하게 표기하는 3가지 방법을 알아보겠습니다.

① 첨부가 1개면 번호 표기 없이 첨부자료를 표기합니다.

예) 첨부 : 분기별 본부별 매출액 현황 1부. 끝.

② 첨부가 2개 이상이면 각 첨부자료 앞에 번호를 표기합니다.

예) 첨부 : 1. 분기별 본부별 매출액 현황 1부
          2. 분기별 본부별 영업이익 현황 1부. 끝.

③ 첨부자료 제목이 같고 각각의 내용이 다르면 '각'이라는 표현을 써서 기술합니다.

예) 첨부 : 1. 지원자 명단 1부
          2. 지원자 이력서 각 1부. 끝.

003
4가지 보고서 유형별 목차 구성 패턴

1페이지 보고서는 '목차를 잘 구성하는 일'이 가장 중요합니다. 목차는 보고서 유형에 따라 달라지는데, 각 유형별 목차 구성방법을 알아볼까요?

❶ 첫 번째 유형 : 문제해결 또는 대응방안 보고서

1페이지 보고서의 70~80%는 '문제해결 보고서' 또는 '대응방안 보고서'입니다. 이런 보고서는 특정 문제를 '어떻게 대응할 것인가?'를 정리하는 게 핵심이며, 주로 다음과 같은 표준 목차가 사용됩니다.

① 목적(또는 추진배경, 필요성 등)
② 현황/이슈
③ 원인 분석(선택적으로 분리 가능)

④ 목표 설정(필요 시 선택적으로 활용)

⑤ 개선방안 또는 추진방향+세부 실행계획

⑥ 예산

⑦ 기대효과(필요 시 선택적으로 활용. 미사용 시 '1. 목적' 안에 관련 내용 반영)

⑧ 의사결정사항(선택적으로 활용)

각 목차항목의 의미와 각각의 작성 팁은 다음과 같습니다.

① 목적 : 추진배경. 필요성 등으로 다양하게 표현 가능

요즘 공공기관에서는 '목적' 대신 '추진배경'이라는 용어를 더 많이 사용합니다. 저도 '추진배경'이라는 용어를 많이 활용합니다. 어떤 명칭을 쓰든 '왜 이 보고서가 필요한지, 어떤 가치가 있는지' 설명하면 됩니다.

②~③ 현황/이슈 : 현황+원인 분석을 포함

현황/이슈에는 '현황 설명'과 함께 '원인 분석'을 포함해야 합니다. 원인 분석이 중요한 경우 '원인 분석' 항목을 따로 분리해서 강조하는 방법도 좋습니다. 참고로 '이슈'라는 표현은 '문제점'보다 부드러운 어감으로 받아들여져서 자주 활용합니다. '현황/문제점'이라고 활용해도 무방합니다.

④ 목표 : 목적을 구체화하고 범위 설정

목표는 구체적이고 측정 가능하도록 작성하는 것이 좋습니다. 예를 들면, 단순히 '회사의 기획력을 향상시키자'가 아닌 '20××년까지 전

직원 1페이지 보고서 작성능력 향상' 같이 작성합니다. 이는 곧 KPI(Key Performance Indicator)나 성과지표가 되며, 성과평가의 기준이 됩니다. 이 항목은 넓게 설정된 목적의 의미를 명확히 정의해야 할 때 필요합니다. 예를 들면 목적은 '전 사원 기획력 향상을 통한 생산성 강화'라면, 목표는 '1페이지 보고서 작성력 강화' 등으로 구체화하는 것이죠.

⑤ 개선방안 또는 추진방향+세부 실행계획

이 항목은 보고서 규모에 따라 구성방식이 달라질 수 있습니다.

- 간단한 보고서라면 '개선방안'만으로 충분합니다.
- 내용이 많거나 전략적 방향이 필요하면,
  - '추진방향'으로 큰 그림을 도식화하거나 요약한 후
  - '세부 실행계획'으로 구체적인 단계별 내용을 정리하는 방식이 좋습니다.

⑥ 예산

예산항목은 간단한 표 형식으로 작성하는 것이 가장 좋습니다. 다음 표처럼 항목·금액·산출내역으로 구성된 3열 표를 활용하면 됩니다.

단위 : 천원

항목	금액(천원)	산출내역
외부 강사비	2,500	250천원(시간당)×10H=2,500천원

※ 금액은 회계 처리상 '천원 단위'가 표준이 됩니다.
※ 단위 표기를 빠뜨리지 않도록 주의합니다. 보통 표 우측 상단에 적는데, 위 예시처럼 금액 옆에 괄호 표기를 해서 넣어도 괜찮습니다.

⑦ 기대효과와 목적 구분하기

보고서를 쓰다 보면 목적과 기대효과의 구분이 좀 헷갈립니다. 규모가 작은 보고서라면 기대효과를 따로 작성하지 않고 목적에 기대효과 내용을 반영하면 됩니다. 규모가 큰 보고서라면 목적에 기대효과 내용을 간단하게 반영하고, 구체적인 기대효과를 '별도 항목'으로 구성해서 자세히 작성하는 방식이 좋습니다. 기대효과는 '고객만족 실현'처럼 추상적 표현이 아닌, 다음 예시처럼 실제 도입했을 때 이루어질 변화를 구체적으로 묘사하는 방식이 좋습니다.

예) 고객 응대시간이 20% 단축되고, 상담 이탈률이 감소할 것으로 예상됨.

⑧ 의사결정사항

의사결정을 요청할 때는 보고서 말미에 의사결정사항을 반영한 다음 구두로 보고할 때 '이 사안에 대해 의사결정 부탁드립니다'라고 요청하면 됩니다. 필수 항목은 아니지만 의사결정이 필요한 보고서라면 이 항목을 넣는 것이 좋습니다. 이 항목의 목차를 건의사항, 건의/애로사항으로 바꾸어 필요 의견을 제시해도 됩니다.

❷ 두 번째 유형 : 결과보고서 → PDCA 구조 활용

결과보고서는 문제해결 보고서 다음으로 많이 활용되는 유형입니다. 이 보고서는 단순한 결과 제시보다는 '성과 분석/시사점, 향후 개선방안' 제시가 가장 중요합니다. 결과보고서는 다음과 같이 Plan-Do-Check-Act(PDCA) 구조로 작성하는 방식이 좋습니다.

① 목적(Plan)

② 개요(Plan)

③ 진행현황(Do)

④ 성과 분석/시사점(Check)

⑤ 향후 개선방안(Act)

특히 '성과 분석, 시사점, 개선방안'은 꼭 포함해야 하는 핵심 항목입니다.

❸ 세 번째 유형 : 행사 또는 회의 계획서

행사계획서에는 일반 일정 외에 '주관자의 동선계획'을 별도로 정리해야 합니다. 행사계획서의 최종 소비자는 결국 행사 주관자이기 때문이죠. 다음 예시처럼 주관자 동선계획 항목에 '주관자가 행사에서 어떤 행동을 하고 어떻게 움직여야 하는지'를 꼭 넣어야 합니다. 항목 네이밍을 '주관자 활동'이라고 넣어도 좋습니다.

예) '대표님은 ~ 시점에 개회사를 하시고, 시상은 ~ 시점에 진행.'

  1. 목적(취지·배경)

  2. 행사 또는 회의개요

  3. 행사 세부 일정

  <u>4. 주관자 동선계획</u>

  5. 예산

  6. 기대효과

❹ 네 번째 유형 : 사업계획서 → '미션-비전-전략-계획' 구조

많은 조직에서 연말에 다음 해 사업계획서를 작성합니다. 이런 유형의 보고서는 다음 4단계 구조를 기준으로 체계적으로 정리하는 게 좋습니다.

① 미션(Mission)

먼저 '왜 이 사업을 하려 하는가?'라는 사업의 출발점에 관한 본질적인 질문을 던져 봅니다. 다음 예시처럼 우리 조직이나 사업이 세상 또는 조직에 어떤 가치를 제공하려 하는지 정의하는 것이죠.

예) 우리의 여러 온라인 서비스로 세상 사람들에게 즐거움을 제공하겠다.

② 비전(Vision)

비전은 다음 예시처럼 미션을 구체적인 중장기 목표로 전환한 것입니다. 미션이 추상적인 가치라면, 비전은 그것을 실현하기 위한 미래 목표지점입니다.

예) 2년 안에 대한민국에서 가장 재미있는 RPG 게임을 출시하겠다.

③ 전략(Strategy)

전략은 현재와 비전 사이의 차이(Gap)를 메우기 위해 '어디에 에너지를 집중할 것인가'를 결정하는 방향성입니다. 다음 예시처럼 현실적인 제약 속에서 선택과 집중을 통해 가장 효과적으로 목표를 달성하는 방법을 정의하는 단계입니다.

예) QA 인력을 집중 배치해 게임 콘텐츠 품질을 먼저 확보하겠다.

④ 계획(Plan)

전략을 실제 실행에 옮기기 위한 세부 실행계획입니다. 다음 예시처럼 월별 일정, 담당 조직, 예산 배분 등을 구체화하는 것이죠.

예) 1월에는 콘텐츠 설계, 3월에는 프로토타입 테스트, 6월에는 베타 서비스 실시

팀에서 아이디어 회의를 통해 먼저 내년에 하고 싶은 일 목록을 뽑았다면, 그건 계획수준의 일들일 겁니다. 그러고 나서 그 일들이 회사 전체의 방향성(미션·비전·전략)과 잘 정렬(Align)돼 있는지 확인하고, 역산해서 사업계획서를 미션-비전-전략-계획 구조로 작성하는 것이 중요합니다. 이 정렬이 안 맞으면 사업계획이 산만해지거나 설득력을 잃게 됩니다. 어떤 실행계획이든 조직의 큰 그림 안에서 왜 필요한지, 어떤 목표에 기여하는지가 명확히 설명돼야 합니다. 이렇게 '상위 개념과 하위 실행안이 정렬(Align)된 구조'가 좋은 사업계획서의 핵심입니다.

명확한 목차구조와 흐름으로 작성된 보고서는 리더와 실무자 모두에게 빠르고 명확한 의사결정의 기반이 됩니다. 보고서의 진짜 목적은 자신의 노력을 설명하는 것이 아니라, 상대방의 판단을 돕는 것임을 꼭 기억해야 합니다.

004
설득 성공의 50%는 '제목과 추진배경'

　보고서는 목적을 명확히 해야 '그 일을 왜 하는지'와 '어떤 가치를 창출할 것인지'가 도출됩니다. 저는 직장 후배의 기획서나 보고서를 코칭할 때 '목적(추진배경)을 잘 기술했는가?'를 가장 신경 씁니다. 많은 실무자가 이 점을 간과하기 때문이죠. 대학교에서 리포트 쓸 때를 떠올려 보세요. 모아 놓은 자료는 많은데 목적이 명확치 않아서 글이 잘 안 써진 경험이 있지 않나요? 기획서나 보고서도 마찬가지로 목적(추진배경)이 명확하지 않으면 의미를 잃게 됩니다. 제목과 추진배경이 기획서나 보고서의 50점을 차지한다고 해도 과언이 아닙니다. 실세 누군가를 설득할 때는 절반 이상이 추진배경에서 좌우되는 경우가 많습니다.

　따라서 항상 문제가 무엇인지 명확히 정의하고, 그 일의 가치를 고민하기 위해 머릿속에 '왜(Why?)라는 단어를 꽉 박아 넣는 것'이 중요합니다. 저는 이것이 기업가 정신의 근원이라고 봅니다. 20세기는 경쟁이

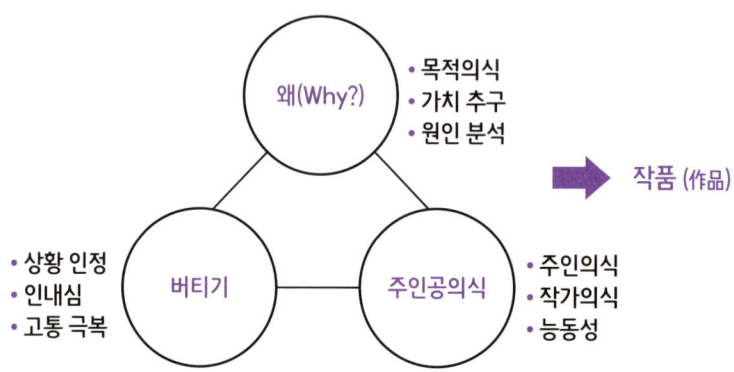

단순하고, 시키는 일만 잘 하면 되는 산업 발전기였습니다. 하지만 경쟁 상황이 복잡하고 한치 앞도 알 수 없는 변화의 시기인 21세기에는 가치적인 관점에서 중심을 잡고 일하는 'Why형 인재'가 중요해졌습니다. 이런 기업가적 인재는 다음 3가지를 가지고 있습니다.

① 항상 '왜(Why?)'라고 가치를 고민하기
② 상황을 인정하며 버티기
③ 내가 좋아서 한다는 주인의식 및 능동성 갖기

스타트업의 본질도 결국 세상의 문제를 정의하고, 그것을 새로운 방식으로 해결해서 가치를 창출하는 데 있지 않을까요? 문제해결과 의미가 맞닿아 있죠. 기획을 잘 하고 싶다면 이 일을 왜 하는지, 어떤 가치가 있는지를 항상 고민해야 합니다. 이 노력이 여러분이 경영진, 사업가가 됐을 때도 분명 도움될 겁니다.

005
'제목 정하기', 보고서 성패를 결정하는 출발점

대학시절 논문을 써 본 경험을 떠올려 보면 제목의 중요성을 이해할 수 있습니다. 좋은 제목은 곧 좋은 주제를 의미하고, 주제가 명확하면 논문방향도 자연스럽게 잡히기 때문이죠. 보고서도 마찬가지입니다. 제목이 명확히 잡힌 보고서는 좋은 결과를 낼 가능성이 큽니다. 특히 바쁜 상사나 경영진이 제목만으로도 보고서 내용을 상상할 수 있도록 제목을 잡는 것이 핵심입니다. 제목만으로 보고서의 전체 내용과 취지, 보고성격 등을 알 수 있도록 최대한 구체적으로 작성해야 한다는 것이죠. 다음 예시처럼 보고서 제목이 'What'에 대한 답이 되는지가 중요합니다.

'무엇을 하려고 하나요?(What)'
'네. 고객 클레임 유형을 분석하고 대응방안을 정리해 보았습니다.'

→ 그렇다면 이 보고서의 제목은 '고객 클레임 유형 분석/대응방안'입니다.

보고서 제목을 쓰는 요령 몇 가지를 정리하면 다음과 같습니다.

① 내용 전체를 포괄하되 20자 이내로 간결하게 정리하는 것이 좋습니다.
② 추상적인 단어보다 구체적인 단어를 사용하고, 의미 전달에 지장이 없다면 수식어나 조사는 생략하는 것이 좋습니다.
③ 문서성격을 나타내는 단어(예 : 검토, 개선안, 회의록 등)를 제목에 함께 반영해야 합니다.
④ 문서성격상 필요하다면 작성연도를 함께 기재해야 합니다.

다음은 각 보고서 유형별 제목 예시입니다.

• 정책보고서 예시
20××년 ○○본부 사업계획 변경(안)
○○서비스 장애원인 분석/개선방안

• 정보보고서 예시
우수 기업들의 EA(Enterprise Architecture) 도입 현황
20××년 상반기 경쟁사 제품 출시 동향 보고

• 회의록 예시

ERP 도입을 위한 관계부서 회의록(1차)

보고서 제목은 적어도 5개 이상 고민해 보고, 그 중에서 가장 좋은 것을 선택하는 방식이 바람직합니다. 또 필요에 따라 다음 예시처럼 부제목을 함께 적는 방식도 보고목적을 좀 더 구체적으로 한정할 수 있다는 점에서 도움이 됩니다.

예)

20××년 사업계획 변경(안)_ 비용 절감을 중심으로

서비스 장애원인 분석/개선방안_ 시스템 인프라를 중심으로

부제 활용의 중요성

경우에 따라 부제를 활용하면 제목의 구체성을 훨씬 높일 수 있습니다. 예를 들어 다음 쪽 사례를 보면 보고서 제목이 '고객만족경영 추진계획'으로 돼 있습니다. 느낌이 어떤가요? 의미가 좀 막연하지 않나요? '고객만족'의 의미가 워낙 광범위하다 보니 제목만으로는 정확히 어떤 내용을 다루는지 감이 안 옵니다. 그런데 부제를 보니 '고객만족 향상', '고객만족경영 실현'이라고 돼 있네요. 부제가 아닌 표어 같다는 느낌이 듭니다.

| 고객만족경영 추진 계획 |
| - 고객만족 향상, 고객만족경영 실현 |
| 20XX.07.05/ ○○팀 |

저라면 이렇게 바꿔 보겠습니다. 만일 이 보고서가 수련원에 대한 내용이라면 '고객만족경영 추진 계획'이라는 큰 제목 아래에 '수련원 내방객 만족도 향상 방안' 정도의 부제를 붙이는 거죠. 그러면 이 보고서가 '어디에서, 어떤 대상의 고객을 만족시킬 건지'가 단번에 와닿게 됩니다.

| 고객만족경영 추진 계획 |
| - 수련원 내방객 만족도 향상 방안 |
| 20XX.07.05/ ○○팀 |

이렇게 제목과 부제만 잘 정리해도 보는 사람이 보고서 전체 흐름을 한눈에 이해할 수 있습니다. 실제 보고받는 상사가 제목만으로 '아, 이건 그 얘기구나'를 바로 파악할 수 있다면 참 편하겠죠? 그래서 저는 실무자들에게 항상 '제목은 간결하게 핵심을 담고, 부제는 범위를 좁혀 주는 식으로 작성'하라고 조언합니다. 그래야 보고서 전체가 명확한 방향을 갖게 되니까요. 부제를 붙이면 보고서의 목적, 범위, 초점을 명확히

표현할 수 있고, 보고받는 사람이 내용을 빠르게 이해하는 데 도움이 됩니다. 각 업무분야별로 활용할 수 있는 부제 예시를 몇 가지 소개하겠습니다.

① 인사·조직·교육 분야

제목	부제
20××년 인사평가제도 개선(안)	핵심 인재 유지율 제고를 위한 역량 기반 설계 중심으로
직무별 교육체계 개편계획	실무성과 중심 역량 모델링 도입
조직문화 진단결과 보고서	세대 간 커뮤니케이션 개선과제 중심 분석

② 마케팅·홍보 분야

제목	부제
브랜드 캠페인 성과 분석 보고서	SNS 전환율 및 검색량 증감 중심
○○브랜드 온라인 홍보전략(안)	신규 런칭 브랜드 초기 인지도 확보를 위한 제안
여성 고객 이벤트 기획(안)	2030 여성 타깃 오프라인 경험 강화 프로모션 제안

③ 영업·CS·CRM 분야

제목	부제
하반기 매출 활성화 방안	비수기 돌입 대비 카테고리별 집중 전략
고객 VOC 분석 보고서	A/S 불만 유형별 개선 필요 항목 분석
신규 파트너 사 영업 제휴 기획(안)	수도권 B2B 채널 확대를 위한 협력구조 설계

④ 전략기획 · 신사업 분야

제목	부제
20××년 중장기 성장전략 수립(안)	포트폴리오 정비/글로벌 확장 시나리오 중심
신사업 타당성 검토 보고서	스마트 헬스케어 분야 시장/수익/역량 중심 분석
경영전략 리뷰/과제 도출 보고서	내부 역량 기반 구조 개선/성장 동력 제안

⑤ 제조 · 물류 · 생산관리 분야

제목	부제
생산성 향상 전략 보고서	라인 간 병목공정 해소/자동화 설비 개선 중심
납기 지연원인 분석/대응(안)	부품 수급/입고/검수 절차 이슈 중심 진단
물류센터 운영 효율화 제안서	입출고 프로세스 재설계를 통한 리드타임 단축(안)

⑥ 회의록 · 결과보고서 분야

제목	부제
3월 임원 간담회 회의록	반기 조직 개편안 논의/공통 과제 정리 중심
신제품 런칭 프로젝트 결과보고서	사전/사후 마케팅 ROI 분석 중심으로
IT 고도화 과제 추진 현황보고서	2차 구축범위 내 이슈/개선사항 요약

제목 작성의 핵심 포인트를 다시 정리하면 다음과 같습니다.

- 수치·시점 명시 : 연도·분기·시점 표시 → 예) 20××년, Q1, 하반기 등
- 문서성격 표기 : 검토, 개선안, 회의록, 분석, 결과보고서 등
- 부제 활용 : '~ 중심으로', '~ 강화를 위한', '~ 개선을 위한' 식의 부제 구성

- 20자 이내 제목+1줄 부제로 압축력 강화

이처럼 제목은 단순한 보고서의 시작점이 아니라 보고의 질과 인상을 좌우하는 '첫 메시지'입니다. 제목부터 프로처럼 구성하면 보고서 전체의 설득력도 자연스럽게 높아질 것입니다.

006
보고서 호감도를 높이는 '추진배경(목적) 잡기'

여러분이 상사가 지시한 업무에 맞춰 보고서를 작성했다고 해 보죠. 그런데 여러분이 열심히 정리한 보고서를 보고 상사가 이렇게 묻네요.

"우리가 이 일을 왜 하는 거지?"

'화장실 갈 때와 나올 때가 다르다'라는 말이 생각나는 순간이죠. 이럴 땐 뭐라고 대답해야 할까요? "팀장님이 시키셨잖아요…"라고 하면 될까요? 틀린 얘기는 아니지만, 그렇게 대답하면 좋지 않은 인상을 줄 수밖에 없습니다. 상사가 업무를 지시할 때는 빠르게 일을 넘기려는 마음이 큽니다. 그래서 지시가 추상적이죠. 그랬던 상사가 보고받을 때는 훨씬 꼼꼼하고 세밀하게 검토하는 태도를 취합니다. 자신이 보고결과에 책임져야 하는 입장이기 때문이죠.

그렇기 때문에 보고자에게는 '추상적인 지시를 구체적으로 재해석하는 역량'이 매우 중요합니다. 설령 상사의 지시로 진행하는 업무라도

'왜 이 일을 해야 하는지'와 '이 일이 어떤 의미나 가치를 가지는지'를 나름대로 생각하고 정리해 보는 태도를 갖춰야 합니다. 상사에게 직접 확인하는 방법도 있습니다. 저는 과거 이런 지시를 받으면 보고서 초안 단계에 '목적'부터 한 줄로 정리했습니다. 그리고 그것을 지시한 상사에게 보여주며 "이 목적이 맞을까요?" 하고 물어 확인했습니다. 서로 목적이 다르면 보고서 방향부터 어긋나기 때문이죠.

그럼 상사에게 직접 확인할 수 없다면 어떻게 해야 할까요? 예를 들어 회사의 CEO가 '올해 인력계획 다시 정리하고, 생산성 분석도 해 보라'고 지시한 경우를 생각해 보죠. 실무자는 이 지시를 한 단계 거쳐 상사에게서 전달받았을 테니 의도를 정확히 파악하기가 쉽지 않습니다. 이럴 땐 단순히 전달된 표현 그대로 받아들이기보다 맥락을 이해하고, 보고목적을 재정립하는 노력이 필요합니다. 예를 들면 이렇게 정리해 볼 수 있습니다.

예) 20××년 경영목표 수정을 고려하여 연초 수립한 인력 운영 계획을 재조정하고, 중장기적으로 회사 인력 생산성과 품질 향상을 위한 개선방안을 도출하고자 함.

1페이지 보고서에서 가장 중요한 요소 중 하나인 '보고목적'을 위 사례처럼 구체적으로 정의할 때 다음 3가지 원칙을 참고하면 도움이 됩니다.

❶ 보고목적을 한 문장으로 명확하게 정리합니다
많은 실무자가 상사의 지시내용을 그대로 배경이나 목적으로 옮겨

적곤 합니다. 하지만 보고서에서 가장 중요한 건 '왜 이 일을 하는지'입니다. 지시를 받았더라도 그 목적을 스스로 한 번 더 정리해 보는 것이 좋습니다. 목적이 명확해야 내용도 자연스럽게 구성되고, 결론 도출도 쉬워집니다. 가능하다면, 작성한 목적문장을 상사에게 먼저 보여주고 확인받는 것도 좋은 방법입니다.

❷ 목적은 '이유+가치(이익)'의 조합으로 표현합니다

보고목적에 단순한 이유만 쓰기보다는 그 일을 했을 때 얻을 수 있는 '기대효과'나 '가치'도 함께 담아야 설득력이 높아집니다. 제가 실무자들의 보고서를 검토할 때 목적이 '신입사원 기본 소양 및 제품지식 함양'이라고만 적힌 보고서를 본 적이 있습니다. 조금 아쉬웠습니다. 좀 더 구체화해서 '신입사원 기본 소양 및 제품지식 함양을 통해 조직 적응을 조기에 유도함' 정도로 표현했으면 의도와 기대효과가 더 명확해졌을 텐데 말이죠. 이렇게 목적에 의도와 기대효과를 명확히 표현한 예시를 몇 개 살펴볼까요?

예)
- 전사 콜센터 프로세스를 표준화하고 교육체계를 정비하여 고객 응대 품질 향상을 도모함
- 업무 프로세스를 시각화하고 정기 공유회의를 통해 부서 간 협업효율 개선을 도모함
- 모호한 실적관리 개선을 위해 KPI 대시보드를 구축하여 데이터 기반의 의사결정을 강화하고자 함
- 고객 이탈을 최소화하고 재구매율을 높이기 위해 주요 고객군의 피

드백을 분석하여 대응안을 마련해 매출성과 향상에 기여하고자 함

저는 항상 실무자들에게 목적문장을 A4 지 반줄 정도만 작성하면 보는 사람에게 '성의가 좀 없다'는 인상을 준다고 강조합니다. 여러분도 보고서의 목적은 꼭 한 줄 이상으로 성의 있게 쓰기를 권합니다. 품의서 등에도 목적을 대충 적기보다 그 목적의 이유와 가치를 잘 드러내는 게 좋습니다.

❸ **규모 있는 보고서에는 문제 제기(발제, 이유) 및 기대가치(이익)를 반영**

저는 늘 제목과 목적(추진배경)이 보고서의 50점을 차지한다고 강조합니다. 특히 규모가 큰 사안에 관한 의사결정을 받아야 하는 보고서라면, 목적을 '문제 제기 → 이유 → 기대가치' 흐름으로 서술하는 것도 좋은 방법이 됩니다. 저도 창업 당시 정부지원금 신청을 위한 사업계획서를 이런 흐름으로 작성했었습니다. 먼저 시장상황과 문제를 제시하고(문제 제기), 우리가 그 문제를 어떻게 해결할지(이유)를 기술한 다음, 그로 인해 사회에 어떤 기여를 할 것인지(기대가치, 미션)를 함께 기술했었죠. 그 결과 평가위원들이 사업목적을 잘 받아들여 줘서 지원금을 받을 수 있었습니다.

―――― 규모 있는 보고서 작성 예시 ――――

문제 제기 (발제, 이유)	• 경제 성장으로 점차 자신의 주거공간을 꾸미려는 고객 니즈가 높아지고 있음. 또한 중소 가구사가 약 70%를 차지하고 있는 인테리어 가구시장에서 온라인 판매비중의 지속적인 증가 및 이로 인한 전국 배송 인프라의 필요성이 증가함 • 국내 최고의 인테리어 기업인 ○○기업 재직 시 전체 시장의 70%를 차지하고 있는 중소 가구사들이 전국 배송망, 포워딩, 보관, 판매 등에서 열악한 상황인 것을 확인하였음. • 중소 가구사들은 가구산업의 특성상 고비용이 드는 인프라의 내재화가 힘들며 이로 인해서 대기업과 같은 가격 및 서비스 품질의 경쟁력 확보가 쉽지 않음
기대되는 가치 (이익)	• 중소 가구사들을 지원하는 플랫폼을 구축하여 대한민국의 다양한 주거공간 문화가 발전할 수 있도록 돕는 것을 미션으로 창업을 하게 되었음.

결국 '이 일을 왜 하느냐'를 명확히 설명하는 게 중요합니다. 상대를 설득하려면 '이유'가 분명해야 하고, 그 이유 속에 담긴 사회적·조직적 가치를 함께 전달해야 합니다. 그런 진정성과 논리 흐름이 있으면, 상대방도 자연스럽게 호감을 갖고 이어지는 설명에 더 집중하게 됩니다. 실제 의사결정 회의에서도 보고의 추진배경, 즉 이유와 가치가 분명하지 않으면 발표 서두부터 의사결정권자들의 고개가 갸우뚱하게 됩니다. 반대로 추진배경이 명확하면 그것을 듣는 순간부터 의사결정권자들의 호감도가 높아집니다. 이것은 인간의 공통 행동패턴이기도 하죠.

보고서 작성에 생성형 AI를 활용할 때도 이 추진배경을 명확히 해야 AI가 올바른 방향으로 일하게 할 수 있습니다. AI를 잘 쓰는 최고의 비법이죠. AI는 수없이 많은 대안과 길을 제시할 수 있지만 목적(추진배경)은 인간이 정의해 주어야 합니다.

007
압축효과를 높이는
'표+문장 활용법'

　1페이지 보고서는 표를 적절히 활용하는 능력이 매우 중요합니다. '내용을 얼마나 압축해서 전달하느냐'가 핵심인 1페이지 보고서를 서술식 문장만으로 작성하기는 어렵기 때문이죠. 표와 서술식 문장을 적절히 조합하면 효과적인 압축은 물론 보고의 완성도와 전달력도 높일 수 있습니다. 특히 '표'를 활용해야 하는 3가지 보고서 패턴이 있습니다. 이런 패턴의 보고서에 표를 잘 활용하면 1페이지 보고서를 훨씬 명확하고 설득력 있게 작성할 수 있을 것입니다.

❶ 글자가 너무 많아서 가독성이 떨어지는 경우
　문서를 서술식으로만 작성하면 글자가 너무 많아져서 내용을 한눈에 파악하기 어려워집니다. 내용이 아무리 좋더라도 글자가 떡처럼 뭉쳐 보이면 보고받는 사람에게는 읽고 싶지 않은 문서가 되기 쉽습니다. 이럴 때는 서술식으로 구성된 내용을 표로 깔끔하게 구분해서 정리해 주는 것이 좋습니다. 예를 들어 다음 두 문서를 비교해 볼까요? 왼쪽은 제가 예전에 작성했던 보고서 초안입니다. 중간 부분에 글자가 너무 많아 보이죠? 저도 만들어 놓고 나서 '이걸 어떻게 설명해야 하지?' 하고 고민에 빠졌었습니다. 이러면 보는 사람도 이해하기 어려울 듯해서 그 내용을 오른쪽처럼 표로 재구성했습니다.

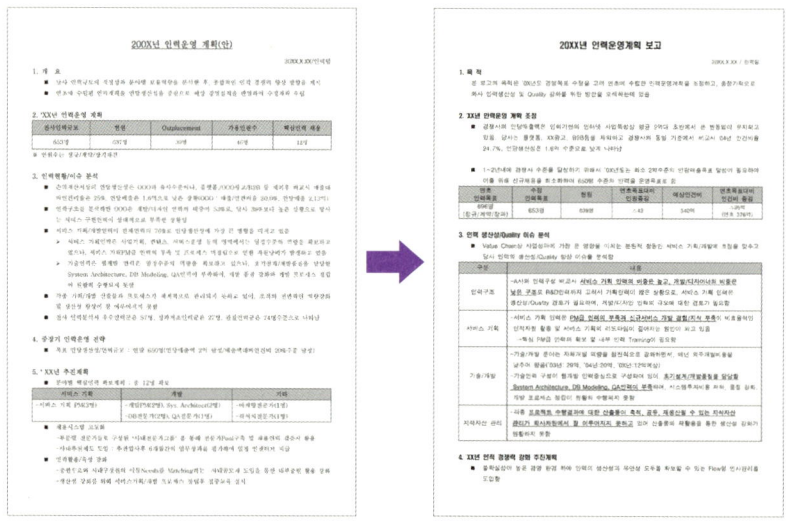

이렇게 바꾸고 나니 설명하기도 훨씬 쉬워져서 보고를 잘 할 수 있게 됐죠. 보통 표 한 칸에는 글이 3~4줄 정도만 들어가니까 핵심 내용을 딱딱 나눠서 전달하기가 훨씬 수월해집니다. 그래서 '글자가 많으면 과감하게 표로 정리하라'고 강조하는 것입니다.

❷ 짧은 문장이 반복돼 내용이 불필요하게 길어지는 경우

간단한 내용이 반복될 때도 표가 아주 유용합니다. 서술식의 짧은 문장이 계속 이어지면 보고서 분량만 길어지고 핵심도 흐려질 수 있습니다. 예를 들어 다음 사례 왼쪽 문서처럼 몇 가지 꼭지로 길지 않은 문장들이 이어진다면 오른쪽 문서처럼 표로 정리해 주는 편이 훨씬 보기 좋습니다.

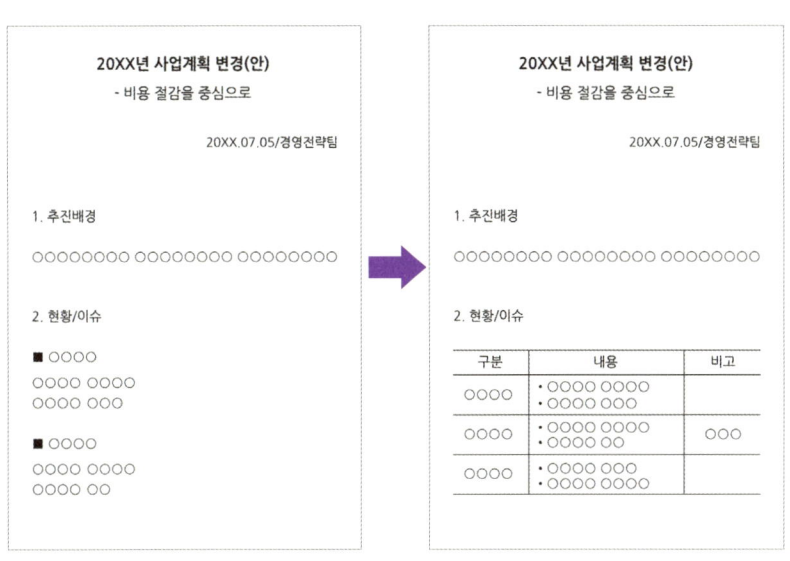

저도 예전에 연간 교육계획 관련 보고서를 작성할 때 이런 문제를 겪었습니다. 작성하다 보니 '교육유형', '교육일정', '교육 대상' 등의 짧은 정보가 반복적으로 길게 나열돼서 보고서 분량이 쓸데없이 늘어나 버린 것이죠. 고민 끝에 다음 사례처럼 표로 요약하니 보고서 양이 반으로 줄고, 보는 사람이 내용 흐름을 훨씬 쉽게 따라갈 수 있게 됐습니다.

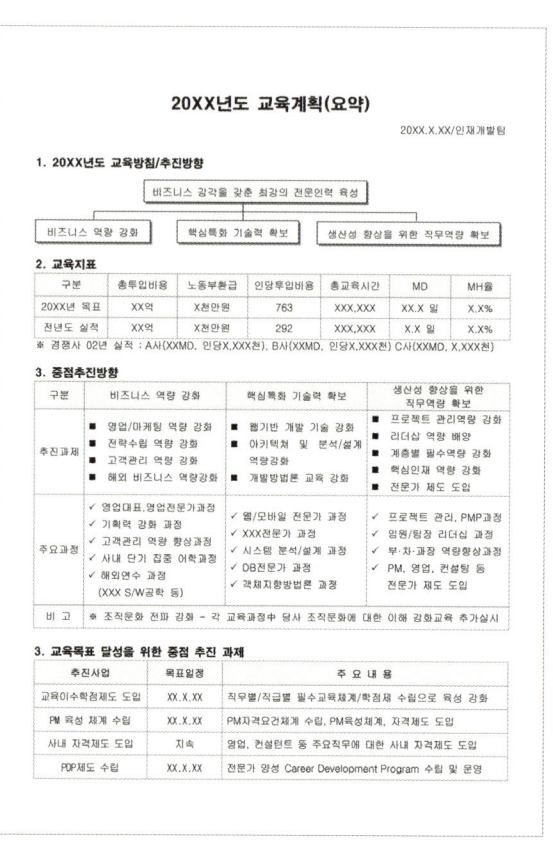

❸ **특정 내용을 강조하거나 주요 메시지를 명확히 보여주고 싶은 경우**

보고서에서 강조하고 싶은 내용이나 핵심 메시지를 명확히 전달하고 싶을 때도 표가 매우 효과적입니다. 예를 들어 회의나 논의결과를 정리하는 보고서를 작성한다고 해 보죠. 물론 이런 보고서는 서술식으로도 충분히 작성할 수 있습니다. 그런데 저는 이런 경우 다음 사례처럼 주요 논의결과를 세 꼭지로 나누어 표형식으로 정리합니다. 이러면 보고받는 사람이 표를 보는 순간 핵심 내용을 바로 인지할 수 있기 때문에 전달효과가 훨씬 좋아집니다.

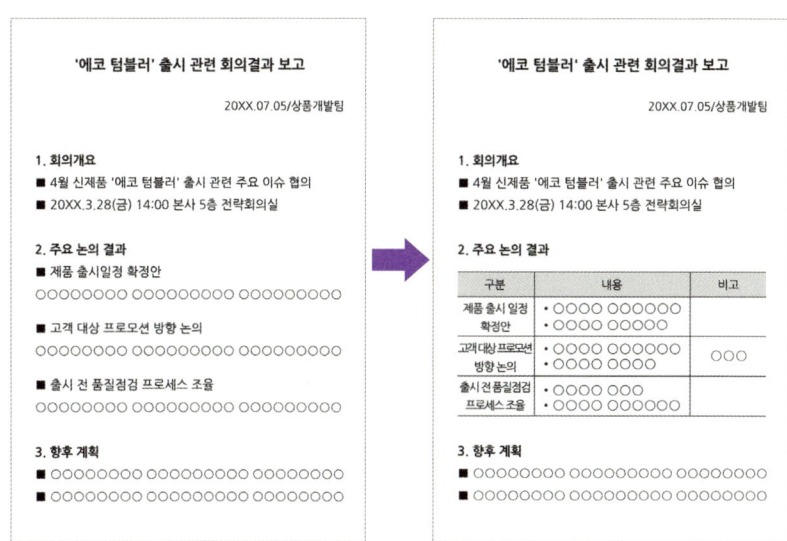

보고서의 목적은 결국 보고받는 사람이 내용을 빠르게 이해하고 의사결정하도록 돕는 데 있습니다. 그런 측면에서도 표를 적절히 활용해 중요 메시지를 눈에 띄게 배치해 주는 것이 보고서의 본질에 더욱 충실한 방식이라고 생각합니다.

제가 권장하는 또 하나의 표 활용 팁은 '서술식 문장과 표를 교차 사용하는 방식'입니다. 보고서를 '문장-표-문장-표' 형태로 구성하면 리듬감도 생기고 가독성도 훨씬 좋아집니다. 예를 들어 2개 단락을 문장으로 구성했다면 한 단락 정도는 표로 구성하는 방식이 좋습니다. 이 방식을 쓰면 보고서가 훨씬 정돈돼 보입니다. 또 보고받는 사람에게도 '보고서를 잘 썼다'는 인상을 줄 수 있습니다. 보고서를 서술식 문장으로만 채우면 아무리 내용이 좋아도 가독성이 떨어지고 집중력도 분산되기 쉽습니다. 따라서 강조할 부분, 전달력을 높이고 싶은 부분에는 표를 적극적으로 활용하기를 추천합니다.

표는 단순히 보고서를 보기 좋게 만드는 도구가 아닙니다. 정보 전달력을 높여주는 실전적인 장치이죠. 보고서 내용을 정리하면서 '이 부분은 표로 바꾸면 더 좋지 않을까?' 하고 생각하는 습관을 가져 보십시오. 그런 습관이 보고서의 완성도는 물론 보고받는 사람의 만족도도 함께 높여줄 것입니다.

008
문장 압축의 비법, '줄일 내용, 늘릴 내용 구분하기'

문장 압축의 핵심 기술

1페이지 보고서를 잘 작성하려면 '문장을 효과적으로 압축하는 기술'이 반드시 필요합니다. 한정된 지면에 많은 정보를 담아야 하므로 할 말을 명확하고 간결하게 정리하는 능력이 곧 보고서의 완성도를 좌우하게 되죠. 실제 보고서 작성능력의 차이가 대부분 여기서 벌어집니다. 아래 예시를 한번 볼까요?

- 예 1) A 프로젝트는 상낭히 많은 예산을 사용했고, 프로젝트 수행 결과 원하는 바를 달성하지 못했음.
- 예 2) A 프로젝트는 예산 대비 20% 초과비용을 사용했으나, 목표를 달성하지 못함.

얼핏 보면 예시 1도 나쁘지 않지만, 예시 2에 비하면 불필요한 표현이 많고 문장이 덜 정돈돼 있습니다. 예시 2처럼 불필요한 설명은 줄이고 핵심만 남기는 문장 정리 습관이 중요합니다. 많은 실무자가 이 차이를 별로 중요하지 않게 생각하지만 이 작은 차이가 쌓여 보고서 전체의 수준차이로 이어집니다. 저도 수천 명에게 보고서 교육을 하면서 '문장 압축 능력에서 개인별 편차가 매우 크다'는 점을 많이 느끼곤 합니다. 20대에 들인 문서 작성 습관이 30,40대에도 이어지는 경우가 많으므로 처음부터 문장을 제대로 다듬는 습관을 들이는 것이 정말 중요합니다.

드라마 <미생>에는 문장 압축의 중요성을 보여주는 장면이 나옵니다. 드라마에서 신입사원 장백기는 선배 강 대리에게서 문장을 줄여 보라는 과제를 받습니다. 장백기는 처음엔 '이 정도는 나도 할 수 있겠지'라고 생각했지만 막상 해 보니 단어 하나 바꾸기도 쉽지 않음을 체감합니다. 그가 받은, 드라마 속 과제는 다음과 같은 변화과정을 겪습니다.

(원문) 중동항로와 관련된 특이사항
→ 중동항로 관련 특이사항
→ 중동항로 관련 Special subjects?
→ 중동항로 관련 사항
→ 중동항로 관련 이슈 (최종 선택)

짧은 제목 하나를 정리하는 데도 상당한 고민과 판단이 필요하다는 것을 잘 보여주는 장면이죠. 이럴 때 가장 효과적인 방법은 '내 보고서가 최종적으로 소비되는 장면을 리얼하게 상상해 보는 것(1장 내용 참조)'

입니다. 어떤 표현을 썼을 때 보고받는 사람이 더 빠르게 이해할지 떠올리면 문장을 보다 간결하고 적절하게 조정할 수 있습니다.

문장을 압축할 때 한 가지 주의할 점이 있습니다. 너무 과하게 줄여서 본인만 이해하고 상대방은 못 알아듣는 경우가 종종 생기는 것이죠. 압축은 상대방을 빠르게 이해시키기 위한 도구이지, 의미를 생략하라는 뜻이 아닙니다.

예)
- 잘못된 표현 : 제품 및 업무방식에 대해 미흡한 상황
  → 모호한 문장
- 정리된 표현 : 제품 및 업무방식에 대한 이해가 부족한 상황
  → 더 명확하고 쉽게 전달됨

실전에서 효과적인 4가지 압축기술

보고서를 쓸 때 꼭 필요한 내용 외에 괜히 덧붙이는 표현들이 있습니다. 대부분 자신이 얼마나 노력했는지 어필하려는 마음에서 그런 표현을 덧붙이곤 하죠. 회사에서 작성하는 보고서는 필요한 내용을 팩트 중심으로 간결하게 정리하는 문서입니다. 수식어를 늘리거나 감성 섞인 표현을 넣으면 문장이 길어지고 장황해지기 쉽습니다. 이것이 제가 항상 보고서에는 '팩트만 딱 넣으라'고 강조하는 이유이죠. 그래야 핵심 내용이 압축적으로 잘 전달되고 보고받는 사람이 정보를 빠르게 파악할 수 있습니다. 다음은 문장을 효과적으로 압축하는 4가지 실전 기술입니다.

❶ **수식어는 최대한 줄이고, 팩트 중심으로 씁니다**

예) 너무나도 아름다운 밤→아름다운 밤→밤

예) 고객 반응이 굉장히 긍정적으로 나타나고 있다는 점을 확인할 수 있었음→고객 반응이 긍정적으로 나타남→고객 반응 긍정

예) 이슬람 최대 명절 중 하나인 라마단→이슬람 명절 라마단→라마단

❷ **상대방 입장에서 중요하지 않은 내용은 과감히 생략합니다**

예) 원래 쓰던 B 브랜드의 가격이 비싸서 10여 곳을 신규로 조사하여 가격이 적정한 A 브랜드를 선정 → B 브랜드의 가격이 높아, 10개 업체 조사 후 가격 적정한 A 브랜드 선정

❸ **문맥상 문제가 없다면 조사를 과감히 생략합니다**

예를 들어 3줄로 된 문장의 조사를 생략해 2줄로 압축할 수 있습니다.

예) 학습과 관련된 자료를 웹 폴더와 공용 PC에 저장

→ 학습 관련 자료를 웹 폴더, 공용 PC 저장

❹ **의미 전달이 되지 않을 만큼 줄이지는 않습니다**

줄이는 것도 중요하지만 의미 전달이 우선입니다. 자신이 아는 내용을 상대방도 알 것이라고 가정해서 지나치게 줄이는 경우도 주의해야 합니다. 주로 엔지니어들이 자주 이런 실수를 하곤 하죠. 본인에게 너무 익숙한 용어나 약어라고 해서 아무 설명 없이 압축해 버리면 보고받는 경영진이나 타 부서에서는 이해하기 어려운 문장이 될 수 있습니다. 결국 문장을 잘 줄이는 것만큼이나 잘 늘리는 것도 보고서 품질을 좌우하

는 중요한 요소임을 기억해야 합니다.

❺ 2줄은 OK, 3줄은 No입니다

문장 하나가 3줄을 넘어가면 가독성이 현저히 떨어지게 됩니다. 이런 경우 3줄로 된 문장을 2줄 이내로 압축하거나 두 문장으로 나눌 필요가 있습니다.

용어 선택 시 유의할 점

보고서는 정확한 용어 선택이 매우 중요합니다. 문장을 압축한다고 해서 불분명한 용어를 사용하면 의미 전달 오류나 불필요한 해석을 유발할 수 있기 때문이죠. 보고서에 사용할 용어를 선택할 때는 다음 3가지 사항에 유의해야 합니다.

① 최종 소비자(의사결정권자)가 이해할 수 있는 용어를 사용합니다

어렵고 전문적인 표현보다, 익숙하고 직관적인 용어가 훨씬 효과적입니다.

② 조직 내부에서만 통하는 용어는 지양합니다

보고서는 다양한 분야의 사람이 보는 문서입니다. 조직 내부에서 쓰이는 전문 용어나 약어는 가급적 쉽게 풀어 쓰는 게 좋습니다.

예) PoC → PoC(Proof of Concept, 시범 적용)

③ 현학적인 표현은 피합니다.

현학적 표현은 얼핏 학식 있어 보일 수 있지만, 읽는 사람은 부담을 느끼거나 오히려 비전문적이라고 인식할 수 있습니다.

예) Special Issue → 주요 이슈

009
문서성격에 적합한 '목차번호 붙이기'

    1페이지 보고서는 일관된 목차번호 체계도 중요합니다. 목차체계가 정리돼야 문서 전체의 균형감과 세련미가 살아나고, 읽는 사람도 정보 구조를 더 명확하게 파악할 수 있습니다. 여기서 설명하는 목차번호 체계는 단순해 보이지만 문서성격에 맞게 잘 활용하면 보고서의 완성도를 한층 높일 수 있습니다. 다만 조직에서 사용하는 공식 목차번호 체계가 있다면 반드시 그 기준을 따르는 게 좋습니다. 그런 기준이 없다면 여러분이 활용하기 편한 목차번호 체계를 정해서 일관되게 적용하면 됩니다. 일반적인 기획서나 보고서에 많이 사용하는 방식은 다음과 같습니다.

① 사례 1 : 가장 기본이자 권장되는 방식

1.
    ■
        ○
            -

첫 단계는 숫자, 이후는 도형 중심으로 표현하는 형식입니다. 기획서나 실무 보고서를 가장 균형감 있어 보이게 하는 형식이죠. 문단 간 계층 구분도 잘 되고, 가독성도 좋아서 가장 많이 사용합니다. 일반적인 기획서, 보고서라면 저는 이 형식을 가장 추천합니다.

② 사례 2 : 가끔 쓰지만 사례 1보다 정돈감은 다소 떨어지는 방식

■
    ○
        ▷
            -

이 형식도 실무에서 종종 사용되지만, 숫자가 빠져 있어 문서구조가 다소 헐거워 보이는 단점이 있습니다. 도형만으로 표현돼서 내용이 길어지면 문단 간 위계 파악이 어려워지기도 합니다. 짧은 문서에는 무난하지만, 좀 더 중요한 보고서라면 사례 1을 더 추천합니다.

❸ **사례 3 : 공문서, 품의서 등에 적합한 정부 표준형 형식**

1.
　가.
　　1)
　　　가)
　　　　(1)
　　　　　(가)
　　　　　　①

정부 공문서 표준 형식입니다. 품의서나 공식 공문에 적합하죠. 기획 보고서에는 조금 무거운 인상을 줄 수 있지만, 대외 공문(기안문·시행문)처럼 격식을 갖춰야 하는 문서에는 이 형식을 활용하는 게 좋습니다.

❹ **사례 4 : 규정집, 매뉴얼 등에 효과적인 코드형 형식**

1.

1.1.

1.1.1.

1.1.1.1.

1.1.1.1.1.

규정집, 운영 매뉴얼, 가이드라인 문서 등에 매우 효과적인 형식입니다. 들여쓰기를 하지 않아도 문서구조가 명확하게 드러나고, 보려는 내용을 찾기도 쉬운 코드형 체계이죠. 규정이나 조항 중심의 문서에 적합합니다.

정리하면, 기획 보고서나 일반적인 실무문서에는 '사례 1' 형식을 우선 권장하며, 문서성격과 목적에 따라 '사례 3, 4' 형식을 선택해 사용하면 됩니다. 목차번호 체계는 단순한 순번표시가 아니라 보고받는 사람의 사고 흐름을 안내하는 길잡이 역할을 합니다. 보고서의 작은 요소로 보이지만 문서 전체의 인상을 크게 좌우하는 역할을 하죠. 보고서를 잘 쓰고 싶다면 목차번호 하나까지도 잘 정돈하는 습관을 가지길 바랍니다.

010
공문,
원칙에 맞춰
쉽게 작성하기

　공문은 기관, 단체, 회사에서 공식으로 작성한 문서입니다. 주로 '외부에 공식적인 의사표현'을 하기 위해 작성되죠. 갈등이 있는 회사에 내용증명으로 공문을 보내 발신 회사의 법적 의사를 표현하거나, 공공기관에 공식 의견을 제출하거나 할 때 등 다양한 용도로 활용되는 문서입니다. 일반 회사에서는 공문을 자주 쓰지 않습니다. 그러다 보니 막상 써야 할 상황에서 어떻게 써야 할지 몰라 막막할 때가 많죠. 지금부터 공문 작성원칙과 작성법을 쉽게 설명하겠습니다. 공공기관에 재직하면 내부 품의서만큼이나 자주 공문을 활용하므로, 해당 실무자라면 이 내용이 많이 도움되리라 생각합니다.

❶ 기안문과 시행문

일반적으로 '공문'이라고 불리는 문서는 '기안문'과 '시행문'으로 구성됩니다. 이 두 문서는 서로 짝을 이룬다고 보면 됩니다. 기안문을 먼저 작성해야 시행문을 만들 수 있기 때문이죠. 기안문을 작성한 후에는 위임 전결 규정에 맞는 의사결정권자의 결재를 받아야 합니다. 결재 후 해당 기안문은 조직 내부에 보존하고, 외부로는 별도의 시행문을 작성해 발송합니다.

❷ 기안문과 품의서

공문과 품의서는 목적에 따라 구분해서 사용합니다. 품의서는 조직 내부에서만 의사결정을 받아 예산 등을 사용하는 근거가 되는 문서이며, 외부로 발송하지 않습니다. 다만 공공기관이나 대학 등 일부 조직에서는 기안문과 품의서를 혼용하기도 합니다. 기안문을 품의서처럼 사용하고 싶다면 기안문 양식 수신자 란에 '내부 결재(결재권자 명)'라고 명시하는 방식이 좋습니다. 이렇게 하면 기안문을 품의서처럼 활용할 수 있습니다.

──────── 3가지 공문유형의 기본 형태 ────────

〈기안문〉	〈품의서〉	〈협조전〉
○○주식회사 수신자 : 내부 결재 ○○주식회사 대표이사 ○○○	품의서	협조전 ○○본부장

참고로 조직에서 사용하는 문서는 '외부 유통 유무'와 '유통 대상'에 따라 몇 가지 유형으로 나눠집니다.

먼저 '내부 결재 문서'는 조직 내부에서 결재를 받기 위해 작성하는 문서입니다. 주로 품의서, 내부 결재 기안문이 여기에 해당되죠. 조직 내 계획 수립, 업무방침 결정, 업무 보고, 검토 등과 관련된 내용이 이런 문서로 작성됩니다.

다음은 조직 내외부에서 수·발신되는 '유통 대상 문서'입니다. 이 문서는 유통 대상에 따라 다시 2가지 유형으로 나뉩니다.

첫째, 조직 내부에서 부서 간 협조, 보고, 통지 등을 위해 수·발신되는 '대내 문서'입니다. 대표적으로 '협조전'이 있습니다. 협조전은 조직 내에서 같은 직급이나 부서 간에 특정 업무의 협조를 요청할 때 사용하는 문서입니다. 일상적인 커뮤니케이션은 보통 이메일로 이뤄지지만, 보안문서 열람 요청이나 각 부서 책임자의 정식 요청사항 전달은 주로 협조전을 사용해 이뤄집니다.

둘째, 조직 외부, 즉 다른 기관이나 단체 간에 수·발신하는 '대외 문서'입니다. 일반적으로 '공문'으로 불리는 '시행문'이 대외 문서에 해당합니다.

공문의 성립요건

문서는 '결재권자의 서명'으로써 성립됩니다. 결재권자는 기관의 장 또는 법령에 따라 행정권한을 위임받거나 위탁받은 사람, 위임 전결이나 대결을 수행하는 사람을 의미합니다. '서명'에는 자필 서명, 전자 이미지 서명, 전자 문자 서명, 행정 전자 서명이 모두 포함됩니다

문서는 수신자에게 도달함으로써 효력이 발생합니다. 이러한 원칙을 '도달주의'라고 하는데, '문서가 상대방에게 실제로 도달해야 효력이 생긴다'는 입장으로 '수신주의'라고도 불립니다. '전자문서'의 경우 수신자가 관리하거나 지정한 전자적 시스템(예 : 이메일 서버, 전자결재 시스템 등)에 해당 문서가 입력되는 시점부터 효력이 발생합니다. '행정업무의 효율적 운영에 관한 규정'에서는 문서가 수신자에게 도달해야 효력이 발생한다고 규정하고 있으며, 전자문서의 경우에도 수신자가 관리하거나 지정한 시스템에 입력돼야 효력이 발생한다고 명시하고 있습니다. 다만 예외적으로, 공고문서의 경우에 별도의 효력 발생시점을 명시하지 않았다면 그 고시 또는 공고가 있은 날로부터 5일이 경과한 시점에 효력이 발생합니다.

공문이 공문으로서 인정받으려면 보통 다음 3가지 조건이 성립해야 합니다. 여러분이 공문을 발송할 때도 이 요건들을 꼭 챙기는 게 좋습니다.

- 서명. 날인 등 기관의 정당한 결재권자의 의사결정 행위가 반영돼 있는가?
- 내부 문서 등록(번호)이 있고, 시행일자가 기록돼 있는가?
- 공식적으로 전달된 것이 확인되는가?(내용증명 등)

결재 의미 이해하기

조직생활을 하고 있다면 결재의 의미와 종류는 대략 알고 있겠지만, 이 기회에 정확하게 이해하고 넘어가면 좋을 듯합니다. 일반적으로 결재는 '적합한 권한을 가진 사람이 자신의 의사를 확정하는 행위'를 의미합니다. 보통 서명이나 전자 서명 등으로 의사를 표시하죠. 문서는 이 결재권자가 서명(전자 이미지 서명, 전자 문자 서명, 행정 전자 서명 포함)을 해야 정식 문서로 성립합니다. '결재'가 문서 성립의 최종적이며 필수적인 요건이 되는 것이죠. 만일 결재권자가 자필 서명으로 결재한다면 결재 란에 이름을 알아볼 수 있도록 서명하고, 일반적으로 서명날짜도 함께 기록하는 것이 좋습니다. 조직에서 사용하는 결재방식은 다음과 같이 다양합니다.

❶ 정규 결재
조직의 최종 의사결정권자, 예를 들어 회사라면 CEO가 직접 결재하는 방식입니다. 이 경우에도 직위 란에 직위를 표기하고 결재 란에 서명하고, 서명날짜를 함께 기재하는 것이 일반적입니다.

❷ 전결
업무내용에 따라 최종 의사결정권자에게서 결재권을 위임받은 사람이 결재하는 방식입니다. 결재권의 위임 관련 사항은 조직 내 '위임 전결 규정'에 명시돼 있습니다. 따라서 결재를 올릴 때는 해당 규정을 통해 중간 결재권자와 최종 결재권자가 누구인지 반드시 파악해야 합니다. 일반적으로 이를 '결재 라인'이라고 부릅니다. 전결을 할 경우에는 다음 그림처럼 서명 란에 '전결'이라고 표시한 후 서명합니다.

담당	팀장	본부장
장길산 3/14	임꺽정 3/14	전결 홍길동 3/15

전결 이후 결재 란은 만들지 않는 것이 원칙이지만, 결재 란이 있다면 다음 그림처럼 삭제 표시를 하면 됩니다.

담당	팀장	본부장	사장
장길산 3/14	임꺽정 3/14	전결 홍길동 3/15	╱

❸ 대결

전결과 유사하지만, 결재권자가 부재 중일 때 그 권한을 특정한 사람에게 일시적으로 위임하여 결재하는 방식입니다. 예를 들어 본부장이 휴가로 자리를 비웠을 때 실장이나 팀장이 대신 결재하는 경우를 말합니다. 대결을 할 때는 다음 그림처럼 서명 란에 '대결'이라고 표시하고 서명합니다.

담당	팀장	본부장
장길산 3/14	대결 임꺽정 3/14	전결

④ 협조

위임 전결 규정에 따른 결재 진행과정에서 관련 부서(유관부서) 협조가 필요한 경우를 말합니다. 예를 들어 마케팅 예산 활용을 위해 전략팀에 협조를 구하거나, 기술 검토를 위해 기술전략팀의 협조를 요청하는 경우이죠. 협조는 보통 '합의'와 '협의'로 구분됩니다.

·**합의** : 반드시 유관부서의 동의를 얻어야 다음 단계로 진행할 수 있는 경우
·**협의** : 유관부서가 의견을 제시하는 정도로, 동의 여부가 필수는 아닌 경우

공문 작성 핵심 표기방법

공문(기안문)을 작성할 때 필수로 알아야 할 표기방법이 있습니다. 이 방법은 기안문뿐만 아니라 1페이지 보고서, 품의서 등에도 똑같이 적용되므로 정확하게 알아 두는 것이 좋습니다.

① 숫자·금액

공문은 '아라비아 숫자' 표기가 기본입니다. 화폐나 금액에는 반드시

천 단위에 콤마(,)를 표시(예 : 3,000원)하되, 연도에는 콤마 표시를 넣지 않습니다. 다만 정부기관에서는 다음 예시처럼 금액을 아라비아 숫자로 표기한 다음 괄호 안에 한글 숫자를 병기하는 경우가 있습니다. 일반 기업에서는 보통 아라비아 숫자로만 표기합니다.

예) 금113,560원(금일십일만삼천오백육십원)

② 날짜

아라비아 숫자로 표기하되 연, 월, 일 등의 글자는 생략하고 각 자리에 '점을 찍어' 표시하고, 한 칸씩 띄어 씁니다. 다음 예시처럼 마지막 세 번째 점까지 찍는다고 기억하면 좋습니다.

예) 20××. 12. 12.

③ 시간

24시간제 기준으로 시와 분을 숫자로 표기합니다. 다음 예시처럼 시와 분이라는 글자는 생략하고 그 사이에 '쌍점(:)'을 찍어 표시합니다. 꼭 필요하다면 '오후 5시 30분' 등으로 표기할 수 있습니다.

예) 오후 5시 30분 (×) → 17:30 (○)

④ 항목 표기방법

기안문의 항목 표기방법은 '행정 효율과 협업 촉진에 관한 규정'에 명확히 기록돼 있습니다. 따라서 해당 규정에 따른 다음 표기방법을 따라 주는 것이 좋습니다.

· **정부 공문서 표준 항목 표기체계**

1.
　가.
　　1)
　　　가)
　　　　(1)
　　　　　(가)
　　　　　　①
　　　　　　②
　　　　　(나)

'숫자, 한글 번갈아 쓰기', '첫째 항목은 괄호 없이 '1', '가' 등으로', '둘째 항목은 반괄호로', '셋째 항목은 양괄호로', '마지막은 동그라미로'라고 이해하면 외우기 쉽습니다.

10분 만에 공문을 작성하는 핵심 노하우

그럼 기안문 작성법을 알아볼까요? 여기서 설명하는 방법을 따라 하면 생각보다 쉽고 빠르게 기안문을 작성할 수 있습니다. 기안문 양식은 조직마다 조금씩 다르지만, 여기서는 정부 공문서 표준 양식을 기준으로 각 항목별 작성법을 알아보겠습니다.

• **기안상황 예시**

서울시에 있는 귀사는 이번에 서울시의 사회 공헌 정책에 큰 도움을 주셨습니다. 이에 서울시에서는 사회 공헌에 기여한 인물을 포상하기 위해 포상 대상자를 추천해 달라는 공문을 보냈습니다. 공문의 번호는 서울특별시 공고 제20××-326호(20××.11.30.)입니다. 조직에서는 귀하를 추천하고자 합니다. 이에 회신공문을 요청합니다.

❶ 발신조직명

기안문 맨 위 정중앙에 여러분의 소속 조직명을 기재합니다.

예) '(주)○○○'처럼 표기

❷ 수신

수신자 란에는 누가 대상인지 명확히 적어야 합니다. 단순히 조직명이 아닌 해당 조직의 장(長)을 명시해야 합니다. 위 예시라면 '서울시'가 아닌 '서울특별시장'으로 표기해야 합니다. 수신 대상이 여러 곳이면 수신자 란에 '수신자 참조'라고 적고, 문서 하단에 따로 수신처들을 명시합니다.

예)

수신 : 수신자 참조

수신 : 서울특별시장, 의왕시장, (주)○○ 대표이사, (주)△△ 대표이사

❸ 참조

참조 란에는 이 문서를 처리할 담당 부서를 적습니다. 예를 들면 '총

무부장', '인사부장' 등으로 적으면 되는데, 담당 부서명을 정확히 모르면 '○○업무 담당자'처럼 표현해도 괜찮습니다.

❹ 제목

제목은 문서 전체 내용을 포괄하는 간단하고 명확한 문장으로 작성합니다. 위 예시라면 '20××년 사회공헌 포상 대상자 추천' 정도가 적절하겠네요.

❺ 본문내용 구성

본문은 제목 아래에서 시작하고, 일반적으로 숫자 '1, 2, 3, …'으로 항목을 나눠 작성합니다. 저는 주로 '인사말→관련 근거→위 관련 근거에 따라~' 패턴을 활용합니다. 대부분의 문서는 관련 근거가 있으므로 이 방법이 잘 통용됩니다. 이 패턴에 따른 작성법은 다음과 같습니다.

① 인사말

문서 첫 항목에는 인사말을 씁니다. 기본적인 예의를 지키는 것이 좋습니다.

예) 귀 기관의 무궁한 발전을 기원합니다.

대상이 일반 기업이라면 '귀사의 무궁한 발전을 기원합니다'라고 쓰면 됩니다.

② 관련 근거

문서 발신의 근거, 즉 공문을 보내는 이유가 되는 조항, 계약서, 상대방 공문 등을 적고 그 번호와 제목, 시행일자를 함께 적습니다.

예 1) 관련 근거 : ○○ 계약서(20××. 03. 01.)

예 2) 관련 근거 : 서울특별시 공고 제20××-326호(20××. 11. 30.)

관련 근거가 2개 이상이면 '가, 나' 형식으로 구분하여 작성합니다. 관련 근거가 없다면 빼도 됩니다. 앞의 예시는 서울시가 포상 대상자를 추천해 달라고 한 사안이므로 서울시가 보낸 공문을 관련 근거로 하면 됩니다. 관련 근거는 보통 '문서번호(시행일자) 문서제목' 식으로 표기하는데, 너무 길면 문서제목은 생략할 수도 있습니다.

③ 주요 메시지

문서의 목적을 간결하게 요약합니다. 관련 근거가 있는 경우 보통 '위 관련 근거에 따라 …'와 같은 표현을 사용합니다.

예) 3. 위 관련 근거에 따라 20××년 사회 공헌 포상 대상자를 아래와 같이 추천합니다.

④ 하위 항목 작성 시 유의사항 및 표 작성방법

하위 항목을 작성할 때 보통 '아래와 같이', '다음과 같이', '붙임과 같이'라는 표현을 쓰는 데 각각의 의미는 다음과 같습니다.

- **아래와 같이** : 작성하는 내용 다음에 하위 항목이 올 때 가장 많이 활용하는 표현입니다. 위 사례에서 3번 항목 아래에 '가. 나. 다' 등의 하위 항목이 있다면 그때 활용하면 됩니다.
- **다음과 같이** : 3번 항목 아래에 4번 항목처럼 동등한 레벨의 항목이 올 때 활용합니다.
- **붙임(첨부)과 같이** : 본문 내용 없이 바로 붙임 또는 첨부자료만 있을 때 사용합니다. 간혹 '붙임과 같이'라는 표현을 써서 기안문 내용을 간단히 작성하고 첨부파일만 덜렁 올리는 경우가 있는데, 이런 방식은 지양해야 합니다. 이런 경우 상사가 '부하직원들이 일을 너무 대충 한다'라고 불만을 표할 수 있습니다. 결재권자가 첨부파일을 일일이 열어보고 판단해야 한다면 비효율적일 수밖에 없습니다. 이런 경우 결재권자가 판단하기 쉽도록 첨부파일 내용을 간단히 요약해 본문에 적어 주는 것이 올바른 업무원칙입니다.

표를 넣을 때는 꼭 들여쓰기할 필요 없이 문서 폭 전체를 활용해도 좋습니다. 표 안에 넣을 정보가 많은 경우 다음 예시처럼 '자세한 사항은 [붙임] 참조' 등의 문구를 함께 넣어도 좋습니다.

성명	생년월일	소속	공적개요
김씨앗	1980. 03. 20.	홍보팀	• ○○ 사회봉사 활동을 기획하고 적극적으로 참여 • 자세한 사항은 [붙임] 공적조서를 참조

❻ 붙임 또는 첨부

공공기관에서는 일반적으로 첨부를 '붙임'이라고 표현합니다. 일반

기업에서는 '첨부'라고 써도 무방합니다. 첨부가 1개인 경우 번호를 붙이지 않고, 2개 이상이면 숫자를 매겨 표기합니다.

예 1) 첨부가 1개일 때

붙임 : 공적조서 1부. 끝.

예 2) 첨부가 2개 이상일 때

붙임 : 1. ○○○ 1부

　　　2. △△△ 1부. 끝.

참고로 공문내용이 끝나는 부분에는 반드시 다음 예시처럼 마지막 내용에서 두 칸을 띄고 '끝.'이라는 표시를 해야 합니다. 만약 내용이 표로 끝난다면 표 하단 좌측 끝에 '끝.'을 표기하면 됩니다.

예 1) 첨부 : 1. 구매목록 1부.

　　　　　2. 신청서 2부.∨∨끝.

예 2)

성명	생년월일	경력	평가

끝.

❼ 발신 명의

문서 하단 중앙에 조직장의 명칭과 성명을 적습니다.

예) (주)○○○ 대표이사 홍길동

❽ 담당자 연락처

문서 하단에는 상대방이 문의나 회신에 참조하도록 담당자 성명, 주소, 전화번호, 이메일 등을 기재합니다. 참고로 정부 공문서 작성양식에는 담당자 연락처를 제일 하단에 기재하는데, 일반 기업에서는 상단에 기재하는 경우도 많습니다. 각자의 회사 기준에 따라 활용하면 됩니다.

───── 작성 공문 예시 ─────

(주) ○○○

수신자 : 서울특별시장
참 조 : 사회공헌 포상업무 담당자
제 목 : 20XX년 사회공헌 포상 대상자 추천

1. 귀 기관의 무궁한 발전을 기원합니다.
2. 관련 근거 : 서울특별시 공고 제20XX-326호(20XX. 11. 30.)
3. 위 관련 근거에 따라 20XX년 사회 공헌 포상 대상자를 아래와 같이 추천합니다.

　가. 추천 대상자 인적사항

성명	생년월일	소속	공적개요
김씨앗	1980. 03. 20.	홍보팀	• ○○사회봉사 활동을 기획하고 적극적으로 참여 • 자세한 사항은 [붙임] 공적조서를 참조

　나. 기타 참고사항으로 상기 대상자는 ○○단체 등에서 15년간 사회공헌을 지속해 오고 있음.

붙임 : 공적조서 1부. 끝.

(주) ○○○ 대표이사 홍길동

담당자 : 장길산, 서울 마포구 도화동 ○○번지, 02-400-1111, ○○○@hhh.co.kr
문서번호 : 서울20XX-310
시행일자 : 20XX.12.5.

국립국어원의 공공언어 바로 쓰기 자료 활용하기

국립국어원 홈페이지에 가면 이 기관에서 발간한 <한눈에 알아보는 공공언어 바로 쓰기>를 무료로 다운로드받을 수 있습니다. 공공기관에서 사용하는 기안문은 국민과의 소통을 염두에 둔 '품격 있는 공공언어'여야 하므로 명령조나 고압적·권위적인 표현은 삼가는 것이 기본입니다. '~ 바람', '~ 사항임', '~ 요망함'처럼 일방적이고 위압적인 어투는 읽는 사람의 마음을 상하게 할 수 있으므로 부드럽고 협조를 구하는 말투로 바꿔야 합니다. 공문(기안문)의 목적은 통보가 아니라 이해와 설득이기 때문이죠.

예) 정시에 회의 참석 바람. (×)
→ 회의에 정시에 참석해 주시기 부탁드립니다. (○)

공문은 한 기관의 장이 다른 기관의 장에게 자신의 의사표현을 하는 것인 만큼 말투에 관한 사항은 매우 중요합니다. 예전에 갑질 논란으로 큰 사회적 이슈가 됐던 사안이 있었는데, 그 발단이 된 것이 바로 공문이었습니다. 공문은 법적 근거가 될 수 있는 문서이므로 고압적, 지시적, 권위적 표현은 쓰지 않도록 해야 합니다.

011
보고의 완벽 마무리, 품의서 만들기

품의서란

품의서는 회사에서 가장 자주 사용되는 문서 중 하나입니다. '품의'는 '상사에게 여쭈어 의논함'을 뜻하며, '품의서'란 어떤 일을 어떤 방식으로 어떤 예산을 들여서 추진하겠다는 내용을 담아 상사에게 결재를 받기 위해 작성하는 문서입니다. 생각보다 많은 실무자가 품의서의 정확한 뜻을 잘 이해하지 못하고 업무상 실수를 하곤 합니다. 관련 사례를 하나 볼까요?

A 대리는 팀장에게서 본부장이 승인한 기획안에 대한 품의서를 작성해 전자결재를 올리라는 지시를 받았습니다. 팀장에게 기획안을 잘 정리했다는 칭찬까지 받은 A 대리는 들뜬 마음으로 기존 보고서 내용을 참조해서 품의서를

> 대충 만들어 제출했습니다. 그런데 잠시 후 팀장에게 불려간 A 대리는 호된 질책을 받았습니다.
> "기획안 보고는 잘해 놓고 마무리는 이렇게 하면 어떡해? 자네, 품의서의 의미가 뭔지 알고는 있는 거야?"

왜 팀장은 화가 났을까요? 품의서도 하나의 보고서입니다. 예산을 따낼 목적으로 대충 작성해도 되는 문서가 아니죠. 팀장은 A 대리가 이를 이해하지 못한 데 화가 난 것입니다. 품의서가 매우 간단한 문서인 듯하지만 실제로는 회사 업무가 대부분 이 품의서를 통해 진행됩니다. 이 문서를 제대로 작성하지 않으면 중요한 업무가 어그러질 수 있는 만큼 매우 중요하게 생각해야 합니다.

품의서 효과적 활용사례

품의절차를 간단히 살펴보겠습니다. 일반적으로 품의는 특정 안건에 관한 품의서를 작성한 다음, 먼저 관계부서의 의견을 확인하고 나서 상사에게 결재를 받는 절차로 이루어집니다. 각 회사마다 품의서 양식과 품의절차가 다를 수 있으니 해당 조직의 규정에 따라 품의업무를 진행하면 됩니다.

저는 품의서를 잘 활용해 새로운 업무를 맡게 된 경험이 있습니다. 당시 회사 대표는 교육비 지출을 매우 엄격하게 관리하고 있었습니다. 저는 회사의 프로젝트 관리역량 강화를 위해 '프로젝트 관리 교육' 도입을 구상하고 있었는데, 내부적으로 교육비가 많이 들어 대표의 승인을 받기 어려울 것이라는 분위기가 있었습니다. 실제로 앞서 저와 같은 교육을 검토했던 전임자도 그런 이유로 추진을 포기했었다고 했죠.

그럼에도 그 교육을 도입하고 싶었던 저는 노동부 환급제도를 활용하면 교육비 부담이 크게 줄겠다는 생각이 들었습니다. 실제 환급액을 계산해 보니 교육비를 절반 수준으로 줄일 수 있을 듯했습니다. 저는 품의서에 '실예산'이라는 항목을 추가해 실제 회사 부담액이 얼마인지 명확하게 표시했습니다. 그 결과 대표의 승인을 받았을 뿐 아니라, 이를 계기로 다양한 사내 교육을 진행하게 됐고, 자연스럽게 교육 관련 새로운 업무까지 맡게 됐습니다. 이렇듯 때로는 문서 하나를 제대로 작성하는 것이 인생진로를 바꾸는 계기가 되기도 합니다. 당시 제가 작성했던 품의서는 다음 쪽 그림과 같았습니다.

많은 실무자가 품의서를 단순히 '돈(예산)을 요청하는 문서' 정도로만 생각하는데, 실제로는 보고서로 상신한 안건이 전자결재를 통해 최종 완료되는 과정에서 품의서가 핵심적인 역할을 합니다. 그러니 품의서 역시 꼼꼼하고 정확하게 작성하는 노력이 필요하죠. 상사나 의사결정권자는 품의서 내용을 통해 부하직원이 업무를 얼마나 세심하게 준비했는지, 해당 사안을 얼마나 진지하게 고민했는지를 가늠하기 때문입니다. 단순한 문서 한 장이지만 그 안에 담긴 논리와 태도는 생각보다 큰 영향을 줄 수 있습니다.

― 품의서 예시 ―

품 의 서

문서 번호	4220 -	결재	팀 장	담당임원	사장
품의 일자	20XX. 3. 21.				
결재요청일	20XX. 3. 22.				
결 재 일	20XX. . .				
품 의 팀	인재개발팀	합의			
기안자(Tel)	이 윤 석 (#8218)				
제 목	20XX 년도 PM교육 품의				

20XX년 PM 교육을 아래와 같이 품의합니다.

- 아 래 -

1. 교육 목적
   - 프로젝트 관리에 대한 개념 및 주요 도구 및 기법에 대한 이해를 도모하여, 프로젝트 관리자로서의 기본 능력을 배양
   - 일정관리, 비용관리 등 프로젝트 관리의 기본이론을 습득함으로써 프로젝트 성공률 향상 도모
   - PMP(Project Management Professional)자격증 시험준비와 PM 실무적용 기초능력 배양

2. 교육 개요

구 분	강 사	교육 기간	교육시간	회수	인원	교육대상	교육장소
PM 양성 과정	배○○	4/9(월)~12(목)	32H	1회	20명	과장급이상 (예비 PM)	10층 2강의장
PMP 자격 취득과정	송○○	6/4(월)~7(목)	32H	1회	20명	PM 양성과정 및 PM 기초과정 수료자	

- PM 양성 프로세스 : PM 양성과정→PMP 자격취득과정 (예비 PM Pool 조성)→PMP 취득→PM 발령(PM OJT)
- PMP 자격과정 실시후 2개월안으로 수강생 PMP 자격취득 독려
  (자격취득자 '01년도 사내강사 활용, PM 보직 발령時 선발요건화 추진)

4. 예산 : 총 13,810 천원   단위:천원

항목	금액	내역
① 사외강사료	11,800	시간당 200천원 ×59시간
② 사내강사료	90	18천원 ×5시간
③ 교재비	1,600	20천원 ×80부
④ 교육운영비	320	음료 및 문구
합계	13,810	
고용보험환급예상	6,905	
실예산	6,905	

첨 부 : 강의계획서 각 1부. 끝.

품의서 구성요소별 작성 팁

품의서 각 구성요소별 작성 팁은 다음과 같습니다.

❶ 제목

제목만으로도 품의서의 핵심 내용이 잘 드러나야 합니다. 많은 실무자가 품의서 제목을 두루뭉술하게 잡곤 하는데, 이러면 어찌어찌 결재를 받더라도 나중에 그 품의서를 찾기가 어려울 수 있습니다. 품의서 제목은 직관적이고 구체적으로 붙여야 하고, 연도나 시기 등에 관련 있다면 그것도 구체적으로 붙여주는 것이 좋습니다.

올바른 예) 20××년 1/4분기 채용 운영(안) 품의
잘못된 예) 채용비용 품의

❷ 헤드 메시지

어떤 사안을 품의하는지를 2줄 이내의 문구로 압축해 작성하는 것이 좋습니다.

올바른 예) 20××년 인력 운영 계획에 따라 1/4분기 채용 실시 방안을 아래와 같이 품의합니다.

참고로 위 예시처럼 '아래와 같이' 또는 '다음과 같이'라는 문구는 그 아래(다음)에 세부적인 내용설명이 있는 경우에 사용합니다. '첨부와 같이'라는 문구는 그 아래(다음)에 세부적인 내용 없이 바로 첨부로 들어가는 경우에 사용합니다.

③ 추진배경 또는 목적

품의서의 추진배경 또는 목적을 1~2줄의 내용으로 설명합니다. 1페이지 보고서의 목적을 기술하는 요령과 동일합니다.

④ 내용 구성

일정이나 방법 등 세부적인 사항을 기록합니다. 내용에는 보통 개요, 일정(일시, 장소), 담당자, 진행계획 등의 구체적인 내용이 들어갑니다. 내용이 너무 길어지면 '세부사항은 [첨부 1] 참조' 등 문구로 대체한 후 관련 내용을 1~2페이지 내의 별도 첨부문서로 구성합니다. 상사에게 기존에 보고한 보고서가 있다면 그것을 첨부문서로 활용하면 됩니다.

⑤ 예산

품의 관련 예산은 다음 예시처럼 '항목 or 구분', '금액', '산출내역'으로 나뉜 표를 이용해 기술합니다. 예산이 필요하면 이 항목이 반드시 들어가야만 품의서의 설득력을 높일 수 있습니다. 다만 비용과 관계없는 품의라면 예산항목은 없어도 됩니다.

단위 : 천원

항목 or 구분	금액	산출내역
교재비	3,000	권당 10 × 300권 = 3,000
계		

초보 실무자들이 예산항목에서 실수를 많이 합니다. 합계가 틀리거나 세부 내역 계산이 틀리는 경우가 많죠. 예산은 품의서에서 가장 중요한 항목으로 틀리지 않도록 몇 번이고 검산해서 확인해야 합니다. 산출내역에는 그 금액이 산출된 정확한 근거를 제시해야 합니다. 품의서 예산내역 표 우측 상단에 '단위' 표시를 하지 않는 실수도 잦습니다. 단위가 원인지 천 원인지 등으로 표시해야 정확한 문서가 됩니다. 또 예산항목에 1,000 단위마다 콤마를 반드시 찍어 주는 것이 중요합니다.

❻ 기타

회사에서 HTML 기반 전자결재 시스템을 활용하는 경우 품의서를 먼저 일반 워드 프로그램으로 작성한 다음 시스템에 복사해 붙이면 좀 더 깔끔한 느낌을 줄 수 있습니다. 특히 표는 워드 문서로 만드는 것이 더 보기 좋을 때가 있으니 참조하세요.

012
보고서 품질을 결정하는
14가지 점검기준

　보고서를 빨리 쓰려면 너무 세세한 부분에 얽매이지 말고 일단 브레인스토밍 방식으로 쓰는 것이 좋습니다. 생각 나는 모든 내용을 막 써 보는 것이죠. 그리고 나서 하나씩 뺄 건 빼고, 넣을 건 넣고 하면서 점차 완성시켜 나가면 빠른 시간에 좋은 보고서를 만들 수 있습니다. 하지만 마지막 점검절차를 거치지 않으면 품질 좋은 보고서가 나오지 못합니다. 이를 위해 내가 만든 보고서가 다음 쪽 체크 리스트 요건에 부합하는지 비교 검토해 봐야 합니다. 여기에 앞서 설명한, 동료들에게 의견을 구하는 방법을 함께 활용하면 매우 수준 높은 보고서를 만들 수 있습니다.

　다음 체크 리스트 요건에만 부합돼도 상당한 수준의 보고서라고 할 수 있습니다. 이 요건들에 하나씩 맞춰 나가다 습관이 되면 보고서를 작성할 때 머릿속에서 그 요건들이 자연스럽게 돌아가게 됩니다. 즉, '내면화'되는 것이죠. '마음을 비우고 완전히 제3자의 시각에서 자신의 문서를 점검한다.' 이것이 체크 리스크를 활용하는 가장 중요한 포인트입니다. 이미 머릿속에 '보고서를 잘 만들었다'는 생각을 가지고 있으면 모든 내용을 자기 기준으로 걸러서 보기 때문에 체크 리스트를 활용해도 별 효과가 없습니다. 마음을 비우고 스스로 검사관이 된 듯한 느낌으로 각 요건들을 체크해 보기 바랍니다.

순번	체크 사항	확인
1	왜 이 보고서나 기획서가 필요한지 기술돼 있는가?	
2	보고서를 최종적으로 읽을 사람의 관점에서 쉬운가?	
3	제시한 방안에 관해 '왜 이렇게 해야만 하죠?'라는 질문에 답이 있는가?	
4	제시할 수 있는 대안들과 그 장단점이 잘 기술돼 있는가?	
5	혹시 빠진 대안이 있는가? 그에 대한 구두답변이라도 준비돼 있는가?	
6	문장이 간결 명료한가? 장황한 곳은 없는가?	
7	보고서 제목은 보고서 전체의 내용을 잘 표현하고 있는가?	
8	목차의 논리적인 오류는 없는가?	
9	'구체적으로 어떻게 할 건데?'라는 질문에 잘 답변할 수준인가?	
10	설명 없이도 이해할 정도로 쉬운가?	
11	시각적으로 아름다운가? 여백의 미가 있는가?	
12	구체적이고 직관적인가? 논리적인 비약은 없는가?	
13	색을 너무 많이 쓰지 않았나? 눈에 잘 들어오는 수준의 색인가?	
14	근거는 명확한가? 근거자료의 출처는 조사돼 있고, 기술돼 있나?	

14가지 요건 각각의 의미는 이렇습니다.

① 먼저 이 보고서나 기획서가 왜 필요한지 기술돼 있는가입니다. 이 일을 왜 하는지가 명확하지 않으면 전체가 막연해집니다. 보고할 때 자주 나오는 '왜 하는 겁니까?'라는 질문에 답이 있어야 합니다.

② 보고서는 읽는 사람 관점에서 쉽게 이해가 가야 합니다. 보고서를 읽는 사람, 즉 최종 소비자가 누구인지 파악해서 그 사람 관점에서 쉽게 썼는지 검토해야 합니다.

③ 제시한 방안에 관한 이유를 물을 때 답이 있어야 합니다. 보고받는 사람은 항상 '왜?'라고 물어봅니다.

④ 보고할 때는 '이러저러한 것은 고민해 봤습니까?'라는 질문이 많이 나옵니다. 그 방안을 고민해 보지 못했다면, 질문을 받는 순간 긴장하고 보고에 어려움을 겪을 수 있습니다. 미리 다양한 경우의 수를 분석해 가능한 대안과 장단점을 검토해 놓아야 하고, 그것들을 보고서에 담을 수 있으면 담아야 합니다.

⑤ 보고할 때는 어떤 질문이 나올지 모릅니다. 때로 상사는 보고자가 얼마나 깊이 고민했는지 점검하기 위해 다양한 질문을 하기도 합니다. 그렇다고 보고서에 모든 대안을 담을 수는 없습니다. 따라서 중요하지 않게 생각되는 방안이더라도 머릿속에 장단점을 생각

해 놓고 있어야 합니다.

⑥ 작성한 보고서를 다시 찬찬히 점검해 보면 중언부언하고 장황한 부분이 보일 수 있습니다. 그 부분에 관한 생각이 완전히 정리되지 않았을 때 그런 상황이 발생하죠. 실제 보고할 때 핵심만 잘 전달할 수 있도록 그 부분을 다시 간결 명료하게 다듬을 필요가 있습니다.

⑦ 보고서 제목도 다시 한 번 점검합니다. 제목이 문서 전체 내용을 포괄적으로 잘 함축하고 있지 않다면 수정합니다.

⑧ 보고서를 다시 점검해 보면 괜찮아 보였던 목차순서가 찜찜할 때가 있습니다. 이럴 때는 완전히 처음 본다고 생각하고 목차의 논리적 흐름을 고민해 봅니다. 논리적으로 흐름이 완벽하다고 생각될 때까지 조정합니다.

⑨ 보고할 때 가장 많이 나오는 질문인 '어떻게 할 건데?'에 대한 구체적 답이 있어야 합니다. 이 일을 구체적으로 어떻게 할지가 세밀하게 준비돼 있어야 합니다. '그게 실제 가능하겠어?'라는 질문에 답할 수준으로 정리돼야 하죠. 답이 두루뭉술하게 떠 있으면 안 됩니다.

⑩ 특별한 설명 없이 보고서만으로 무슨 내용인지 이해할 정도가 기준입니다. 보고서를 이메일로 보내도 읽는 사람이 설명 없이 이해

할 정도로 쉽게 작성돼야 합니다.

⑪ 시각적으로 아름다워야 합니다. 멋지게 꾸미기보다는 여백의 미와 균형미를 갖춰야 합니다. 한눈에 잘 들어오게 여백을 적절히 줘야 합니다.

⑫ 구체적·직관적으로 대안이 제시돼 있는지 점검해야 합니다. 제시한 대안에 뀌어 맞춘 듯한 논리적 비약이 없는지 살펴봅니다.

⑬ 멋지게 보이려고 보고서에 형형색색의 색을 쓸 때가 있습니다. 보고서에서 색은 중요 포인트를 강조할 때에만 쓰면 됩니다. 보고서에 너무 많은 색을 써서 산만해 보이지 않는지 점검하여 꼭 필요한 색만 쓰도록 합니다.

⑭ 근거가 명확한지 점검합니다. 사내 규정, 법률, 외부 조사자료 등의 근거를 반드시 표기해야 합니다. 멋진 그래프인데 근거가 없으면 아마추어의 보고서가 될 수 있습니다. 반드시 근거를 조사해서 표기합니다.

5장

커뮤니케이션 효과를 높이는 이메일 & 회의록

001
이메일,
기록과 정보 공유를 위한
최고의 도구

이메일은 인터넷의 발달과 함께 등장한 대표적인 커뮤니케이션 도구입니다. 현재 대부분의 기업에서 보고, 업무 연락, 회의록 작성 등 많은 업무를 이메일로 처리하고 있습니다. 특별한 경우가 아니면, 이메일 내용을 공식 업무문서로 간주하기도 합니다. 여전히 대면 보고 문화가 남아 있지만, 머지않아 이메일이 가장 핵심적인 업무수단으로 자리 잡을 가능성이 높습니다. 그만큼 이메일을 잘 쓰는 것이 중요한 업무역량 중 하나가 될 것입니다.

이메일 활용의 3가지 강점

이메일을 활용해 문서를 발송하면 여러 가지 장점을 얻을 수 있습니다. 그중 대표적인 3가지 장점은 다음과 같습니다.

❶ 빠른 전송과 즉각적인 확인

이메일은 문서를 온라인으로 빠르게 전송해 줍니다. 상대방은 이메일이 도착하면 즉시 내용을 확인할 수 있죠. 스마트폰 푸시 알림 기능을 설정하면 언제 어디서든 이메일 도착 여부와 내용을 바로 확인할 수 있습니다.

❷ 명확한 기록관리

이메일은 발신자와 발송시간 등이 자동으로 기록돼 명확한 근거자료로 활용할 수 있습니다. 이런 이유로 이메일을 업무 공식 증거로 간주하는 조직이 점점 늘고 있죠. 특히 최근에는 회사 내부에서의 회의록 전달뿐 아니라, 회사 간 업무 협상과정에서도 이메일을 적극 활용하고 있습니다. 협상내용을 구두가 아닌 이메일로 전달함으로써 나중에 서로 다른 해석이나 오해가 발생하는 상황을 방지할 수 있기 때문이죠. 또한 요즘은 업무 편의성을 높이기 위해, 계약서에 각 회사의 공식 이메일 주소를 명시하고, 해당 이메일을 통해 전달된 내용은 회사의 공식 입장으로 간주한다는 조항을 넣는 경우도 늘고 있습니다.

❸ 다양한 활용 가능성

이메일은 자연스러운 설명형 문장과 보고서 형식의 개조식 문장을 모두 담을 수 있어 매우 유연하게 사용할 수 있습니다. 업무안내, 보고, 협의 등 다양한 상황에 맞게 형식과 내용을 조절할 수 있어 활용범위가 넓다는 것도 큰 장점입니다.

이메일 고정관념 깨기

이메일이 공식 비즈니스 커뮤니케이션 수단으로 정착되기 위해 깨야 할 여러 고정관념이 있습니다. 대표적인 고정관념은 다음과 같습니다.

❶ 이메일은 보고서의 보조수단일 뿐이다?

이메일을 보고서의 보조수단 정도로 가볍게 여기는 실무자가 생각보다 많습니다. 하지만 분명히 말하자면, 이메일은 그 자체로 하나의 보고서입니다. 앞으로는 이러한 경향이 더욱 뚜렷해져서 대부분의 보고서가 이메일로 대체될 가능성도 큽니다. 특히 업무속도와 생산성이 중요한 미래 조직환경에서는 자연스럽게 이메일을 주된 보고수단으로 받아들이게 될 것입니다.

❷ 이메일은 설명하듯 서술하는 것이 좋다?

일반적인 이메일은 보통 설명하듯 자연스럽게 씁니다. 하지만 업무 관련 이메일은 '설명식 문장'과 '핵심을 간결하게 요약하는 개조식 문장'을 적절히 조합하는 것이 좋습니다. 이메일의 핵심 목적은 보내는 사람의 의도를 받는 사람이 빠르게 이해하도록 돕는 데 있습니다. 따라서 불필요하게 장황한 설명은 피하고, 필요한 설명과 명확한 요점이 균형 있게 구성되도록 신경 써서 작성하는 것이 효과적입니다.

❸ 이메일은 공식적인 문서가 아니다?

아직은 이메일을 보낸 뒤 전화를 하거나 직접 찾아가서 내용을 한 번 더 설명해야 하는 경우가 종종 있습니다. 하지만 앞으로 이메일과 메신저 같은 디지털 소통수단에 익숙한 세대가 중심이 되면 이메일 자체가 공식 문서로 인정받는 경향이 더욱 확대될 것입니다. 따라서 이제는 이메일을 단순한 의사전달 수단이 아닌, 하나의 공식 의사표시로 인식하고 보다 신중하게 작성하는 태도가 필요합니다.

비즈니스 이메일 5가지 핵심 구조

비즈니스 이메일은 다음 5가지 핵심 구조를 반영하는 것이 좋습니다.

- 제목 → 인사말 → 헤드 메시지 → 번호 붙인 내용 → 감사인사

제가 IT회사에서 배운 이메일 쓰는 비법이 '번호 붙이기'였습니다. 상황에 따라 안 붙일 수도 있지만, 번호를 붙일수록 문서가 공식적으로 느껴지고 몇 가지 이야기를 하는지가 명확해집니다. 자세한 방법은 다음 내용인 비즈니스 이메일 실전 팁을 참조하십시오.

002
이메일 작성역량을 높이는 13가지 실전 팁

이메일을 얼마나 잘 활용하느냐가 실무자의 중요한 업무역량으로 자리잡고 있습니다. 이메일 활용수준을 높이는 데 도움이 되는 실전 팁을 정리했습니다.

❶ **제목만으로 내용을 파악할 수 있도록 작성합니다**

이메일 제목은 마치 1페이지 보고서의 제목처럼 핵심을 담아 간결하게 작성하는 것이 좋습니다. 또 제목 앞에 '[보고], [요청], [공유], [공지]' 등을 붙이면 수신자가 이메일 성격을 빠르게 파악할 수 있어 반응률이 높아집니다. 반면에 제목과 무관한 내용을 적으면 중요한 이메일이 읽히지 않을 수 있으니 주의가 필요합니다. 특히 외부 조직에 이메일을 보낼 때는 [ ] 꺾쇠 기호를 활용해 '[회사명] ○○ 제품 설명회 안내'처럼 표현하면 훨씬 공식적인 인상을 줄 수 있습니다.

예 1) 안녕하세요. 팀장님! 잘 지내시지요? (×)

예 2) [요청] 20××년 3월 AI 컨퍼런스 참석 대상자 확인 (○)

❷ 인사말을 반드시 넣어 줍니다

상대방에게 처음 보내는 이메일이면 반드시 정중한 인사말로 시작합니다. 급한 마음에 인사말을 생략하기도 하는데, 이는 예의에 어긋날 수 있습니다. 상사, 동료, 외부 조직에 이메일을 보낼 때는 더욱 이 점에 유의해야 합니다. 인사말 한 줄이 이메일을 정중하게 만들고, 나아가 의사소통도 부드럽게 만듭니다.

예) '안녕하십니까? ○○○입니다. 주말은 잘 보내셨는지요?'

'안녕하세요. ○○○입니다. 무더운 날씨에 건강 유의하시기 바랍니다.'

❸ 헤드 메시지로 이메일의 핵심을 먼저 전달합니다

회사원들은 대부분 하루에 수십 통씩 이메일을 주고받습니다. 이를 감안해 이메일을 보낼 때는 받는 사람이 이메일 전체 내용을 빠르게 인지할 수 있도록 핵심 정보를 앞쪽에 기술하는 것이 좋습니다. '인사말-헤드 메시지-번호 붙인 본문-감사인사' 순으로 구성되는 비즈니스 이메일 구조에서 '헤드 메시지'는 이메일의 핵심 목적을 간단하고 명확하게 전달하는 문장입니다. 헤드 메시지는 필요에 따라 볼드체를 사용할 수 있지만, 너무 많이 사용하면 오히려 가독성이 떨어질 수 있습니다.

예) '○○○ 컨퍼런스가 다음 주에 열릴 예정이며, 오늘까지 참석자 명단을 제출해야 합니다. 소속팀의 참석자에 대한 의견 부탁드립니다.'

❹ 본문 내용에는 번호를 붙여 줍니다

다음 예시처럼 업무 이메일 내용을 '1, 2, 3, …'과 같이 번호를 붙여 정리하면 수신자가 내용을 쉽고 빠르게 이해하고, 항목별로 구체적으로 회신하기도 수월해집니다. 특히 IT회사에서는 이 방식이 표준처럼 활용됩니다.

──────── 이메일 번호 붙이기 사례 ────────

From : 김영희
Sent : Tuesday, October 14, 20×× 1:38 PM
To : 홍길동
Cc : 반창고: 김치국
Subject : [요청] ○○○컨퍼런스 참석 대상자 확인

안녕하세요. 팀장님. 잘 지내시지요?

'20×× ○○○컨퍼런스'가 다음 주에 진행될 예정으로 오늘까지 참석자 명단을 통보하기로 했습니다. 소속팀의 참석자에 대한 의견을 부탁드립니다.

1. 일시 : 20××.10.16(목) 10:00~16:45

2. 장소 : 밀레니엄 서울 힐튼호텔 그랜드볼룸 AB (지하1층)

3. 조직별 참석자는 4명 이내 가능합니다. 참석자를 저에게 메일로 회신 부탁드립니다.

4. 첨부파일로 올해 참가기업 명단 공유해 드리니 업무에 참조하시기 바랍니다.

첨부 : 20××년 참가기업 명단 1부. 끝.

감사합니다. 즐거운 하루 되십시오.

김영희 드림

❺ 이전 이메일 내용을 지금 보내는 이메일 아래에 남겨 둡니다

많은 실무자가 이메일을 매번 '새 메일 쓰기'로 작성하곤 합니다. 하지만 동일한 주제나 연속된 업무에 관한 이메일은 새로 작성하기보다는 '회신(Reply)' 기능을 활용하는 것이 좋습니다. 이 기능을 활용하면 새로 보내는 이메일 내용 아래쪽에 기존에 주고받은 이메일 내용이 자동으로 포함되기 때문에 업무 흐름과 히스토리를 한눈에 파악하기 쉽습니다. 이메일을 이렇게 주고받으면 마지막으로 받은 이메일 내용의 하단부터 거슬러 올라가며 읽기만 해도 해당 업무의 전체 진행과정을 쉽게 확인할 수 있습니다.

또 회신할 때는 이메일 제목을 변경하지 말고, 제목 앞에 자동 추가되는 'RE:' 표기를 그대로 유지하는 것이 좋습니다. 이 또한 업무 히스토리를 체계적으로 관리하는 데 큰 도움이 됩니다.

마지막 추가 팁은, 상대와 주고받은 이메일이 여러 건으로 나뉘어 있을 때 해당 이메일 내용들을 지금 보내는 이메일 아래쪽에 시간순으로 붙여 주면 업무 히스토리 관리도 되고 상대방도 고마워할 수 있습니다.

❻ 표현을 세심하게 다듬어 봅니다

이메일을 보내기 전에 의도와 목적이 분명하게 전달되는지, 불필요한 오해나 리스크를 초래할 표현은 없는지를 한 번 더 짚어봅니다. 특히 협상 관련 이메일이라면 더욱 신중한 표현이 필요합니다.

❼ 감정이 개입될 수 있는 사안은 대화로 먼저 풀어 봅니다

업무현장에는 처리하기 까다롭거나 어려운 과제를 협업하는 과정에서 담당자 간 혹은 조직 간에 긴장감이나 감정적 마찰이 생기는 상황이 자주 발생합니다. 특히 IT기업에서는 상시적으로 이메일을 주고받는 과정에서 의도치 않게 감정이 상하는 일이 생기곤 합니다. 전화하거나 만나서 직접 설명하고 풀어야 하는 문제를 이메일로 처리하다 보니 말투나 표현방식 때문에 상대방 기분을 상하게 할 수 있는 것이죠. 때로는 자기 주장을 지지받기 위해 주고받는 이메일 참조자(Cc)에 점점 더 많은 사람을 추가함에 따라 두 실무자 간 갈등이 조직 전체에 드러나는 상황으로 번지기도 합니다.

프로페셔널한 커뮤니케이션 역량을 갖추려면 감정이 개입될 수 있는 민감한 사안일수록 먼저 전화나 직접 대화로 조율하는 게 좋습니다. 그런 다음 조율한 내용을 정리해 이메일로 남기는 방식을 추천합니다. 급하면 전화라도 먼저 하십시오. 이런 접근방식이 갈등을 예방하고 더 원활한 협업 분위기를 만드는 데 큰 도움이 됩니다.

❽ 감사인사는 이메일의 기본입니다

이메일 마지막에는 '감사합니다', '즐거운 하루 되세요' 등 짧고 정중한 인사말을 꼭 넣습니다. 작은 표현이지만 이것이 업무관계를 더욱 부드럽게 만들어 줍니다.

❾ 'To'와 'Cc'를 정확히 구분해 사용합니다

'To'에는 실제로 이메일 내용에 대응해야 하는 이해관계자를, 'Cc'에는 이메일을 참고용으로 받아야 하는 이해관계자를 넣는 것이 기본입니다. 이 구분을 잘하면 자연스럽게 정보 공유가 이루어집니다.

⑩ '전체 회신' 기능을 적극 활용합니다

생각보다 많은 실무자가 이메일의 '전체 회신(Reply All)' 기능을 적극적으로 활용하지 않습니다. 전체 회신은 말 그대로 메일 수신자 전체에게 동시에 회신하는 방식입니다. 전체 회신을 잘 활용하면 정보 공유를 잘 하는 사람으로 인정받습니다. 여러 사람이 협업하는 업무라면 이해관계자들의 이메일 주소를 미리 메일 그룹으로 묶어 두고 해당 그룹을 대상으로 전체 회신하는 방법을 활용합니다. 이 방법이 정보 공유의 효율성을 높이는 데 큰 도움이 됩니다. 다만 민감정보나 보안사안의 경우 전체 회신보다는 단독 회신(Reply)을 선택하는 게 바람직합니다.

⑪ 가능한 한 많은 사람과 정보를 공유합니다

보안에 문제가 없다면 Cc에 이해관계자를 넓게 포함시켜 정보를 공유하는 방법이 빠르고 효율적입니다.

⑫ 첨부파일이 있으면 본문에 그 요약내용을 넣습니다

최근에는 업무속도가 중요시됨에 따라 첨부문서를 확인하지 않고 이메일 본문만으로 업무내용을 확인하는 실무자가 많아졌습니다. 따라서 이메일에 첨부파일이 있다면 가급적 본문에 그 주요 내용을 요약해 상대방이 본문만으로 첨부파일 내용을 알 수 있게 하거나, 다음과 같이 첨부파일이 있음을 표현하는 것이 바람직합니다.

예) 첨부 : 참석자 명단 1부. 끝.

⓭ 중요한 메일은 반드시 더블 체크합니다

간혹 중요한 이메일을 잘못된 수신자에게 보내는 사고가 생깁니다. 이런 사고를 막으려면 받는 사람 주소를 '이메일 작성이 끝난 뒤에' 입력하는 습관을 들이는 게 좋습니다. 발송 버튼을 누르기 전에도 반드시 수신자와 이메일 내용을 다시 확인하는 습관을 들입니다. 실제로 한 스타트업에서 인사 담당자가 전 직원 연봉정보가 포함된 파일을 전체 직원에게 이메일로 발송하는 바람에 회사에 큰 타격을 준 사례가 있었습니다. 이메일은 한 번 보내면 되돌릴 수 없기 때문에 더욱 주의가 필요합니다.

요즘은 메신저(카카오톡, 팀즈 등)도 많이 사용되지만 이들은 순간적이고 휘발성 있는 소통수단입니다. 이에 비해 이메일은 기록성과 공식성이 있는, 정제된 소통수단입니다. 따라서 중요 업무는 가급적 이메일로 정리하는 습관을 들이는 게 좋습니다. 이메일은 단순한 메시지 전달 수단이 아니라 내 업무역량과 세심함을 드러내는 도구입니다. 위의 팁들을 참고해서 보다 효과적이고 신뢰감 있는 커뮤니케이션을 이어가기 바랍니다.

003
업무 구석구석 쓰이는 이메일 효과

❶ 업무지시 용도로 이메일 활용하기

상사가 부하직원에게 구두로 하는 업무지시가 정확히 의도한 대로 전달되지 않는 경우가 종종 있습니다. 이러면 상사는 부하직원이 자신의 말을 제대로 이해하지 못했다고 생각하고, 부하직원은 상사의 지시가 불명확했다고 생각하게 되겠죠. 이럴 때 이메일을 활용해 업무지시를 하면 훨씬 명확한 소통이 가능해집니다. 이메일에는 지시한 날짜와 내용이 자동으로 기록되므로 서로의 이해 차이를 줄이고 커뮤니케이션의 정확도를 높일 수 있습니다.

또한 부하직원에게 업무 마감기한을 지정하기가 다소 부담스러운 상사에게도 이메일이 유용합니다. 이메일에 자연스럽게 원하는 마감일을 명시하면 마음 부담 없이 일정을 전달할 수 있기 때문이죠. 처음 업무지시를 했던 이메일에 회신(reply) 형식으로 내용을 이어가면 자연스럽

──── 업무지시용 이메일 사례 ────

받는 사람 : 정○○ 부산출장소장
제목 : 실적 달성 축하와 지역 우수 영업소 선정 관련

정○○ 소장. 잘 지내고 있지?

1. 지난달 신규 거래처를 두 곳이나 유치한 거 정말 잘했어. 정 소장 덕분에 팀 분위기도 한층 활기차졌다고 들었어.

2. 어제 본사에서 새 영업 전략안이 공유됐는데. 정 소장이 담당한 지역은 특히 B2B 확장에 집중해 달라는 요청이 있었어.

3. 나는 2월 15일(화)에 부산 출장 예정이라. 그날 시간 괜찮다면 미팅 일정 좀 잡아 줘. 현장 이야기도 듣고 싶어.

4. 그리고 2월 13일(일)까지 1월 고객 피드백 요약자료도 정리해서 보내줬으면 해. 전략 수립에 참고하려고 해.

5. 참고로. 이번 분기부터는 지역 우수 영업소 선정을 새로 운영할 예정이야. 내년 2월에 필리핀 포상 휴가를 주겠다는 소식도 전할 예정이야. 기대되지?

그럼 곧 보자고. 항상 고마워. 끝

게 진행상황도 확인할 수 있습니다.

이처럼 일상적인 업무에 이메일을 적극 활용하면 더 부드럽고 효율적으로 업무를 진행할 수 있습니다. 위의 사례는 지금까지 설명한 사항을 적용해 작성한 이메일 내용입니다.

❷ 협조문서 용도로 이메일 활용하기

과거에는 부서 간 업무 협조를 요청할 때 주로 '협조전'이라는 문서를

사용했습니다. 이메일이 보편화되면서 이제는 협조전 대신 이메일을 많이 활용합니다. 팀 간 업무 협조가 필요할 때 양쪽 팀 팀장을 참조(Cc)에 넣어서 업무 담당자에게 이메일을 보내는 식이죠. 이런 이메일은 공식 협조 요청 문서로 인정받을 수 있습니다. 다만 협조 요청용 이메일을 활용할 때 주의할 점이 있습니다. 무엇보다 표현에 예의를 갖춰야 하고, 내용은 간결 명확하고 상대방이 요청내용을 쉽게 이해하도록 작성해야 합니다. 그렇지 않으면 상대방의 오해를 일으키거나, 나아가 불필요한 마찰이나 갈등의 원인이 될 수 있습니다.

❸ 회의록 공유에 이메일 활용하기

과거에는 회의가 끝나면 회의록을 작성해 회람하고, 참석자의 서명을 받았습니다. 현재는 대부분 기업에서 회의가 끝나자마자 이메일로 회의록을 배포하는 방식으로 전환되고 있습니다. 이런 경우 회의가 끝나면 즉시 정리한 회의록을 참석자 전원에게 이메일로 공유하고, 필요하면 참석하지 않은 이해관계자도 참조에 포함시켜 공유하면 좋습니다. 이 방식은 신속한 정보 공유와 기록 보관이라는 측면에서 매우 효율적이며, 논의의 연속성과 책임 분배 측면에서도 긍정적인 역할을 합니다.

❹ 협상용노도 이메일 활용하기

협상은 서로 주고받은 기록을 명확히 남기는 것이 매우 중요합니다. 하지만 매번 공식적인 내용증명을 주고받기 어려우므로 최근에는 협상이 끝난 후 주요 내용을 이메일로 정리해 주고받는 방식을 많이 활용합니다. 협상과정 중에 상호 제안사항이나 조건을 이메일로 교환하는 경우도 많죠. 이 방식은 특히 논의 흐름을 구조화하고, 불필요한 오해를 줄이는 데 효과적입니다. 중소기업에서는 협상 관련 이메일을 대표가 직접 작성·발송하기도 하지만, 대기업에서는 대부분 해당 부서의 팀장이나 본부장이 이 업무를 담당합니다.

협상용 이메일은 특히 표현 하나하나에 주의를 기울여야 합니다. 본문에 포함된 문장이나 첨부문서의 표현이 자칫 잘못 해석될 수 있기 때문이죠. 따라서 불필요한 오해가 생기지 않도록 문맥과 뉘앙스까지 세심하게 조율해야 합니다. 상대방에 대한 기본적인 예의와 존중의 태도를 지켜야 하고 상대가 쉽게 이해하도록 내용을 구성해야 합니다. 각 제안의 근거와 논리가 분명하게 드러나도록 정리하는 것도 중요합니다.

──────────── 협상용 이메일 사례 ────────────

수신 : 오정수 팀장님
발신 : 박정수 과장
제목 : [파라유통] A 상품 유통 재계약 관련 당사 의견 공유

팀장님! 안녕하십니까? ㈜파라유통의 유통사업팀 박정수 과장입니다. 항상 많은 도움 주셔서 감사합니다. 연말이 되니 많이 바쁘시지요?

A 상품 재계약 관련해서 저희 회사의 입장을 아래와 같이 정리해서 공유를 드립니다. 잘 검토를 부탁드립니다.

1. 먼저 품질 좋은 A 상품을 잘 만들어 주셔서 당사와 귀사가 함께 성장할 수 있었던 것 같습니다. 항상 감사드립니다.

2. 저희 회사는 A 상품을 성공시키기 위해서 10억의 마케팅비를 2년 동안 사용을 하였고, 그로 인해서 좋은 성과를 많이 거둔 것은 ㈜장길산에서도 공감하실 수 있을 것 같습니다. 이로 인해서 당사는 매출액 대비해서 수익이 좋지 못한 상황입니다.

3. 이러한 이유로 금번 재계약 관련해서 당사로서는 서로 Win-Win할 수 있도록 기존 조건 그대로 계약이 연장되길 희망하고 있습니다. 계약금 대신에 계약금에 해당하는 비용을 향후 마케팅비로 활용을 할 수 있도록 하고 싶습니다.

금번 재계약이 당사와 ㈜장길산이 함께 더욱 크게 성장하는 기회가 될 수 있으면 합니다. 편하게 검토하시고 의견 주십시오.

항상 많은 도움 주시는 팀장님께 다시 한번 감사드립니다.

그럼 즐거운 하루 되십시오. 감사합니다. 끝

위의 사례는 상품 유통 재계약과 관련한 협상내용을 담은 이메일입니다. 실전에서 협상 이메일을 작성할 때 참고하면 도움이 될 것입니다.

❺ 온라인 마케팅에 이메일 활용하기

거의 10년 전 스타트업을 창업한 초기였습니다. 제가 아웃바운드 영업에 이메일을 활용하면 어떨까 하는 생각으로 100개 업체에 이메일을 보냈는데 그중 10개 업체가 반응해 좋은 사업성과를 낸 적이 있었습니다. 당시 보낸 이메일의 대략적인 내용은 다음 쪽 사례와 같습니다.

이 사례처럼 영업을 위한 이메일 제목에는 수신업체 담당자가 가장 와닿을 만한 키워드가 들어가야 하고, 본문에는 해당 담당자의 욕구, 두려움, 상황을 반영한 핵심 포인트가 들어가는 것이 좋습니다. 많은 영업사원이 고객사에 이메일로 회사소개서만 달랑 보내곤 하는데, 사례처럼 이메일에 핵심 키워드와 핵심 포인트를 반영하면 고객 반응률을 높일 수 있습니다.

──── **온라인 마케팅 이메일 사례** ────

[OOO] 신개념 온라인 가구배송 서비스 〈OOO 배송〉 안내

안녕하십니까? OOO 배송의 OOO 이사입니다.

OOO 배송은 가구사에서 배송 의뢰만 PC나 스마트폰으로 지정해 주시면, 2인 1조 표준화된 가격으로, 정확한 기간 내에 전국 배송을 해드리는 서비스입니다.

많은 가구사들에게 입소문이 나서 급속도로 배송량이 증가하고 있는 업체입니다. ○○○, □□□, △△△ 등 다양한 온라인 판매사가 활용하고 있습니다. 배송이 내재화된 회사도 배송물량에 따라 저희 서비스를 많이 활용하고 있고, 특히 전국 배송에 강점이 있습니다.

1. 사고가 많은 가구 배송을 5~10년 된 베테랑 시공기사들을 2인 1개조로 구성해 안정적으로 운영하고 있습니다.

2. PC나 스마트폰으로 배송 의뢰만 하시면 고객에게 중간중간 알림이 가고 편리하게 배송이 진행됩니다.

3. 배송이 완료되면 알람이 오고, PC나 스마트폰을 통해서 설치사진까지 편리하게 확인하실 수 있습니다.

4. 전국에 5개의 물류센터를 운영하고 있어서 정해진 기간 내에 저렴한 비용으로 전국 배송을 할 수 있습니다.(용인, 대구, 양산, 세종, 광주 운영, 도서, 산간, 제주도 제외)

(중략)

자세한 사항은 첨부의 서비스 소개서와 표준견적서를 참조하시기 바랍니다.

첨부 : 1. OOO 배송 소개자료 1부.
      2. 표준견적서 1부. 끝.

전화문의 : OOO-OOOO-OOOO
메일문의 : OO@OOOO.co.kr
카톡아이디 :

편하게 검토해 보시고 혹시 필요하시면 메일이나 전화, 문자 주시면 바로 연락드리고 찾아뵙겠습니다.

감사합니다. 많은 애용 부탁드립니다.

OOO 배송 OOO 드림

이메일 공지문 보낼 때 유의할 점

이메일로 공지문을 보낼 때는 '한번 발송된 이메일은 회수가 어렵다'는 점을 꼭 유의해야 합니다. 물론 내용 오류를 정정하는 이메일을 다시 보낼 수는 있지만, 그럴 경우 업무 신뢰도를 떨어뜨리거나 주의력이 부족하다는 인식을 줄 수 있습니다. 따라서 이메일로 공지문을 보내기 전에는 내용을 충분히 검토해 맞춤법이나 표현 오류가 없는지 꼼꼼히 확인하는 노력이 필요합니다. 이러한 위험을 줄이기 위해 공지문 자체는 그룹웨어나 사내 게시판에 등록하고, 이메일에는 공지문이 게시된 공간의 링크만 기재하는 방식을 사용하는 경우도 많습니다. 이러면 내용에 오류가 있어도 공지문만 수정하면 되므로 관리 측면에서 효율적입니다.

004
현명한 리더의 이메일 활용술

　이메일 작성역량은 제가 실무자에서 리더로 올라서는 데 큰 도움이 됐습니다. 많이 쓰다 보니 저는 이메일을 말하는 속도로 작성하는 역량이 생겼습니다. 사실 회사의 의사결정 사항은 대부분 이메일만 잘 써도 보고서 없이 대응할 수 있습니다. 리더가 구성원에게 건이 1페이지 보고서를 요구하지 않고 이메일로 빠르게 대응하게 해 준다면 일 처리가 상당히 빨라지지 않을까요? 저는 이메일을 잘 쓴다는 차별화된 역량이 있었기에 리더가 된 후에도 이를 적극 활용했습니다.

　저는 경영회의 등 주요 회의에 들어가면 바로 이메일 창을 열고 회의록을 작성합니다. 회의내용을 이메일로 요약해 회의가 끝나자마자 관련 팀장들에게 전달하죠. 이러면 정보 공유가 잘 돼서 다음에 제가 어떤 일을 진행하려 할 때 의도를 설명하는 시간이 확 줄어 듭니다. 회의에서 이메일로 회의내용을 미리 숙지한 팀장이 "본부장님! ○○ 건 때문에 회의를 하시려는 거죠?"라는 말을 먼저 꺼낼 때도 많습니다.

조직에는 간혹 '이 일은 저에게 시키지 마세요'라는 눈빛을 풍기며 암묵적인 방어선을 치는 실무자가 있습니다. 이들에게 구두로만 업무를 전달하면 오해가 생기기도 하고, 명확한 납기일을 지정하기도 어려운 경우가 많습니다. 저는 이런 경우 먼저 회의에서 충분히 논의한 후 회의 내용을 간단히 이메일로 정리해서 보내는 방식을 활용합니다. 예를 들면 이런 식이죠.

예)
오늘 논의한 내용 정리해 드립니다.
· A 작업은 5월 10일(금)까지 완료 부탁드립니다.
· B 자료는 5월 12일(일) 오전까지 정리해 주시면 좋겠습니다.
관련해 추가로 조율할 부분이 있다면 말씀 주세요.

그런 다음 전체 일정 중간쯤 리마인드 이메일을 보내거나, "점심시간 끝나고 잠깐 차 한잔 하면서 이야기 나눌까요?" 식으로 부드럽게 분위기를 전환하며 진척상황을 점검할 수도 있습니다.

이메일은 단순한 의사전달 수단이 아니라 기록으로 남는 문서입니다. 같은 말이라도 문서로 남기면 무게감이 생기고, 나중에 업무 확인이나 소통 책임을 명확히 하는 데 큰 도움이 됩니다. 나중에 누군가 '그때는 이렇게 말하지 않았느냐'고 할 때 주고받은 이메일을 검색해서 보여주면 됩니다. 이러면 상대방도 더 할 말이 없으니 '아, 죄송합니다' 하며 상황이 종료됩니다. 그래서 저는 항상 '말로 설명하는 동시에 이메일로 정리해 보낸다'라는 2가지 소통방식을 병행합니다. 손가락이 조금 피곤한 대신 커뮤니케이션 오류 없이 일을 명확히 처리할 수 있다면 훨씬 낫지 않을까요? 이메일을 자주 작성하면 자연스럽게 글쓰기 실력도 늡니다. 메일이든 보고서든 글을 자주 써야 표현력도, 정리하는 힘도 길러집니다. 여러분도 꾸준히 이메일 쓰는 연습을 해 보기 바랍니다. 업무속도, 정보 공유, 지시의 명확성 등이 동시에 올라가 리더가 됐을 때 분명 도움이 될 것입니다.

005
회의는 집단지성 효과를 발현하는 현장

 기획서를 작성한다면서 무작정 컴퓨터부터 켜고 멍 하니 화면만 바라보는 실무자가 많습니다. 막상 쓰려고 하니 어디서부터 시작해야 할지 몰라 그러는 것이죠. 주로 초보 실무자들이 많이 보이는 모습입니다. 또 다른 팀이나 실무자와 소통하지 않고 혼자 기획서를 만들고 발표까지 준비하는 실무자도 있습니다. 그렇게 혼자 해내야 기획력을 인정받는다고 생각하기 때문이죠. 하지만 기획과정에서 다양한 관점이 반영되지 않으면 결과적으로 좋은 기획이 되기 어렵습니다. 상사도 자기 의견이 전혀 반영되지 않으니 답답함을 느낄 수밖에 없죠. 이러면 결국 '기획력이 좋은 사람'은커녕 '소통이 되지 않는 사람'이라고 평가받을 수 있습니다.
 위와 같은 상황들이 생기는 핵심 이유는 '문제해결을 위한 정보와 관점이 부족해서'입니다. 기획은 곧 문제해결 과정이기 때문에 다양한 시각에서의 재료가 부족하면 진도를 나가기 어렵고, 막막한 기분이 들 수밖에 없습니다. 이럴 때 가장 도움이 되는 것이 바로 '회의'입니다. 회의를 통해 이해관계자들의 다양한 관점을 듣고, 각자의 머릿속에 있는 정보나 경험을 끌어낸다면 훨씬 입체적인 문제 정의와 해결책 도출이 가능해집니다.

회의는 집단지성의 기술

세종대왕은 회의를 매우 중시했습니다. 중요한 정책을 만들 때 서로 의견이 상반된 신하들을 일부러 함께 참여시켜 끝장토론을 벌였다고 합니다. 서로 다양한 관점에서 격렬하게 토론하게 한 뒤 의견이 좁혀졌을 때 이를 정리해 정책으로 발표했다고 하죠. '한 사람의 시각에 의존하지 않고 다양한 관점을 통해 최선의 방안을 찾아내는 것'이라는 회의의 본질을 잘 보여주는 역사적 사례입니다.

회의는 흔히 말하는 '정-반-합' 구조의 변증법적 사고를 실현하는 현장입니다. 모든 문제에는 상반된 입장이나 시각이 존재하는데, 회의를 통해 서로 다른 생각들을 통합하고 새로운 대안을 창출할 수 있습니다. 제가 경험한 사례를 하나 소개하겠습니다. 예전 직장에서 '입사 당일에 이탈하는 신입사원을 줄이는 방법'에 대해 회의를 한 적이 있었습니다. 여러 의견이 오가던 중 '입사 당일 신입사원 집 앞으로 택시를 보내자'는 의견이 나왔습니다. 이에 대해 '좋은 의견이다'라는 동의가 있는 반면, '제때 시간 맞춰서 택시를 보내는 게 가능하겠냐'는 부정적인 의견

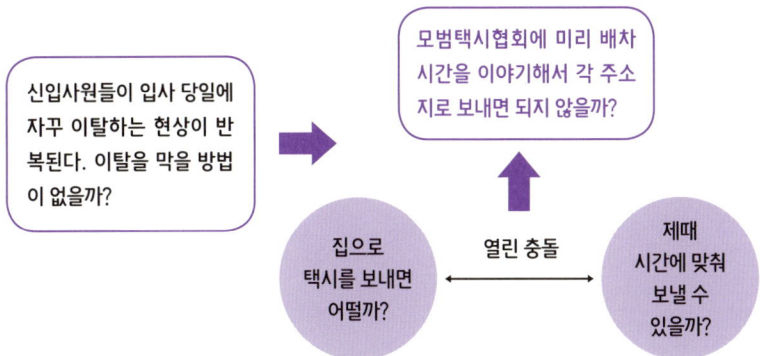

도 만만치 않았습니다. 결국 갑론을박 끝에 '모범택시를 활용하자'는 의견으로 정리됐고, 실제로 그 안대로 실행한 결과 입사 당일 신입사원 전원 출근이라는 성과를 만들 수 있었습니다.

조직에서는 같은 사안을 전혀 다르게 보는 사람을 대할 일이 많습니다. 그러므로 항상 여러 가능성을 열어 두고, 리스크도 넓게 고민해 보는 태도가 필요하죠. 누군가는 '내가 다 알아서 하는데 왠 간섭이냐'고 생각할 수 있지만, 업무에서는 리스크를 최소화하며 성과를 내는 것이 중요합니다. 이를 위해 나와 생각이 다른 사람의 의견을 구하고 조언을 듣는 것은 부끄러운 일이 아니죠. 더 나은 기획의 품질을 위해 협력하고 의견을 수렴하는 것이야말로 진정한 기획자의 자세입니다.

006
회의 준비는 보고서보다 '토의목록'으로

초보 기획자들은 회의 전에 보고서 형식의 회의자료를 만드는 데 공을 많이 들입니다. 그러다 보니 시간도 많이 걸리고, 정작 회의에서 보고서에 빠져 있는 중요한 안건이 나오면 논의조차 못하게 되곤 하죠. 회의자료는 회의에서 중요 안건이 골고루 빠짐없이 논의되도록 만드는 것이 중요합니다. 따라서 처음부터 정식 보고서를 준비하기보다는 다음과 같은 토의목록을 만들어 활용하는 것이 더 효과적입니다.

토의목록 예시

구분	추진(안)	주요 이슈	근거/기타	비고
도입방법	• 임원은 스톡옵션 부여 • 구성원은 우리사주 부여	• 스톡옵션은 주식보상 비용 발생	• A 사 우리사주 전체 주식 수 10% 부여	
부여가격				

토의목록 작성방법은 다음과 같습니다.

① **추진(안)** : 자신이 생각하는 추진안을 간략하게 정리합니다.
② **주요 이슈** : 해당 안을 추진할 때 예상되는 문제점이나 보완할 사항을 정리합니다.
③ **근거/기타** : 유사 사례나 참고할 만한 외부 정보. 관련 데이터를 함께 기록하면 설득력이 높아집니다.

예전에 저는 2개 회사 경영을 동시에 맡고 있는 대표와 일한 적이 있었습니다. 그 대표는 제가 일하는 회사에 2주에 한 번꼴로 와서 중요 의제에 관해 회의를 하곤 했습니다. 한 번은 회의에서 제가 준비한 '스톡옵션 제도' 관련 보고는 잘 마쳤는데 막상 그와 관련한 중요 의사결정 요청은 하지 못하는 일이 생겼습니다. 결국 대표가 다시 회사에 오기까지 2주를 더 지체할 수밖에 없었죠. 그래서 저는 그 다음 회의에서는 '경쟁사 운영현황 대비 자사의 적정 스톡옵션 부여규모는?' 등과 같은 토의목록을 미리 준비해 대표와 그 목록을 함께 보면서 회의를 진행했습니다. 그 결과 대표가 회의자리에서 적정 규모를 결정했고, 그 내용을 정식 보고서에 반영함으로써 더 이상 지체하지 않고 논의를 마무리할 수 있었습니다.

이 사례처럼 토의목록은 실질적인 의사결정을 이끄는 데 매우 유용한 도구가 될 수 있습니다. 형식은 단순해도 토의목록 역시 일종의 보고서입니다. 회의자료는 1페이지 또는 파워포인트 보고서 형식으로 만들어야 효과적이라는 고정관념은 버릴 필요가 있습니다. 토의목록 형식은 앞 예시와 유사한 형태도 좋고 더 단순하게 목차만 적는 형식도 괜찮습니다. 혼자 하는 것이 아닌 여러 명이 협업하는 일이라면 반드시 토의 목록을 이용해 의견을 나누는 과정이 필요합니다.

007
회의록,
쉽게 쓰고 효과적으로
활용하는 법

회의록의 2가지 역할

회의록은 주니어 실무자가 단순히 회의내용을 정리하기 위해 작성하는 문서가 아닙니다. 저는 시니어일수록 다음 2가지 용도를 위해 회의록을 꼭 써야 한다고 생각합니다.

첫 번째 용도는 회의록을 향후 기획서나 보고서 작성의 참고자료로 쓰기 위해서입니다. 두 번째 용도는 회의 후 이해관계가 엇갈리는 상황에서 회의록을 근거자료로 쓰기 위해서입니다. 회의록이 나중에 이해관계자들이 서로 '회의에서 그렇게 말하지 않았다'고 하는 상황을 예방하는 명확한 증빙역할을 할 수 있기 때문이죠.

이해관계가 분명히 나뉘는 회의일수록 반드시 회의록을 남겨야 합니다. 예전에 제가 고객사 시스템을 만들어 주는 IT회사에서 근무했을 때 이런 일이 있었습니다. 당시 2명의 프로젝트 매니저(PM)가 각기 다른 프로젝트를 맡고 있었습니다. 첫 번째 PM은 성격이 좋아서 프로젝트에 관한 고객사의 추가 요청을 대부분 수용해 줬습니다. 그러다 보니 프로젝트 업무범위가 크게 늘어났고, 결국 원래 흑자였던 프로젝트가 적자로 전환되고 말았습니다. 더 큰 문제는 고객사와의 회의에서 나온 추가 요청사항을 문서화하지 않고 구두로만 주고받았다는 것이었습니다. 그 PM은 나중에 적자를 메우려고 고객사에게 추가 요청사항을 포함한 재계약을 요구했지만 문서화된 기록이 없다는 이유로 거절당하고 말았습니다.

반면에 두 번째 PM은 원래 적자였던 프로젝트를 맡았습니다. 그 역시 고객사에게서 다양한 추가 요청을 받았고, 그 요청 하나하나를 회의록으로 정리하고 서명을 받아 두었습니다. 시간이 지난 후 그 PM은 고객사에게 회의록을 첨부해 추가 요청이 많았으니 재계약을 검토해 달라고 했습니다. 그간의 요청사항을 정리한 회의록을 첨부하자 결국 고객사가 그 요구를 수용했고, 결과적으로 해당 프로젝트는 흑자로 전환될 수 있었습니다.

프로젝트를 기반으로 일하는 PM, PMO(사업관리), PL, 컨설턴트에게 범위관리, 회의록 관리는 목숨줄과 같습니다. 회의록은 다르게 말하면 '회의결과를 정리해서 딴말 못하게 하는 문서'입니다. 위의 사례처럼 협업할 때는 서로 다른 이해관계로 인해 커뮤니케이션 내용이 은근히 변경되기도 하므로 회의록 정리가 무엇보다 중요합니다.

회의록 쓸 때 도움되는 실전 팁

회의록을 작성할 때 몇 가지 항목으로 기본 틀을 잡으면 훨씬 정리도 잘 되고 전달력도 높아집니다. 사안마다 다를 수 있지만 보통 다음 4가지 항목으로 나눠 작성하는 방법을 추천합니다.

① 회의안건
② 세부 논의사항
③ 결정사항
④ 향후 진행/논의사항 또는 Action item

두 번째 항목인 세부 논의사항은 말 그대로 회의에서 누가 어떤 이야기를 했는지를 남기는 부분이므로 가급적 발언자 이름까지 함께 적는 것이 좋습니다.
예) ○○ 안건은 A 안대로 진행하는 것이 좋겠음 (○○○ 팀장)

만약 시간이 부족하거나 회의 결정사항만 빨리 정리하고 싶다면 '② 세부 논의사항'은 생략하고 '③ 결정사항'과 '④ 향후 진행/논의사항'만 기록해도 괜찮습니다. 특히 '③ 결정사항'은 중요한 항목이므로 반드시 기록하는 게 좋습니다. 참고로 저는 회의록 마지막에 꼭 이런 문구를 넣습니다.
'특별한 이견이 없으면 이대로 진행하도록 하겠습니다.'
회의록을 정리해서 이메일로 보내면 아무 피드백도 없을 때가 있지 않나요? 그럴 때 이 문구를 넣으면 회의록을 받은 사람들이 빨리 피드백하게 하는 효과가 있습니다. 또 혹시라도 며칠 동안 피드백이 없어서 회의록 내용대로 진행하더라도 책임소재를 명확히 할 수 있습니다. 예를 들어 "회의록에 분명히 '이견 없으면 그대로 진행한다'고 말씀드렸고, 팀장님께서 며칠 간 아무 피드백도 주시지 않아서 그대로 진행한 겁니다"라고 말할 근거가 생기는 것이죠. 다음은 위의 팁들을 적용해 작성한 회의록 이메일 예시입니다.

──────── 4가지 작성 팁을 반영한 회의록 이메일 사례 ────────

〈기술이력관리 시스템 구축 회의록〉

일시 : 20××.12. 5(수) 14:00
장소 : 3층 1회의실
참석자 : 홍길동, 장길산, 임꺽정, 전우치(총 4명)

1. 회의안건
  − 기술이력관리 시스템 구축방안 논의

2. 세부 논의사항
  − 기술이력관리 시스템에는 기술 분류가 코드로 반영될 필요가 있음(홍길동)
  − 프로젝트 수행경험에 대한 세부 내용이 기술이력관리 시스템에 반영되면 좋을 듯함(장길산)
(중략)

3. 결정사항
  − 기술이력관리 시스템에 보유 기술, 프로젝트 수행경험을 반영하기로 정보시스템팀과 합의

4. 향후 진행/논의사항
  − 기술 분류 코드는 반영하는 것으로 정하되, 구체적인 분류(안)이 나오면 한 번 더 논의함

특별한 이견이 없으시면 이대로 진행하도록 하겠습니다.

요즘은 업무 생산성 향상에 도움이 되는 AI 도구가 많습니다. 회의록도 이런 도구를 조합해 활용하면 보다 손쉽게 작성할 수 있습니다. 예를 들어 노트북 녹음기를 활용해 녹취한 회의내용을 클로바노트 같은 서비스를 활용해서 텍스트 형식으로 바꿀 수 있습니다. 그런 뒤에 ChatGPT 등의 생성형 AI에게 앞서 언급한 4가지 항목에 맞춰 요약 정리해 달라고 하면 빠른 시간에 회의록을 작성할 수 있습니다(344쪽 참조).

6장

비즈니스 성공을 위한 사업계획서

001
'사업목적과 미션', 사업계획서의 출발점

　사업계획서는 앞으로 추진하려는 사업의 내용을 체계적으로 정리한 문서입니다. 이 문서에는 사업의 방향은 물론, 인력 운영계획이나 예산계획 등 주요 요소들이 포함됩니다. 기존 회사라면 보통 3년 단위의 중장기 사업계획서, 연간 단위의 사업계획서, 각 부서별로 수립하는 세부 사업계획서 등을 작성합니다. 또 기존 사업범위 내에서 새로운 프로젝트를 추진할 때 작성하는 계획서가 있을 수 있습니다. 벤처기업이나 스타트업의 경우 투자 유치 목적의 사업계획서(IR 자료)를 별도로 작성하기도 합니다. 이 외에 특정 기관이나 기업에 사업을 제안하기 위해 사업제안서 형태로 작성하는 사업계획서도 있습니다.

　사업계획서는 작성목적과 활용 대상에 따라 항목 구성과 강조점이 달라질 수 있습니다. 반면에 모든 사업계획서는 미션, 비전, 전략, 실행계획, 예산, 인력 등의 요소를 사전에 정리함으로서 사업을 보다 체계적으로 준비하게 도와주며, 예상되는 위험요소를 미리 검토하고 대응책을 마련하게 해 준다는 공통점이 있죠. 즉, 사업계획서는 사업 리스크를 줄이고 실행력을 높이기 위한 필수적인 기획문서라고 할 수 있습니다.

미션 및 비전 수립방법

비즈니스 성공 여부는 '아웃풋 이미지'의 선명도에서 갈린다고 할 수 있습니다. 아웃풋 이미지란 '내가 만들고자 하는 결과물의 구체적인 모습'입니다. 이 이미지가 뚜렷할수록 기획 방향성도 명확해지고 설득력도 높아집니다. 실제로 성공한 많은 기업이 대부분 처음부터 구체적인 비전을 그리고, 그것을 이루기 위한 전략과 실행계획을 차곡차곡 쌓아 올렸습니다.

사업계획서의 가장 중요한 출발점이 바로 아웃풋 이미지인 '목적(추진배경)'과 '미션'을 명확히 하는 것입니다. 우리가 이 일을 왜 하려고 하는지, 무엇을 이루고 싶은지를 분명히 하지 않은 상태에서는 설득력 있는 전략이나 실행계획을 세우기도 어렵습니다. 몇 가지 사례를 통해 미션의 중요성을 확인해 보겠습니다.

❶ 사례 1 : 버진그룹 리처드 브랜슨의 미션에 대한 설명

버진그룹 창립자 리처드 브랜슨은 '우리가 왜 존재하는지 잘 알고 있는 것이야말로 위대한 성과의 출발점'이라고 강조합니다. 그는 버진 브랜드의 목적을 이렇게 설명합니다. '우리는 고객이 지불한 돈에 걸맞은

미션·비전·전략·계획의 의미

미션	세상에 주는 가치
비전	구체적으로 묘사한 중장기 목표, 꿈
전략	비전 달성을 위해 현재와의 차이를 메우기 위한 선택과 집중
계획	전략을 수행하기 위한 세부 실행계획

우수한 가치를 다양한 방식으로 제공함으로써, 고객이 삶을 더 즐기고 행복해지도록 돕는 것을 목표로 삼고 있다.'

이처럼 고객 중심의 분명한 목적의식은 기업 전체의 방향성을 결정 짓는 중요한 기준이 됩니다. 위의 표는 사업계획서의 가장 중요한 구성요소인 미션-비전-전략-계획이 무엇을 내포하는지 설명하고 있습니다.

표 내용처럼 '미션'은 비전의 상위 개념입니다. 이 조직 또는 개인이 왜 태어나서 세상에 무엇을 남길 것일지가 바로 사명이고 미션이죠. 다른 말로는 '세상에 주는 가치(부가가치)'가 바로 미션입니다. 이런 미션은 사람들이 자기 인생의 사명과 자아실현을 회사와 매칭할 수 있게 하고, 돈으로 살 수 없는 동기부여와 몰입, 주인의식을 갖게 합니다. 미션의 하위 목표로 '비전'이 존재하며, 그 비전을 달성하기 위해 어디에 집중할 것인가가 '전략'이 됩니다. 그 전략을 실행하기 위해서 세우는 것이 '계획(실행계획)'입니다.

❷ 타이레놀 독극물 사건 사례에서 보는 미션의 중요성

타이레놀 독극물 사건은 기업 미션의 중요성을 보여주는 대표적인 사례입니다. 1982년, 미국에서 타이레놀을 복용한 사람 중 7명이 사망하는 충격적인 사건이 발생했습니다. 수사 결과 외부인이 타이레놀 캡슐에 독극물을 넣은 것으로 밝혀졌고, 제약사인 존슨앤드존슨의 직접적인 과실은 없었습니다. 그럼에도 불구하고 존슨앤드존슨은 자체적으로 소비자 경보를 발령하고, 원인이 완전히 밝혀질 때까지 제품을 절대 복용하지 말라는 메시지를 대대적으로 알렸습니다. 결국 이 기업은 약 1조 원에 가까운 손실을 감수하면서 전국의 타이레놀 제품을 빠른 시간 내에 자발적으로 회수했습니다.

기업 입장에서 큰 손해를 감수하는 결정이 가능했던 이유는 바로 이들의 미션인 '우리의 신조(Our Credo)'가 조직 내에서 실제로 작동하고 있었기 때문입니다. 존슨앤드존슨은 고객의 건강과 안전을 무엇보다 우선하는 기업 철학을 바탕으로, 단기적인 손실보다 신뢰와 책임을 지키는 장기적 가치를 선택한 것이죠. 그 결과 존슨앤드존슨은 국민 신뢰라는 더 큰 자산을 얻게 됐습니다.

빠른 미션 수립을 위한 기준표

미션을 세웠다면 사업계획서의 반을 완성했다고도 볼 수 있습니다. 그만큼 미션 세우기가 어렵다는 의미인데, 제가 만든 다음 4단계 미션 수립 지원표를 활용해 정리하면 도움이 될 것입니다.

──── 4단계 미션 수립 지원 표 ────

어떤 주제로	어떤 방식으로	누구에게	어떤 가치를 제공한다
영화, 음악, 공연예술, 방송, 드라마, 유튜브, 자동차, 기계, 로봇, 소프트웨어, 전자제품, 컴퓨터, 인공지능, 플랫폼서비스, 인터넷, 통신, 인테리어, 가구, 지리, 기후, 환경, 동물, 인간, 식물, 건축, 토목, 부동산, 각종 자원, 에너지, 신소재, 스포츠, 정치, 외교, 스타트업, 사업기획, 요리, 식음료, 역사, 고고학, 철학, 심리학, 세계 문화, 디자인, 조형, 공예, 미술, 사진, 법률가, 경찰, 행정, 사회복지, 봉사, 유아 교육, 학교 교육, 자기계발, 평생 교육, 게임, 만화, 웹툰, 예능, 유머, 연기, 언론, 시민단체, 사회운동, 패션, 피부, 화장품, 잡화, 액세서리, 미용, 소설, 시, 수필, 출판, 편집, 종교, 수학, 물리학, 화학, 의학, 제약, 바이오, 동물, 광고, 홍보, 육군, 해군, 공군, 여행, 레저, 생활용품, 가전제품, 뷰티, 의류, 재테크, 투자, 주식, 은행, 재무, 회계, 천문, 우주, 항공, 기타	기획하여, 디자인하여, 만들어, 판매하여, 알려, 관리하여, 융합하여, 서비스하여, 도와서, 표현하여, 작품을 창조하여, 연구하여, 발견하여, 가르쳐, 달성하여, 치료하여, 분석하여, 연기하여, 경기하여, 요리하여, 건설하여	전 세계에, 사람들에게, 국민에게, 사회에, 가족에, 나에게, 시민들에게	즐거움을 제공한다. 편리함을 제공한다. 올바름을 제공한다. 나눔을 제공한다. 조화로움을 제공한다. 아름다움을 제공한다 지식을 제공한다. 안전함을 제공한다. 자아실현을 제공한다. 행복함을 제공한다.

다음은 위의 표 내용을 이용해 작성한 미션 예시입니다. 어디까지나 예시인 만큼 여러분의 의도대로 문장을 잘 다듬어서 활용하기 바랍니다. 기업뿐 아니라 개인의 인생 미션을 세우는 데도 이 예시들을 활용하면 좋습니다.

예)
① 인공지능 소프트웨어를 기획하고 서비스하여, 전 세계에 편리함을 제공한다.
② 사진과 미술을 표현하고 창작하여, 나에게 자아실현과 아름다움을 제공한다.
③ 플랫폼 서비스를 설계하고 운영하여, 사람들에게 정보의 올바름과 편리함을 제공한다.
④ 의료기술과 바이오 솔루션을 연구하고 제공하여, 국민의 건강과 안전함을 지킨다.
⑤ 유아 교육을 기획하고 가르쳐, 사회에 미래 세대의 행복과 조화로움을 키워간다.
⑥ 가구와 인테리어를 디자인하고 제작하여, 세상 사람들에게 아름다움과 조화로움을 선사한다.
⑦ 게임과 웹툰을 창작하고 서비스하여, 전 세계에 즐거움과 창의성의 자극을 준다.
⑧ 사회운동과 캠페인을 기획하고 실행하여, 시민들에게 올바름과 나눔의 가치를 확산한다.

다음 그림처럼 미션을 세우고 나면 나머지 단계인 비전-전략-계획을 세우기가 좀 더 수월해집니다.

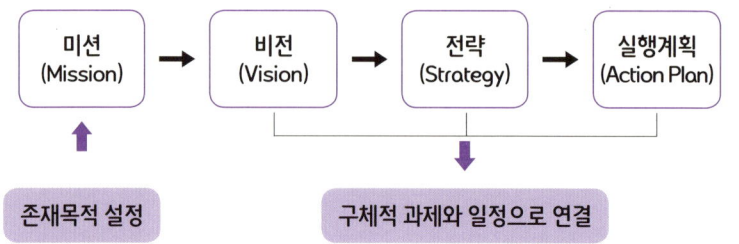

002
잘 작성된 사업계획서의 3가지 요건

❶ 한눈에 이해돼야 합니다

잘 만든 사업계획서의 중요 기준 중 하나는 '무엇을 하려는지 즉각적으로 이해할 수 있어야 한다'는 점입니다. 엘턴 셔윈의 책 《세상에서 가장 강력하고 간결한 사업계획서》에는 실리콘밸리에서 실제로 벌어지는 흥미로운 사례가 소개돼 있습니다. 그곳에서는 사업 아이디어를 논의할 때, 냅킨에 제품 구상을 스케치하거나 명함 뒷면에 현금 흐름을 간단히 적는 일이 일상적으로 이뤄지는데, 이를 '냅킨 분석(Napkin Analysis)'이라고 부릅니다. 이처럼 비즈니스 현장에서는 길고 복잡한 설명보다는 짧은 시간에 상대방이 바로 이해할 수 있는 명확하고 간결한 계획이 훨씬 더 중요합니다. 엘턴 셔윈은 이를 바탕으로 '45초 비즈니스 플랜'이라는 개념을 제시합니다. 새로운 사업이나 제품 아이디어가 있다면 다음 7가지 핵심 질문에 명확히 답할 수 있어야 한다는 개념입니다.

① 제품이나 서비스는 무엇인가요?

② 누가 고객인가요?

③ 누가 그것을 판매하나요?

④ 실제로 얼마나 많은 사람들이 구매할까요?

⑤ 비용은 얼마나 들며, 그 재원은 어떻게 확보하나요?

⑥ 가격은 얼마로 책정할 예정인가요?

⑦ 손익분기점은 언제 도달할 수 있을까요?

이 7가지 질문에 명료하게 답할 수 있다면 그 아이디어는 명확한 구조와 방향을 갖춘, 실행 가능한 사업계획이라고 볼 수 있습니다.

❷ 충분한 자료 수집과 분석이 돼 있어야 합니다

사업계획서는 막연한 감이나 감성적인 주장보다는, 자신이 추진하려는 사업이나 만들고자 하는 상품·서비스에 대해 충분한 시장 조사와 자료 수집, 분석이 담겨야 더 큰 설득력을 가집니다. 인구통계학적 조사, 경쟁사 분석, 샘플 조사, 포커스 그룹 인터뷰(FGI), 사용자 편의성 테스트 등이 사업계획서의 주장을 뒷받침하는 구체적인 근거가 됩니다. 특히 고객 니즈와 경쟁제품·조직의 세부적인 분석이 중요합니다. 이들 분석 대상에 관한 이해가 깊을수록 시장에서의 포지셔닝이나 전략을 훨씬 명확하게 세울 수 있고, 실행 가능성도 높아집니다.

❸ 실현 가능한 전략과 구체적인 계획이 담겨야 합니다

사업계획서에 멋진 아이디어만 잔뜩 나열하는 경우가 많습니다. 성공적인 사업계획서는 누구나 쉽게 이해하고, 실행 가능성이 뚜렷한 계획을 담아야 합니다. 사업계획서를 검토하는 사람은 대부분 수많은 사업계획서를 보아온 전문가들입니다. 그렇기 때문에 장황하거나 모호한 표현은 오히려 설득력을 떨어뜨릴 수 있습니다. 간결하면서 실현 가능성이 있는 내용, 누가 보아도 실행할 수 있을 것 같은 전략이 담긴 사업계획서가 실제로 더 좋은 평가를 받습니다. 또한 매출, 이익, 비용, 인력 등의 추정수치는 구체적인 근거를 바탕으로 제시돼야 하며, 이 수치들이 현실에서 납득할 만한 수준이어야 합니다. 예측이 어려운 경우에는 최선의 시나리오와 최악의 시나리오를 나누어 제시하는 방식도 효과적입니다. 이 방식은 계획의 신뢰도를 높이고, 리스크 관리에 관한 준비가 돼 있다는 인상을 줄 수 있습니다.

003
'가치 & 실행 가능성', 비즈니스 모델의 핵심

비즈니스 모델 구상 8가지 핵심 원칙

비즈니스 모델을 구상할 때는 단순한 아이디어에 머물지 않고, 다음과 같은 핵심 질문들에 명확하게 답할 수 있어야 합니다. 이 질문들은 비즈니스 가치를 검토하고 실행 가능성을 높이는 데 중요한 기준이 됩니다.

❶ 과연 이 비즈니스는 가치 있는 일인가?
인터넷 활성화 이전에는 PC통신인 천리안이 주목받았지만, 이후에는 다음과 네이버가 더 높은 가치를 창출했습니다. 가치란 결국 고객이 진심으로 필요로 하는 것을 제공할 수 있는가에서 시작됩니다.

❷ **모든 이해관계자가 함께 이익을 얻을 수 있는가?**

'스포티파이' 사례처럼 공급자와 소비자, 플랫폼이 모두 윈-윈하는 구조를 갖췄는지 따져 봐야 합니다.

❸ **고객의 욕구와 두려움, 현재 상황을 충분히 고려하고 있는가?**

고객은 단순히 원하는 것뿐 아니라, 불안이나 제약도 동시에 갖고 있습니다. 이들을 함께 들여다봐야 진짜 해답이 보입니다.

❹ **실현 가능성이 있는가?**

아무리 훌륭한 아이디어라도 현실에서 구현되지 않으면 비즈니스로 발전하기 어렵습니다. 토스(Toss)는 처음엔 단순히 '문자 메시지로 송금한다'는 아이디어에서 출발했습니다. 당시에는 금융보안, 송금 인증 등 여러 장벽이 있었기 때문이죠. 이 기업은 규제와 기술문제를 끈질기게 하나씩 풀어가며 사용자 중심의 UX로 시장을 설득해 나갔습니다. 그 결과 토스는 증권, 보험, 대출, 은행업까지 사업을 확장하며 국내 대표 핀테크 플랫폼으로 성장했습니다. 이처럼 아이디어의 참신함 못지않게, 그 아이디어를 실제로 작동하게 만드는 실행력과 실현 가능성이 비즈니스 성공의 핵심이 됩니다.

❺ **지속 가능성이 있는 구조인가?**

비즈니스 성공을 위해서는 단기 수익보다도 지속 가능한 수익구조를 확보하는 것이 훨씬 더 중요합니다. 매달 안정적으로 들어오는 월세 수익과 한 번에 큰 금액이 들어오는 프로젝트 수주 수익 중에서 어떤 게 더 가치 있을까요? 당연히 월세 수익입니다. 지금은 지속 가능한 수익 구조 측면에서 구독·플랫폼 비즈니스의 가치가 높게 평가받습니다. 잘 만들어진 플랫폼은 콘텐츠나 제품을 직접 만들지 않아도 다양한 공급자와 사용자가 스스로 가치를 주고받으며 수익을 창출하기 때문이죠. 비용을 적게 들이고도 더 많은 이익을 내는 구조이기 때문에 비즈니스 모델로서의 강점이 매우 크다고 볼 수 있습니다. 매달 안정적인 현금 흐름도 갖출 수 있어서 레버리지를 일으켜 M&A를 하는 데도 유리합니다.

❻ 기술적인 제약이나 리스크는 없는가?

사업계획은 기술적 타당성과 미래 가능성을 함께 고려해야 합니다. 구글처럼 기술적 리스크를 극복하며 지속적 혁신을 이어간 사례가 있는 반면, 과거 와이브로처럼 국제 표준에서 LTE에 밀려 실패한 사례도 있음을 기억해야 합니다.

❼ 불편하거나 고집스러운 요소는 없는가?

아무리 좋은 아이디어도 사용자에게 불편하거나, 회사가 그런 점을 반영·개선할 만큼 내부적으로 유연하지 않다면 실행과정에서 어려움을 겪게 됩니다.

❽ 사회정의나 윤리경영, ESG(환경, 사회, 지배구조) 가치에 부합하는가?

오늘날의 비즈니스는 단순 수익보다 지속 가능성과 사회적 책임이 더 중요한 가치로 떠오르고 있습니다. 이 기준을 충족하지 못하는 비즈니스는 장기적으로 신뢰를 잃을 수 있습니다.

다양한 비즈니스 모델 예시

비즈니스 모델을 구상할 때 흔히 기술이나 디자인, 트렌드 중심의 '멋진' 아이디어를 떠올리기 쉽습니다. 실제로는 단순하면서도 지속 가능한 상호작용이 일어나는 구조를 만드는 것이 핵심입니다. 즉, 고객과 기업 간에 반복적으로 가치를 주고받을 수 있는 구조를 설계하는 것이 무엇보다 중요합니다. 다음은 각 산업분야에서 이러한 비즈니스 모델을 적용한 사례입니다.

① 성장판에 올라타기

특정 산업의 성장에 맞물려 함께 성장하는 구조입니다. 대표적으로 스마트폰 보급 확대와 함께 성장한 스마트폰 케이스 전문 브랜드 슈피겐코리아, AI 성장에 따라 시장을 확장한 전선(電線)기업 등이 있습니다.

② 오프라인 기반 플랫폼 모델

물리적 기반 시설을 플랫폼처럼 운영하는 모델입니다. 대표적으로 고속도로, 항만 등의 인프라에 투자해 지속적인 수익을 올리는 맥쿼리인프라, 화장품 플랫폼 올리브영, 세탁 플랫폼 크린토피아가 있습니다.

③ 한류 확장형 모델

K-POP, K-드라마 같은 한류 콘텐츠를 기반으로 식품·여행·농업·화장품 등 다양한 산업영역에서 파생가치를 확장하는 모델입니다. 하이브, 삼양식품, 농심, 오리온, 올리브영, 비비고 등이 대표적이죠.

④ 미래 신기술 기반 모델

2차 전지, 수소 경제, 전기차, 자율 주행과 같은 분야에서 선도적인 기술력을 바탕으로 새로운 시장을 만들어가는 모델입니다. 대표적으로 LG에너지솔루션, LG전자, 현대자동차, 쏘카 등을 꼽을 수 있습니다.

⑤ B2BC(Business to Business to Consumer)

서비스는 소비자에게, 수익은 기업에서 받는 구조의 모델입니다. 인성데이터의 퀵서비스 플랫폼이 대표적인데, 고객은 이 서비스를 편리하게 이용하고 실제 비용은 계약된 기업이 부담하는 구조입니다.

004
스타트업 사업계획서(IR) 12가지 작성 노하우

스타트업 창업을 준비하거나 창업했을 때는 IR(Investor Relations) 자료, 즉 사업계획서가 가장 중요합니다. 이 문서로 엑셀러레이터로부터 벤처캐피털(VC) 회사의 투자를 받을 수 있어야 사업 중간에 필요한 자금을 확보해 사업을 성공적으로 이끌 수 있습니다. 사업계획서는 정부지원금이나 융자를 받을 때도 요긴하게 사용됩니다.

스타트업 사업계획서 목차 반영 내용

다음 예시는 주로 정부 지원금을 신청할 때 활용하는 사업계획서 목차인데, IR 자료에 활용해도 괜찮습니다. 꼭 이 목차순서로 작성할 필요는 없으나, 예시한 내용은 반영하는 것이 중요합니다.

① 문제 인식

- 창업 아이템 개발동기 또는 창업동기
- 창업 아이템의 필요성(세상에 주는 가치)

② 실현 가능성

- 창업 아이템의 사업화 전략
- 창업 아이템의 시장 분석 및 경쟁력 강화방안

③ 성장전략

- 자금 소요 및 조달계획
- 시장 진입 및 성과 창출전략
- 내수 시장 확보방안
- 해외 시장 진출방안

④ 출구(EXIT) 목표 및 전략

⑤ 팀 구성

- 대표자 및 구성원의 보유역량

투자 담당자 교육을 받을 때 스타트업 사업계획서 판단기준을 배우는데, 보통 '① 경영진·조직·인재 역량, ② 시장규모, ③ 사업 성장성' 3가지 요소가 중요합니다. 사업계획서는 이 3가지 요소를 증명할 근거와 내용이 잘 반영되도록 작성하는 게 중요합니다.

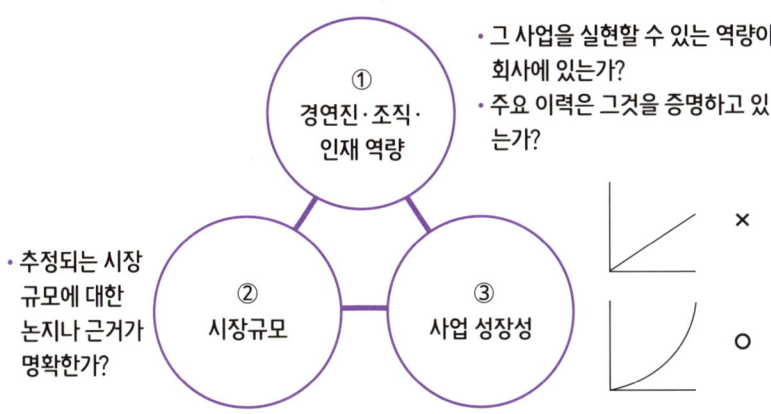

스타트업 IR 자료(사업계획서) 작성 시 핵심 포인트

스타트업의 IR 자료는 간결하면서도 논리적이고 직관적인 구성이 매우 중요합니다. 다음 핵심 포인트를 중심으로 준비하길 권합니다.

❶ 왜(Why)를 명확히 합니다

미션에서 전략까지가 다음 예시처럼 4단계 구조로 자연스럽게 이어지도록 구소화하는 것이 좋습니다.

사업의 미션(Why, 가치)을 명확히 제시한 후,
→ 비전(Vision)
→ 전략(Strategy)

→ 실행계획(Plan)

❷ 핵심 키워드로 상품(서비스) 특성을 부각합니다

복잡한 설명보다는 핵심 키워드 중심으로 상품이나 서비스의 차별성과 핵심 가치를 명확히 전달하는 것이 효과적입니다.

예) 양방향 소통형 설치 물류 플랫폼

예) 고객의 니즈 반영이 가능한 Custom SaaS

❸ 비즈니스 모델을 하나의 이미지로 보여 주는 페이지를 반영합니다

'비즈니스 모델을 한마디로 표현하면?'에 답이 되는 이미지를 만들어서 반영합니다. 다음 예시처럼 자료를 보는 사람이 '아, 그런 사업을 하겠다는 거구나'를 한번에 이해하도록 이미지를 구성해야 합니다.

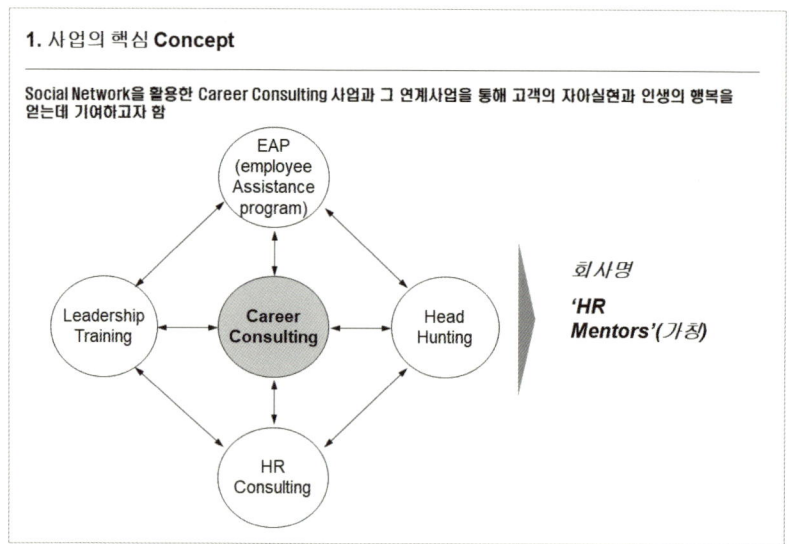

④ 조직역량은 도식으로 직관적으로 표현합니다

현재 보유한 인력 구성, 기술력, 운영역량 등은 표나 인포그래픽 등 한눈에 보기 쉬운 도식으로 표현합니다. 자료를 처음 보는 투자자도 직관적으로 이해할 수 있게 표현하는 것이 중요합니다.

⑤ 매출·이익 구분은 사업성 중심으로 설계합니다

매출원가와 고정비 구분기준은 IR 자료에서 사업성을 드러내는 핵심 요소입니다. 예를 들어 비례적으로 증가하지 않는 인건비나 제경비는 '고정비'로 분류해 영업이익 구조를 보다 명확하게 보여 줍니다. 또 하나의 팁은, 같은 비율로 늘어나지 않는 비용은 인건비·제경비로 반영하는 것입니다.

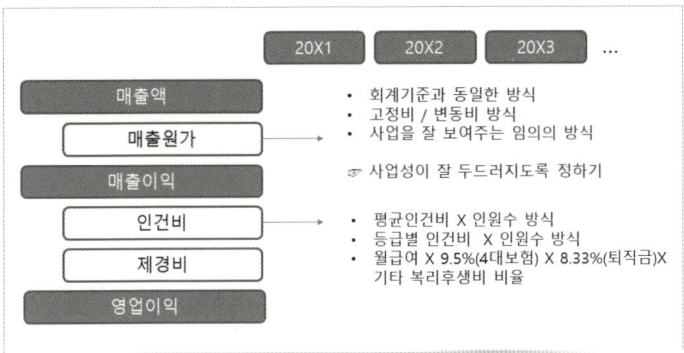

⑥ 수치 예측은 근거 기반으로 제시합니다

미래 수치는 누구도 정확히 알 수 없습니다. 그렇더라도 엑셀 수식과 로직을 바탕으로, 논리적으로 설명 가능한 추정치를 제시하는 것이 중요합니다. IR 자료와 함께 제공되는 '5개년 사업계획 수치' 엑셀 파일을 투자 실무자가 열었을 때 근거가 보이도록 준비하면 신뢰도를 높일 수 있습니다.

❼ 상품 이미지는 실물 또는 프로토타입으로 보여 줍니다

서비스나 제품의 이미지는 가능하면 실제 이미지나 실제 사용 예시, 디자인된 시제품 이미지로 구성하는 것이 좋습니다. 이러면 텍스트 설명보다 훨씬 높은 신뢰를 줄 수 있습니다.

❽ 로드맵은 간결하게 시각적으로 표현합니다

향후 사업일정이나 전략적 로드맵은 다음 예시처럼 간트 차트나 도식화된 이미지를 활용해 핵심 내용 위주로 간단히 정리합니다.

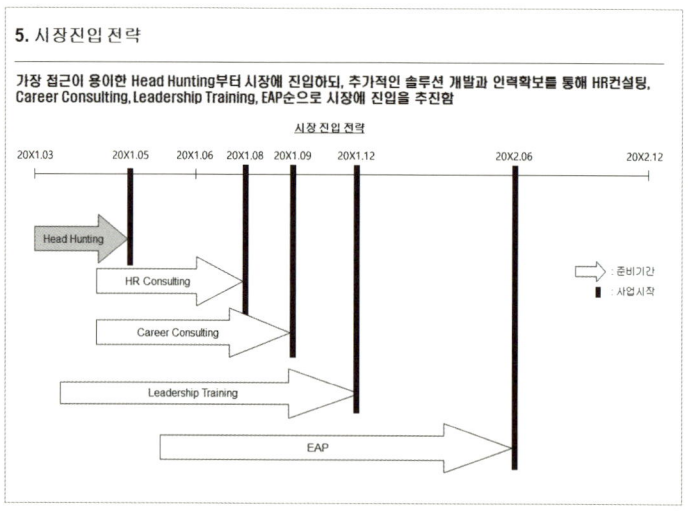

❾ 근거 이미지로 설득력을 높입니다

시장자료, 뉴스 기사, 행사 이미지, 사용자 후기, 기술 인증 자료 등 시각적 근거자료를 함께 제시하면 설득력이 크게 높아집니다.

❿ 메시지를 강조하고 싶을 때는 텍스트만으로도 충분합니다

텍스트만으로 메시지를 강조하고 싶을 때는 다음 예시처럼 중앙 정렬된 큰 문장 하나로 슬라이드를 구성하는 방식도 효과적입니다.

```
6. Growth of Corporation
_____


            20XX 설립
    매년 전년 대비 평균 58% 매출 성장
  Major 게임 서비스 플랫폼 사업자로 성장
  20XX년 말 기준 재무적 Turn around 달성
```

⓫ 투자자가 요구하는 기본 자료는 미리 준비합니다

스타트업이 투자를 받으려 한다면 IR 자료(PPT, PDF)와 5개년 사업계획 (엑셀) 2가지 자료는 미리 필수적으로 준비해야 합니다. 엑셀러레이터든 벤처캐피털이든 이 2가지 자료부터 요구하기 때문이죠. 이들이 이 2가지

자료가 와닿고 실제 IR 발표에 호감을 갖게 되면 다음 표의 자료들을 요구합니다. 조직도, 재무제표 등의 스캔본은 투자 제안이 들어오면 신속히 대응할 수 있도록 미리 정리해 ZIP 파일로 묶어 준비합니다.

구분	세부 항목	구분	세부 항목
회사 관련 기초 자료	기업연혁	회계 및 경영 정보	최근 3개년 감사보고서
	정관		최근 3개년 재무제표
	이사현황		특수관계자와 거래내역
	주주명부	영업	주요 매출처 및 매출처별 구성비 (최근 3개년 월간 또는 분기 단위)
	조직도		주요 판매·매입 계약서
유가 증권 관련	자본금 증자내역		매출원가 내역(사업계획에 포함)
	발행된 주식연계증권 (CB/BW, RCPS, Stock option 등)		구매단가 내역
사업 허가 자료	사업자등록증		영업 및 마케팅 전략(사업계획서)
	법인등기부등본		생산단위별 인력 구성 및 설비내역 (조직도 참조)
	기타 인허가증	시장성	시장규모(사업계획서 포함)
임직원 관련 자료	경영진(핵심 인력) 약력		시장성장률 등 업계 현황(사업계획서 포함)
	임직원 주식 보유현황 (주주명부 참조)		시장점유율 및 경쟁사 현황 (사업계획서 포함)
	주요 인력 이력서		주요 경영전략(사업계획서 포함)
	급여, 인센티브 지급 현황		주요 제품의 경쟁력(서비스 소개서 포함)
	소송 및 분쟁 발생 여부(없음)	기술 등 경쟁력	기술 로드맵(사업계획서 참조)
	경영진의 소송 및 분쟁상황(없음)		특허 등 관련 라이선스 현황

⓬ 엑시트(EXIT) 전략은 반드시 포함합니다

투자자에게는 '수익을 어떻게 실현할 수 있는가(Exit)'가 매우 중요한 판단요소입니다. 상장, M&A, 지분 매각 등 구체적인 엑시트(Exit) 전략을 제시해야 투자 유치 가능성이 높아집니다. 이때 투자자의 돈을 어떻게 돌려줄지를 고민하지 않는 실수를 많이 합니다. 이 부분을 고민해야 얼마의 가치로 투자를 받고, 얼마의 가치로 돌려줄지에 관한 생각을 정리할 수 있습니다.

예)

- 현재 ○○○를 서비스하는 ○○○에 투자한 ○○○(VC)에서 1차로 투자한 상황임.
- 20××년 하반기에 대규모 투자를 받고, 손익분기점을 넘겨 상장을 목표로 하고 있음. 한국○○○, ○○먼트, ○○○인베스트먼트 등에서 투자 유치를 진행 중임. 20××년 8~10월 중 30~50억 정도의 투자 유치 예정.
- 1차적으로 상장을 목표로 하고 있으며, 사업 확장 및 상장을 위해서 시너지가 날 수 있는 회사와 M&A도 긍정적으로 검토 중임.
- 20××년 하반기에 손익분기점을 달성하여 기업가치 및 지속성을 높이고, 20××년 마켓 플레이스 및 해외 진출을 통해서 사업가치를 극대화하고 20××년에서 20××년 사이에 코스닥 상상을 순비 중에 있음.

유형	투자 유치 일정	투자금 목표	대상	비고
벤처 투자	20××년 8~10월	30~50억	국내 유수의 VC (한○○, X○ 등)	

005
연간 사업계획서 6가지 작성 노하우

스타트업이 아닌 일반 회사에서도 매년 정기적으로 사업계획서를 작성합니다. 이런 사업계획서의 작성방법과 핵심 프로세스를 하나씩 살펴보겠습니다.

❶ 미션 설정

가장 먼저 '미션'을 설정합니다. 우리 조직이나 상품·서비스가 사회나 고객, 우리 조직에 어떤 가치를 제공할 것인지를 정하는 것이죠. QA(품질보증)부서라면 '체계적인 품질관리로 회사 제품력 강화에 기여한다' 정도로 정할 수 있겠죠. 미션은 우리 조직이 어떤 방향으로 나아갈지, 어떤 가치를 만들려고 하는지를 짧은 문장으로 명확히 표현하는 것이 좋습니다.

예) 세계인들에게 다양한 재미를 제공함으로써 고객들이 보다 행복한 삶을 살아가는 데 도움을 준다.

❷ 중장기 목표 수립

미션을 기반으로 중장기 목표, 즉 우리 조직이 향후 3년, 5년, 10년 뒤 어떤 모습이기를 바라는지를 정리합니다. 이 목표는 단 한 줄의 문장으로 간결하고 명확하게 표현하는 것이 좋습니다.

예)
- 20×1년, 국민이 가장 좋아하는 영화기업 1위 달성
- 20×3년, 국민이 가장 좋아하는 음악기업 1위 달성
- 20×5년, 국내 1위 종합 엔터테인먼트 포털 달성

❸ 현황 분석

현재 상황을 분석해 전략 수립의 기반을 다져야 합니다. 이 단계에서는 전년도 실적·시사점, 시장 현황, 경쟁사 분석, 고객 분석 등으로 핵심 시사점과 기회요인을 도출합니다.

❹ 전략 도출

현황 분석으로 얻은 인사이트를 바탕으로 '비전 실현을 위해 자원을 어디에 집중할지' 핵심 전략을 수립합니다. 전략은 구체적이고 실행 가능한 수준으로 정리해야 합니다.

예)

영업본부 20××년 전략
1. 핵심 산업군 중심의 신규 거래처 발굴 및 매출 확대

2. 데이터 기반 영업성과 관리 및 성과 인센티브 제도 정착

❺ 실행계획 수립

전략을 실제로 실행하는 데 필요한 핵심 과제와 일정, 비용, 인력 계획을 세워야 합니다. 특히 재무계획에서는 '투자예산'과 '운영비용 예산'을 구분해 작성하는 것이 중요합니다. 예를 들어 시설·장비 구입 등 장기적인 자산항목은 투자예산(CAPEX, Capital Expenditure, 자본 지출)으로, 인건비, 마케팅비 등 당해연도 안에 소진되는 예산은 비용예산(OPEX, Operating Expenditure, 운영비용)으로 구분합니다.

❻ 성과평가 기준 설정(MBO·KPI)

마지막으로 연간 사업계획이라면 성과 측정 및 평가방법을 명확히 해야 합니다. 이를 위해 MBO(목표관리) 또는 KPI(핵심성과지표)를 설정합니다. 이 지표는 '정량적 수치'로 표현하는 것이 가장 좋지만, 그것이 어렵다면 '정성적 지표'를 명확하게 기술하는 것이 좋습니다.

예)

[평가지표]

1. 핵심 산업군 중심의 신규 거래처 발굴 및 매출 확대(70%)
- 신규 거래처 수 및 매출성장률 기준 목표 대비 120% 이상(S), 110% 이상(A), 100% 이상(B), 90% 이상(C), 90% 미만(D)

2. 데이터 기반 영업성과 관리 및 성과 인센티브 제도 정착(30%)
- 영업데이터 분석 리포트 제출/인센티브 제도 운영실적 보고체계 정착도/참여율에 따른 정성·정량 평가 병행

7장

간결함과 전달력이 돋보이는 파워포인트 보고서

001
스티브 잡스형
vs. 맥킨지형 보고서

저는 파워포인트 문서형식을 크게 '스티브 잡스형'과 '맥킨지형' 2가지로 구분합니다. 스티브 잡스형은 발표력이 뛰어난 사람에게 효과적입니다. 청중의 주의를 집중시켜 메시지를 강하게 전달하는 발표력이 있다면 도형 중심의 간결한 슬라이드로 구성한 스티브 잡스형 문서만으로도 충분히 설득력을 발휘할 수 있기 때문이죠. 반면에 발표력이 그만큼 충분하지 않으면 이 방식이 오히려 내용이 빈약하고 전달력도 떨어진다는 인상을 줄 수 있습니다.

컨설팅회사는 대부분 스티브 잡스형보다는 '맥킨지형'을 선호합니다. 컨설팅회사에서 이 방식을 활용할 때는 먼저 시니어 컨설턴트가 워드 문서에 전체 스토리를 정리한 다음 각 페이지마다 핵심 메시지인 '헤드 메시지(Head Message)'를 작성합니다. 그러고 나서 주니어 컨설턴트가 도표나 근거자료를 이용해 각 페이지의 헤드 메시지를 시각적으로

── 맥킨지형 보고서(좌) vs. 스티브 잡스형 보고서(우) ──

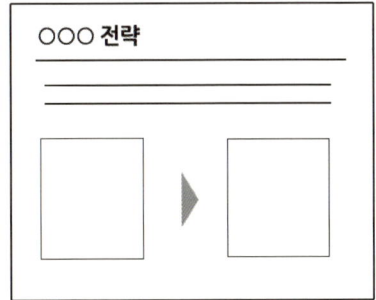 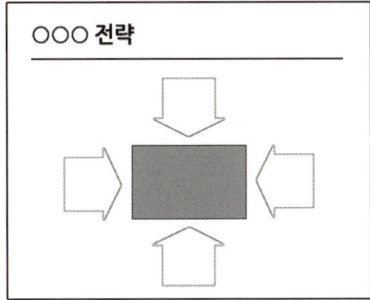

표현하죠. 즉, 맥킨지형은 상단에는 핵심 주장을 명확히 제시하고 하단에는 그 주장을 뒷받침하는 이미지, 도식, 표 등의 자료를 배치하는, 설명문과 시각자료가 적절히 결합된 형태라고 보면 됩니다.

맥킨지형 구조에 익숙하지 않은 실무자들은 자기도 모르게 스티브 잡스형 파워포인트 문서를 만듭니다. 인터넷에서 그럴듯한 도형을 가져와 보고서를 멋지게 구성하려고 시도하죠. 그러다 보니 한 페이지를 만드는 데도 꽤 많은 시간이 걸리고, 보고서를 완성하고 나서 과감히 슬라이드 한 페이지를 빼기도 쉽지 않습니다. 하루 종일 공들여 만든 슬라이드가 아깝기 때문이죠. 결국 보고서는 장황해지고, 발표할 때도 내용을 명확하게 설명하기 어려워집니다. 특히 발표자에게 스티브 잡스 수준의 발표력이 없다면 도형이나 표만 있는 슬라이드로 메시지를 명확히 전달하기는 어렵습니다. 그래서 스티브 잡스형 보고서는 작성시간은 오래 걸리는 반면 완성도나 만족도는 높지 않은 경우가 많습니다.

• **PPT 문서를 잘 못 만드는 사람이 자주 하는 실수**

① 슬라이드 하나하나에 집중하느라 전체 흐름이 끊긴다.

② 도식이나 그래픽에 집중하느라 핵심 메시지를 놓친다.

③ 공들여 만든 자료를 빼지 못해 불필요한 정보가 포함된다.

④ 각 슬라이드에 헤드 메시지가 없어 내용을 한눈에 파악하기 어렵다.

반면에 맥킨지형은 발표자가 메시지만 읽어도 핵심 내용을 전달할 수 있도록 설계돼 있습니다. 발표자의 발표력이 다소 부족해도 청중이 내용을 쉽게 파악할 수 있고, 심지어 자료만 전달해도 보고서 요지를 파악할 수 있다는 장점이 있죠. 여기서는 실제 사업현장에서 가장 많이 활용되는 맥킨지형 방식에 기반해 파워포인트 문서를 작성하는 방법을 설명하겠습니다.

002
맥킨지형 파워포인트 보고서 작성 노하우

　맥킨지형 보고서는 먼저 보고서 제목을 정한 다음 전체 목차를 구성해야 합니다. 그러고 나서 각 목차항목마다 1~2줄의 헤드 메시지를 작성하면 됩니다. 헤드 메시지는 각 슬라이드의 핵심 내용을 대표하는 문장을 의미합니다. 이렇게 정리된 내용을 이제 각 슬라이드로 옮깁니다. 슬라이드 상단에는 목차항목별로 작성한 헤드 메시지를 배치하고, 그 아래에는 그 메시지를 설명하는 표나 그래프, 도형 등을 넣으면 됩니다. 결국 목차와 헤드 메시지만 오려서 모아 보면 '1페이지 보고서' 구조와 매우 비슷하다는 사실을 알 수 있습니다. 이는 곧 1페이지 보고서를 잘 작성하는 사람이 파워포인트 문서도 잘 만들 수 있음을 의미합니다.

　파워포인트 보고서를 만들 때 바로 파워포인트 프로그램을 열기보다는 먼저 워드 프로그램이나 A4 용지에 전체 스토리를 정리해 보기를 권합니다. 전체 스토리를 구성한 다음 그에 맞는 근거자료나 도표를 어떻게 배치할지도 고민해 봅니다. 이러면 파워포인트 보고서를 더 빠르고 효율적으로 만들 수 있습니다. 이 방식은 제안서를 만들 때도 매우 유용합니다. 실제로 제안서를 잘 만드는 사람 대부분이 이 구조를 따릅니다. 먼저 제안서의 전체 목차를 정하고 각 목차항목마다 명확한 헤드 메시지를 작성하죠. 이런 헤드 메시지를 '제안전략'이라고도 부릅니다. 파워포인트 보고서 작성방법을 다시 정리하면 다음과 같습니다.

① 보고서 제목을 정합니다.
② 제목에 관해 설명할 내용을 바탕으로 목차를 정합니다. 목차를 정하는 방법은 1페이지 보고서의 경우와 동일합니다(120쪽 참조).
③ 목차마다 다음 예시처럼 1~2줄(최대 3줄)의 헤드 메시지를 작성합니다. 먼저 워드로 헤드 메시지를 작성한 다음 나중에 파워포인트 문서로 옮겨 배치하는 방법도 좋습니다.

직무분석 진행/산출물

20XX년 직무분석은 직무설계, 조직/프로세스 개선, 정원산정 방법론의 수립을 통한 효율적인 조직/인력 운영과 직무성과급제 도입의 기반 마련을 목적으로 진행되며, 현재 조직진단 결과 도출 및 직무설계가 진행 중임

④ 각 헤드 메시지에 맞는 도식, 표, 텍스트들을 메시지 아래에 배치합니다
(260쪽 5가지 패턴 참조).

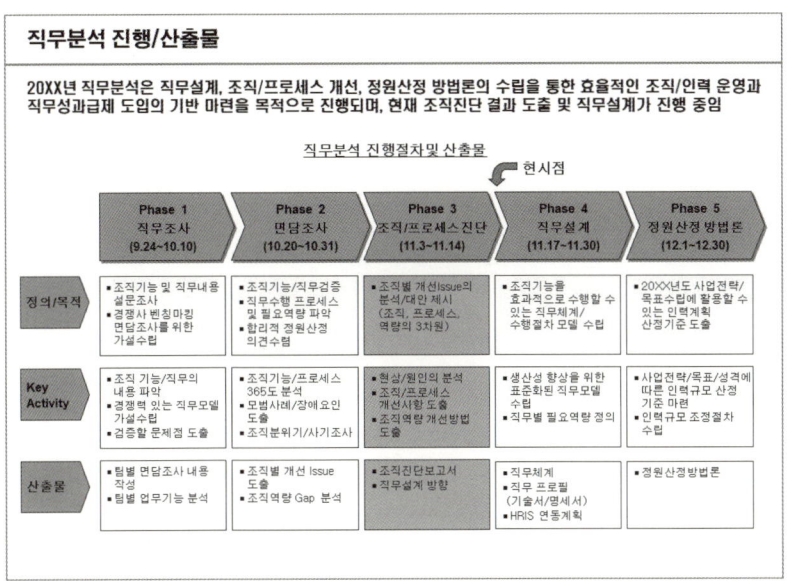

⑤ 회의를 통해 작성된 초안에 관한 의견을 받고, 그 의견들을 참조해 메시지
와 내용을 다듬습니다.

파워포인트 문서를 작성할 때 마지막으로 꼭 고려해야 할 요소는 바로 '작성속도'입니다. 문서를 너무 멋지게 꾸미려다 보면 생각보다 많은 시간이 듭니다. 외부 이해관계자 대상의 사업제안서처럼 '내용+비주얼'의 완성도가 중요한 문서라면 시각 구성에도 충분히 공을 들여야 합니다. 하지만 내부 보고용 문서라면 화려한 도식보다는 핵심 내용을 표

나 간단한 설명자료로 빠르게 전달하는 것이 더 효율적입니다. 이렇게 문서의 소비 대상과 목적에 따라 꾸밈수준을 전략적으로 조절하면 시간도 절약되고 설득력도 높일 수 있습니다.

003
헤드 메시지 간결하고 명확하게 쓰는 법

이제 파워포인트 보고서 각 요소별 작성방법을 구체적으로 살펴보겠습니다. 먼저 가장 중요한 요소 중 하나인 '헤드 메시지'입니다. 헤드 메시지는 한 페이지짜리 프레젠테이션 자료의 핵심 내용을 한두 줄로 요약한 문장을 의미합니다. '거버닝 메시지(Governing Message)'나 '헤드라인(Headline)'이라고도 불리죠. 이 방식을 정형화하는 데 글로벌 컨설팅 기업인 맥킨지가 많은 기여를 했습니다. 헤드 메시지의 기본 구성은 이렇습니다.

❶ One Page, One Message

하나의 페이지에는 하나의 핵심 메시지만 담아야 합니다. 여러 내용을 한꺼번에 넣으려고 하면 메시지가 흐려지고 발표나 설명이 어려워집니다.

❷ 짧고 명확하게

헤드 메시지는 너무 짧으면 요지가 모호해지고 너무 길면 한눈에 읽기 어려워집니다. 메시지 분량은 1~2줄이 가장 적절하고, 3줄까지는 괜찮지만 4줄 이상은 피하는 것이 좋습니다.

❸ 구성요소는 목적, 배경, 이유, 핵심 정보 등

헤드 메시지에는 목적(무엇을 하겠다), 배경(왜 이걸 추진하는가), 이유(현재 어떤 이슈가 있는가), 핵심 정보(핵심 원인은 무엇인가) 등이 포함돼야 합니다. 이런 측면에서 1페이지 보고서의 목차인 추진배경, 현황/이슈, 개선방안, 예산, 기대효과 등이 거의 유사하게 들어간다고 볼 수 있습니다.

참고로 '자세한 사항은 아래 내용을 참조함'과 같은 문장은 헤드 메시지로서 적절하지 않습니다. 메시지를 전달하지 못하는 메시지이기 때문이죠. 헤드 메시지를 효과적으로 점검하는 방법도 있습니다. 파워포인트 문서를 완성한 뒤 각 슬라이드의 헤드 메시지를 A4 지 한 장에 순서대로 오려 붙여 보는 방법입니다. 그런 다음 그것들을 쭉 읽었을 때 내용 흐름이 매끄럽게 이어진다면 제대로 된 스토리 라인이 구성된 것입니다. 다음은 여러분이 보고서를 쓸 때 참고할 만한 헤드 메시지 예시들입니다. 꼭 이 형식대로 쓸 필요는 없으며 각자 상황에 따라 응용해서 활용하면 됩니다.

예 1) 무엇을 하겠다(What - 실행계획·방향)

- MZ세대 신입사원에 적합한 조직 적응 프로그램을 신설하고, 온보딩 과정에 코칭 기반 피드백 체계를 도입함.
- 기존 고객 데이터를 기반으로 LTV 예측 모델을 고도화하고, 고객 세분화 전략을 재정비하여 CRM 성과를 극대화할 계획임.
- 각 부서별 보고서 템플릿을 표준화하고, 주간/월간 보고의 일원화를 통해 보고품질과 업무 생산성 모두를 개선함.
- 전사 차원의 ESG 전략을 수립하고, 1단계로 환경성과 측정지표(환경지표 KPI)를 정립해 실적관리 기반을 마련함.
- 핵심 고객사 중심의 VIP 프로그램을 운영하여 이탈 방지 및 관계 강화 중심의 계정관리 체계를 구축할 예정임.

예 2) 왜 그렇다(Why - 원인 분석·문제 정의)

- 사내 정보 공유가 비효율적인 원인은 부서별 협업 툴이 상이하고, 표준화된 문서체계가 없어 업무 흐름이 단절되기 때문임.
- 최근 고객 이탈이 급증한 주요 원인은 주요 접점의 응대품질 저하와 리텐션 정책 부재로 판단됨.
- 프로젝트 일정 지연의 핵심 원인은 기획단계에서 요구사항 정의가 충분하지 않아, 개발단계에서 변경 요청이 반복되있기 때문임.
- 내부 직무평가 기준이 불명확해 인사평가에 대한 구성원의 신뢰도가 낮고, 이는 성과 기반 보상에 대한 저항을 초래함.
- 오프라인 채널 중심의 마케팅 운영으로 인해 디지털 전환 흐름을 따라가지 못하고, 신규 고객 유입효과가 미미한 상황임.

예 3) 현황/이슈(정보 또는 사실(Fact), 문제점, 분석)

- 최근 3개월간 신규 유입 고객 중 60% 이상이 모바일 앱을 통해 유입되었으며, PC 기반 방문은 지속 하락 추세를 보이고 있음.
- 조직문화 진단 결과, 수직적 보고체계에 대한 불만비율이 67%로 나타나 의사소통 방식의 전면적인 재검토가 필요한 상황임.
- 경쟁사 비교 분석 결과, 우리 기업의 고객문의 응답속도는 평균 3.8시간으로 업계 평균(1.2시간)에 비해 크게 느린 수준임.
- 20××년 기준 사내 직무교육 이수율은 52%에 불과하며, 이수자 만족도 또한 5점 만점에 2.9점으로 개선이 필요함.
- 디지털 캠페인 반응률 분석 결과, 이메일 오픈율은 평균 13.5% 수준이며, 특정 타깃군에서는 클릭률이 2배 이상 높게 나타남.

예 4) 예산 관련(Cost/Investment - 예산계획, 투자논리)

- 신규 캠페인 실행에 필요한 예산은 총 3.2억 원이며, 기존 예산 조정 및 미집행 항목에서 일부 전환 가능함.
- 제안된 고객관리 시스템 도입비는 초기 8천만 원이며, 연간 유지비는 약 2천만 원 수준으로 추산됨.
- 내부 교육 플랫폼 고도화를 위한 총 소요예산은 약 1.5억 원이며, 이는 기존 외부 교육 위탁비용의 약 80% 수준임.
- 전체 프로젝트 예산 중 약 40%는 파일럿 테스트와 초기 인프라 구축에 집중 투입될 예정임.

예 5) 기대효과(Expected Benefit – 성과·효과)

- 본 과제가 완료되면 전체 고객 응대 프로세스의 자동화율이 35%까지 상승할 것으로 기대됨.
- 인재 육성체계 구축을 통해 1년 내 내부 승진비율이 2배 이상 높아질 것으로 예상됨.
- 고객 이탈률이 3개월 내 15% 이상 감소하고, 충성고객 비중이 안정적으로 확대될 것으로 기대됨.
- 디지털 전환을 통한 업무 효율성 개선으로 연간 약 1.2억 원의 비용 절감 효과가 발생할 것으로 추정됨.
- 브랜드 리뉴얼 후 고객 재구매율이 1.8배 증가한 타사 사례를 고려할 때, 유사한 효과가 기대됨.

004
헤드 메시지가 돋보이는 5가지 슬라이드 패턴

　그동안 수천 명을 대상으로 헤드 메시지 작성법을 알려 줄 기회가 있었습니다. 그로 인해 많은 사람에게서 매우 유용했다는 피드백을 받기도 했죠. 그런데 한편으로 '1페이지 보고서를 자주 써 봐서 헤드 메시지 쓰는 방법은 익숙한데, 그 아래에 어떤 내용을 채워야 할지 감이 안 와요. 이 부분을 어떻게 작성하면 좋을까요?'라는 추가 요청도 많이 받았습니다. 저는 이런 요청을 반복해서 받다 보니 '헤드 메시지의 근거자료를 쉽게 만들 방법이 없을까?' 하는 고민이 생겼고, 지금까지 제가 20여 년 이상 조직생활을 하면서 문서를 어떤 방식으로 만들어 왔는지 돌아봤습니다. 그 과정에서 '헤드 메시지 하단에 들어가는 내용은 몇 가지 패턴이 반복된다'는 흥미로운 사실을 발견했죠. 저는 이를 바탕으로 누구나 활용할 수 있는 5가지 패턴을 정리했습니다. 실제로 지금껏 제가 작성한 수많은 문서를 확인해 보니 대부분 이 5가지 패턴에서 크게 벗

어나지 않았습니다.

이 5가지 패턴을 잘 활용하면 여러분도 충분히 명확하고 설득력 있는 파워포인트 보고서를 만들 수 있습니다. 특히 저는 이 5가지 패턴을 바탕으로 빠르게 초안을 만든 뒤, 중요하게 강조하고 싶은 슬라이드만 시간을 들여 도형이나 시각요소로 꾸미는 방법을 추천합니다. 이 방법이 여러분의 전체 보고서 작성시간은 줄여 주고 완성도는 높여 줄 것입니다. 이처럼 고민이 필요 없는 부분은 빠르게 정리하고, 진짜 중요한 메시지에 집중하는 것이 문서작업의 효율을 높이는 좋은 방법입니다.

❶ 박스 패턴

보고서 내용이 대부분 텍스트로 이루어질 때 활용하기 좋은 패턴입니다. 슬라이드에 텍스트만 넣으면 다소 밋밋해 보일 수 있는데, 이럴 때 다음 예시처럼 텍스트를 박스 안에 넣어서 시각적으로 정리해 주면

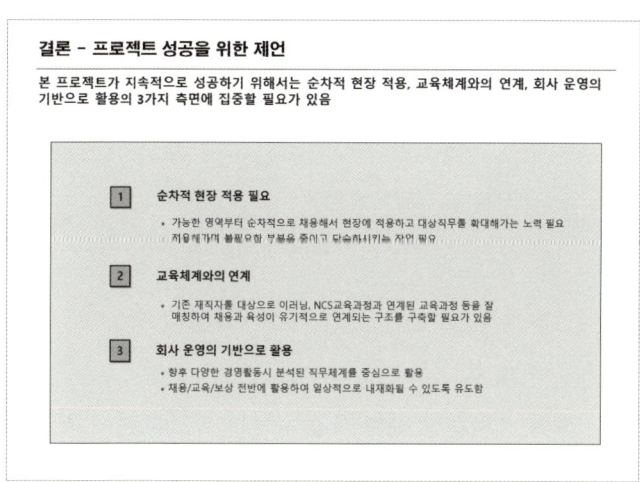

훨씬 보기 좋아집니다. 예시처럼 각 문단을 번호로 나누거나, 간단한 도형을 추가해서 구조화된 정보처럼 보이게 구성하면 내용이 빠르게 전달될 뿐 아니라 보고서 작성시간도 줄일 수 있습니다.

박스 패턴은 특히 교육자료를 만들 때 유용합니다. 예를 들어 교육과 관련한 자신의 경험이나 노하우가 아직 정식 도식으로 정리되진 않아서 텍스트 설명 중심으로 자료를 구성해야 할 때 활용하면 효과적입니다. 예를 들어 다음과 같이 1페이지 보고서에 '목적'과 '기대효과'로 정리된 내용이 있다고 해 보겠습니다.

예)

1. 목적
- 구성원의 지식/기술 이력을 체계적으로 관리하여 인적 자원의 효율적 활용 극대화
- 채용/배치/경력개발 등 각종 인사업무 시 최적의 의사결정 지원

2. 기대효과
- 전략 지원 강화
  - 전사 기술역량 자료를 바탕으로 각종 사업 추진 시 의사결정 자료 지원
  - 전사적 인적 자원의 핵심 역량수준 파악 가능

- 효과적인 인력 활용 강화
  - 필요한 조직에 필요한 자원을 필요한 때에 배치하기 위한 핵심 자료 활용

- PJT 추진 시 필요한 각종 기술 보유 인력에 대한 수시 지원 가능

• 지식 교류/육성업무 지원
 - 구성원 상호간 지식에 대한 교류가 가능한 체계를 구축하여 학습 조직화 지원
 - 부족한 기술역량에 대한 육성수요 파악/개발 지원 가능

박스 패턴을 활용하면 위의 두 요소를 슬라이드 한 장에 구성할 수 있습니다. 다음 예시처럼 먼저 위쪽에 '추진배경'을 간단히 적고, 1페이지 보고서의 '목적'을 그대로 슬라이드 상단의 헤드 메시지로 가져옵니다. 하단에는 1페이지 보고서 '기대 효과'의 3가지 핵심 내용을 박스 형태로 깔끔하게 정리해 주면 됩니다.

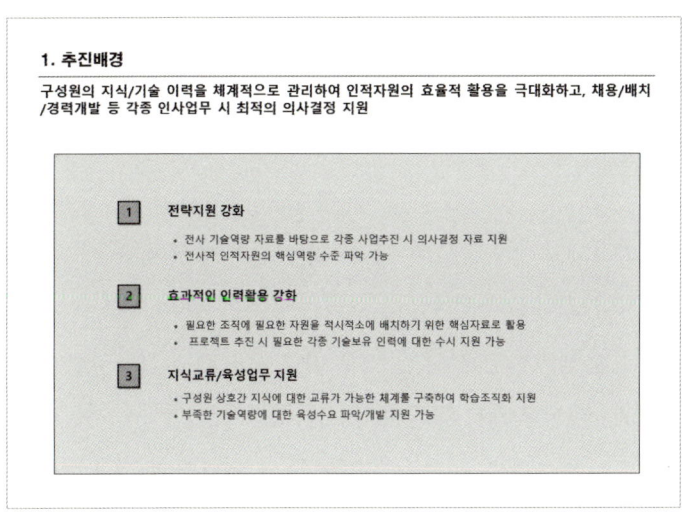

이렇게 하면 하나의 슬라이드 안에 핵심 메시지와 근거자료가 명확하게 정리됩니다. 특히 보고서의 첫 페이지, 즉 도입부나 추진배경을 작성할 때 이 방식이 잘 어울립니다. 작성방법이 어렵지 않으니 실제로 따라해 보면 내용이 빠르고 깔끔하게 정리된다는 점을 알게 됩니다.

❷ AS-IS, TO-BE 패턴

두 번째로 많이 활용하는 'As-Is → To-Be' 패턴입니다. '기존에는 이랬는데, 앞으로는 이렇게 바꾸겠다'는 방향을 보여주는 데 효과적인 패턴이죠. 구성은 간단합니다. 슬라이드 중앙에 화살표만 넣으면 됩니다. 즉, 슬라이드 중앙에 삼각형 도형 모양의 한 방향 화살표를 넣고, 그 왼쪽에는 기존 상태(As-Is)를, 오른쪽에는 향후 계획(To-Be)을 나눠서 정리하면 됩니다. 이 패턴은 특히 다음과 같은 항목에 활용하기 좋습니다.

- 현황/이슈. 문제점/개선방안
- 성과 분석/시사점. 이슈/대응전략
- 전년도 실적/시사점 또는 전년도 실적/향후 개선방안 등

예를 들어 사업계획서를 작성한다면 다음 예시처럼 슬라이드 가운데에 한 방향 화살표를 배치하고, 그 왼쪽에는 '전년도 실적'을, 오른쪽에는 '시사점'을 정리하면 됩니다. 이 패턴은 작성하기 간단하면서 메시지가 명확해져서 실무에서 자주 쓰입니다.

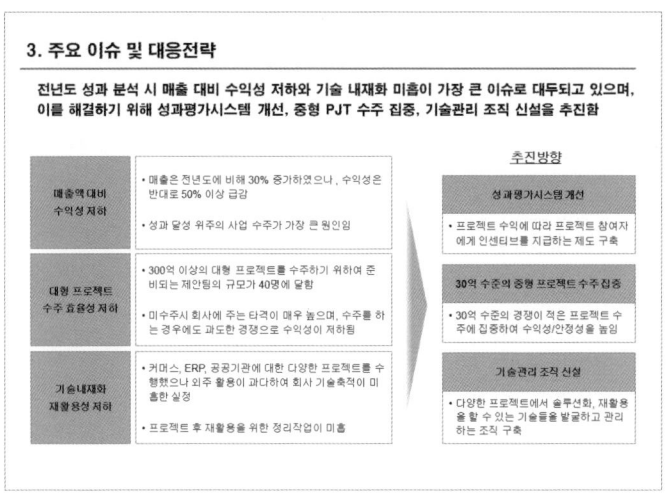

또 하나의 예시를 들어 볼까요? 예를 들어 어느 날 회사의 대표가 갑자기 '조직의 변화관리 차원에서 전사적 개선과제 100건을 모아 보라'고 지시했다고 해 보죠. 이런 경우 AS-IS, TO-BE 패턴을 이용하면 빠르게 보고서를 만들 수 있습니다.

먼저 다음 쪽 예시처럼 각 부서별로 기존엔 이랬는데 앞으로는 이렇게 개선하겠다는 내용을 이 패턴으로 정리하고 그 아래에 기대효과를 간단히 덧붙인 문서를 만듭니다. 그러고 나서 각 부서에서 작성한 문서를 모으면 '개선과제 100'이 빠르게 완성됩니다.

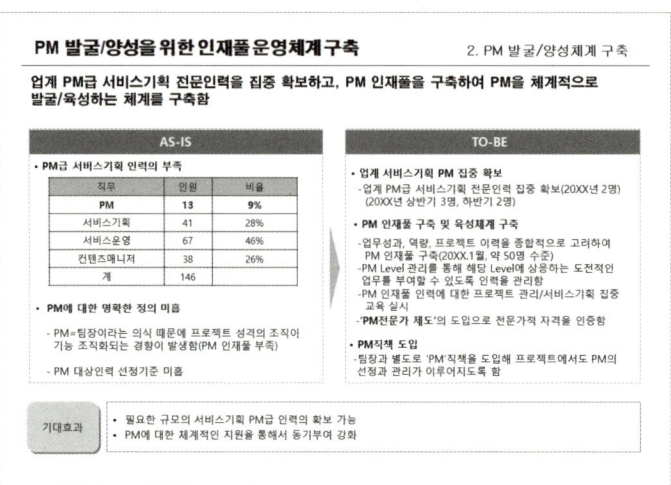

이처럼 As-Is→To-Be 패턴은 방향성과 메시지를 명확히 보여주기 때문에 변화관리, 전략 수립, 사업계획, 현황 진단 등에 관련한 다양한 문서에 적극적으로 활용할 수 있습니다.

❸ 도형 패턴

도형 패턴은 1페이지 보고서의 '추진방향'을 정리할 때 유용합니다. 저 역시 보고서 등에서 추진방향을 제시할 때 이 패턴을 자주 사용합니다. 예를 들면 이 패턴은 다음 예시처럼 먼저 삼각형 도형을 바탕으로 깔고 그 꼭짓점에 동그라미 도형 3개를 얹는 형태로 만듭니다. 그러면 자연스럽게 이번 과제를 3가지 핵심 축으로 정리해서 추진하겠다는 메시지를 시각적으로 전달할 수 있죠. 만약 핵심 축이 4가지라면 바탕에 사각형 도형을 깔면 됩니다. 핵심 축이 더 많아지면 육각형까지 확장해 구성할 수도 있습니다.

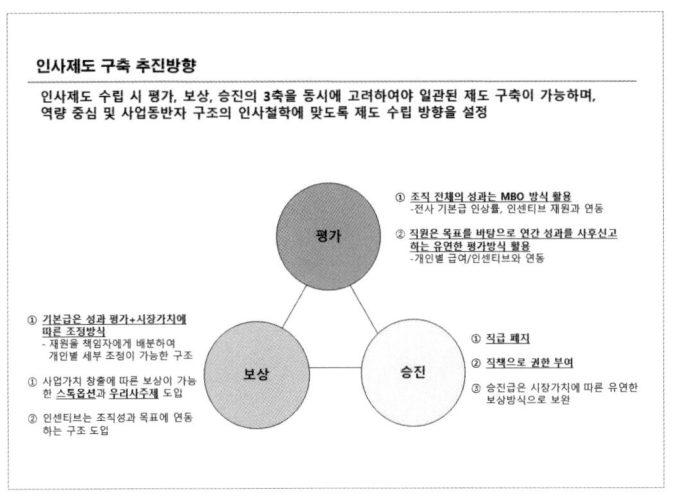

위 예시는 과제가 '인사제도 구축 추진방향'일 때 '평가', '보상', '승진'을 3가지 핵심 축으로 잡고 각 항목을 삼각형 꼭짓점에 배치해서 설명한 것입니다. 제 경험으로는 이 슬라이드 하나면 성격 급한 의사결정권자들을 바로 설득할 수 있습니다. 예를 들면 이 슬라이드를 보여주면서 이렇게 설명하는 거죠. "평가는 본부장급 이상은 MBO 방식으로, 구성원은 사후 신고방식으로 검토하겠습니다. 보상은 본부장에게 재원을 부여하고 시장가치에 맞춰 조정할 수 있게 하겠습니다. 승진은 직급체계를 폐지하고, 직책 중심의 승진제도로 바꾸겠습니다." 이러면 대부분 다음 슬라이드로 넘어갈 필요도 없이 '좋아, 이 방향으로 가자'는 결론이 나오곤 했습니다.

❹ 표 패턴

1페이지 보고서 기준으로 보면 '추진방향' 다음엔 당연히 '세부 실행계획'을 정리해야 합니다. 이때 '표 패턴'이 가장 많이 활용되죠. 내부 보고서도 대부분 이 패턴으로 작성할 수 있습니다. 다음 예시는 '이러저러한 방향성에 따라 ○○과제를 도출했고, 이 내용을 기반으로 언제까지 추진을 마무리하겠다'라는 내용을 표 패턴으로 정리한 것입니다. 이렇게 세부 실행계획 같은 내용을 표 패턴으로 정리하면 깔끔해 보이면서 보고받는 사람도 내용을 요약해서 볼 수 있어 좋습니다.

> **Ⅳ. 20XX년 추진계획**   2. Process 강화방안(내부인력 활용/육성체계 구축)
>
> 사내공모제를 도입하여 내부인력 활용을 강화하며, 서비스 기획과 개발업무의 생산성 강화를 위해 표준화된 방법론을 내재화하고 사내 전문가를 통한 지식 공유의 기반을 마련하는 데 역량을 집중함
>
> | 개선방향 | 개선과제 | 내 용 | 추진일정 |
> |---|---|---|---|
> | 효율적인 인력 운영 모델 수립 | 사업전략/세부업무 분석을 통한 적정 인력 운영 방안 수립 | • 각 조직별 세부 업무분석과 사업전략(수행과제 등)을 종합적으로 분석하여 적정 인력 산정, 낭비/불필요과업에 대한 분석/제거를 통해 효율적인 인력운영 강화 | 6~9월 중 |
> | 탄력적 이동배치 | 사내공모제도 운영 | • 충원 수요 발생 시 사내공모를 통해 내부인력 우선 활용
- 개인의 경력개발(Career Planning)을 지원하고,
- 인적자원의 최적활용을 통한 조직의 효율적 운영
- 개인의 이동 희망 등록 및 팀별 충원 요청을 상시적으로 관리하여 Matching시킬 수 있는 시스템/프로세스 확립 | 7월 중 |
> | 핵심 직무역량 강화 (서비스 기획/개발) | 생산성 강화를 위한 서비스기획 방법론 집중교육 | • 서비스기획 방법론 수립 및 집중교육 실시
- 서비스기획 방법론, 개발방법론/프로세스 정립 후 집중교육을 통하여 역량향상/생산성 향상 도모
- 사내 전문과정 기획/운영(서비스기획/마케팅 등)
- 향후 사내강사 등 활용하여 사내 전문지식 공유/확산에 기여 | 6~8월 |
> | 우수 인재 차별화 교육 실시 | 우수 인재 육성 차원의 사내 MBA 프로그램 실시 | • 우수인재 육성 및 보상 차원의 차별화된 교육 실시
- 전략/기획/사업부문 역량 강화 및 경영 마인드 함양 중심
- MBA 과정 내 핵심인력 및 HPI 선별, 집중화된 교육 실시 | 9월 중 |

복잡하고 고급스러워 보이는 컨설팅 리포트도 사실 90% 이상 표 패턴을 기반으로 작성됩니다. 단지 다음 예시처럼 선을 지워서 표처럼 보이지 않게 디자인을 다듬은 것뿐이죠. 예시에서 좌우 표의 차이가 무엇일까요? 두 표 모두 좌우 세로선을 지운 2열 4행짜리 표라는 점은 동일

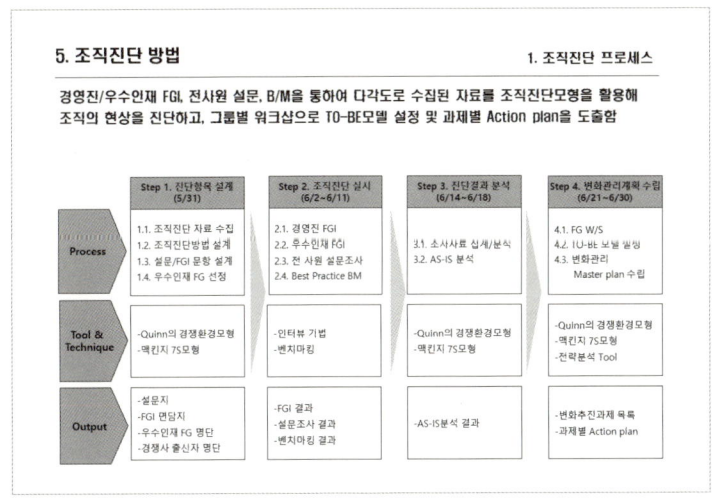

합니다. 다만 왼쪽 표는 구분항목에 화살표 형태의 도형을 넣어서 자연스럽게 프로세스가 아래로 흐르는 느낌을 준다는 차이가 있을 뿐입니다. 겉모습만 조금 다를 뿐 두 표의 구조는 같은 것이죠. 컨설팅 리포트는 대부분 이런 패턴으로 구성돼 있습니다. 조금 더 세련되게 표현했을 뿐이지 본질은 표 패턴을 활용한 구성이죠. 다음 예시처럼 표 사이사이에 화살표 도형을 넣어서 프로세스 흐름처럼 보이게 할 수도 있습니다. 이런 식으로 표만 잘 써도 파워포인트 보고서를 잘 쓸 수 있습니다.

참고로 5가지 작성 패턴과 관계없이 보고서를 작성할 때 알아야 할 중요한 팁이 있습니다. 슬라이드에 '생소한 용어나 새로운 개념이 들어갈 때는 왼쪽 하단에 각주를 표시하고 꼭 설명을 덧붙이라는 것'입니다. 예를 들어 표 패턴으로 작성된 다음 예시를 보면 'Flow형 인사관리'라는 생소한 개념이 나옵니다. 이럴 때는 보고받는 사람이 그 개념을 모를 가능성이 크기 때문에 반드시 예시처럼 왼쪽 하단에 용어 정의를 넣어주어야 합니다.

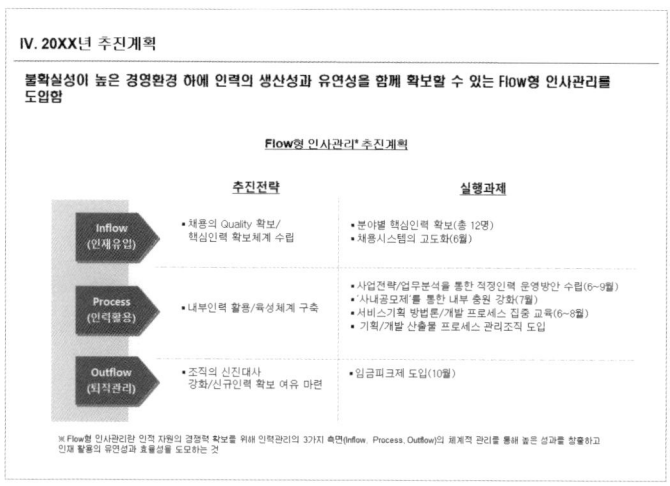

제가 구독 관련 사업을 할 때 한 실무자가 프레젠테이션을 하면서 'ARR'이라는 용어를 사용한 적이 있었습니다. 그러자 누군가가 "ARR이 뭐예요?"라고 물었고, 순간 발표 흐름이 끊겼습니다. 만일 그 실무자가 관련 자료 하단에 'ARR : 매년 반복되는 매출(Annual Recurring Revenue)'이라는 각주를 명확히 달아 놓았다면 이런 일이 없었을 텐데 말이죠. 보고나 프레젠테이션을 할 때는 이런 세심한 배려가 매우 중요합니다.

❺ 그래프 패턴

마지막으로 그래프 패턴입니다. 파워포인트 문서에 그래프를 사용할 때 정확한 수치 표현이 중요할까요, 직관적으로 감을 전달할 수 있는 형태가 중요할까요? 보고서의 목적을 생각해 보면 그래프를 이용해 '메시지를 직관적으로 빠르게 전달하는 것'이 더 중요하다고 할 수 있습니다. 꼭 복잡한 차트 도구를 쓸 필요 없이 기본 도형(작대기, 네모, 동그라미) 정도로 그래프를 만들어도 됩니다. 이 정도 표현으로도 충분히 효과적인 그래프를 만들 수 있습니다. 파워포인트 프로그램의 기본 도형기능만 사용해도 괜찮습니다. 다음 예시처럼 단순한 막대와 네모만으로도 충

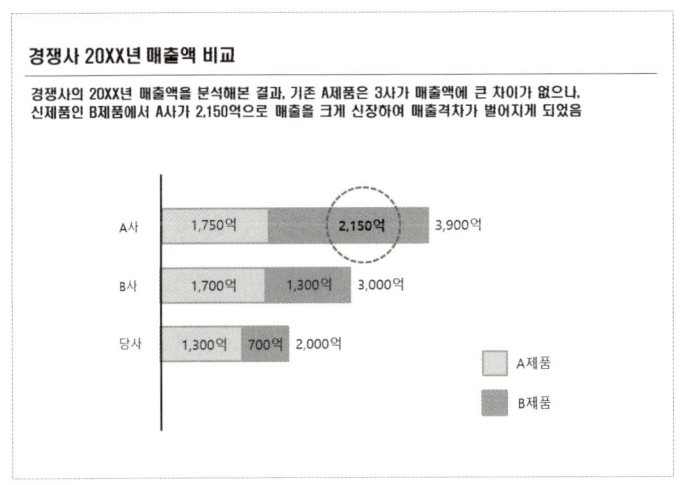

분히 효과적인 그래프를 만들 수 있습니다.

그래프 패턴을 쓸 때 꼭 기억해야 할 일종의 실무원칙이 있습니다. 순위비교에는 반드시 '가로 막대 그래프'를 사용하라는 것이죠. 세로보다는 가로 막대 그래프가 순위차이를 훨씬 명확하게 보여주기 때문입니다. 예를 들어 가로 막대 그래프를 이용해 A 사, B 사, C 사 세 기업의 제품별 매출을 비교한다고 해 보죠. 세 기업 간에 A 제품 매출액 차이는 거의 없는데 B 제품의 A 사 매출이 크게 늘었다면, 앞의 예시처럼 그래프 해당 영역에 빨간 점선 동그라미나 강조 표시를 넣어서 '여기서 실적격차가 발생했다'는 메시지를 명확히 전달할 수 있습니다.

반면에 세로 막대 그래프는 시간 흐름에 따라 변동하는 데이터(시계열 데이터)를 표현할 때 적합합니다. 예를 들어 연도별 매출 추이나 월별 제품 사용자 수처럼 시간에 따른 변화의 흐름을 보여주고 싶을 때는 다음 예시처럼 세로 막대나 선 그래프를 활용하는 게 좋습니다.

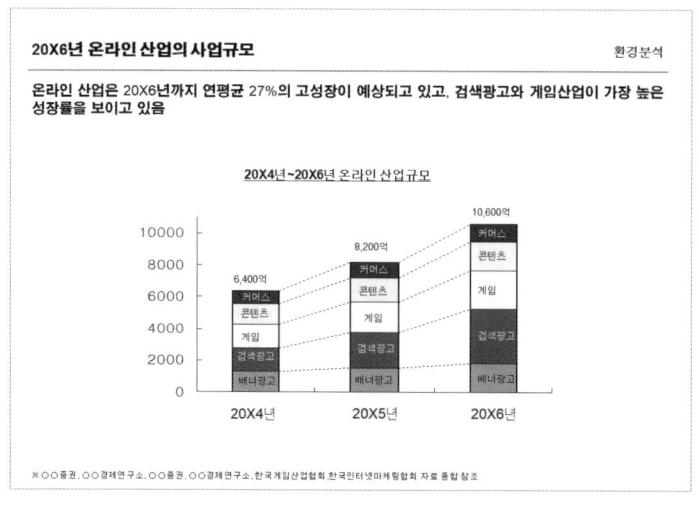

사실 위의 그래프도 제가 그냥 네모박스를 이용해 직접 그린 것입니다. 꼭 그리기 도구를 써서 그래프를 그릴 필요가 없습니다. 중요한 건 메시지를 얼마나 명확하게 전달하느냐이니까요. 참고로 외부 자료를 근거로 만든 그래프를 보고서에 담을 때는 반드시 슬라이드 왼쪽 하단에 그 근거(인용출처)를 표시해야 합니다. 근거표시를 생략했다가 "이건 어디서 나온 자료야?"라는 상사의 질문에 "예전에 어디선가 봤습니다" 식으로 답하면, 그 순간 보고서의 신뢰도가 무너지게 됩니다. 명확한 출처가 있다면 다음 예시처럼 표시하는 게 가장 좋습니다.

예)

※ 출처 : 통계청 20××, ○○○ 산업 보고서

만약 여러 곳의 자료를 참고해서 그래프를 만들었거나 직접 가공한 경우에는 앞의 예시처럼 여러 곳의 자료를 종합해서 반영했다고 표시하면 됩니다.

예)

※ ○○○, △△△ 등 주요 경제연구소 자료를 종합하여 작성

전문 학술기관이 아닌 일반 회사의 보고서라면 위와 같은 형식으로 출처를 표기하는 것만으로도 충분합니다.

005
파워포인트 보고서와
1페이지 보고서
바꿔서 만들기

　지금부터 실제 실무에서 자주 벌어지는 아주 중요한 상황에 관해 알아보겠습니다. 예를 들면 1페이지 보고서를 잘 만들어서 대표에게 보고했는데 갑자기 대표가 "이 내용을 파워포인트 보고서로 만들어서 전 직원 대상으로 발표하자"라고 하는 상황입니다. 상사의 지시니 새로 파워포인트 문서를 만들기는 해야 하는데 당연히 좀 부담스럽고 귀찮게 느껴질 수 있습니다. 반대 상황도 있습니다. 대표에게 보고하려고 파워포인트 보고서를 멋지게 만들었는데 본부장님이 "대표님께 드릴 1페이지 요약 보고서도 같이 만들어 줘"라고 하는 상황이죠. 이럴 때 스트레스받기 쉬운데, 스트레스 없이 해결하는 방법을 알려드리겠습니다.

　1페이지 보고서와 파워포인트 보고서는 약간의 구조차이가 있을 뿐입니다. 다음 그림처럼 1페이지 보고서는 핵심 스토리가 정리된 1페이지짜리 보고서 본문과 근거나 자료가 들어가는 첨부문서로 구성됩니

─── **1페이지 보고서와 파워포인트 보고서의 구조와 연계성** ───

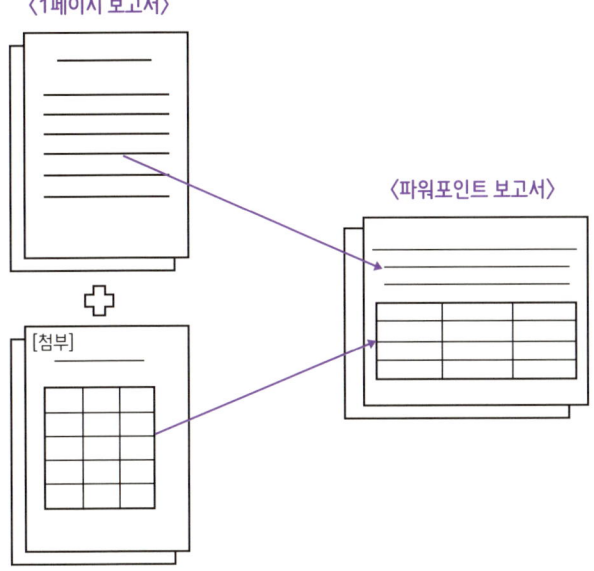

다. 파워포인트 보고서는 상단에 헤드 메시지를 배치하고, 하단에 1페이지 보고서의 첨부문서에 해당하는 근거자료를 배치하는 구조입니다. 본질적으로는 두 보고서 간에 큰 차이가 없는 것이죠.

❶ 1페이지 보고서를 파워포인트 보고서로 전환하는 방법

위에서 1페이지 보고서는 '압축된 핵심 메시지(헤드 메시지)+근거가 담긴 첨부자료' 구조로 돼 있다고 했습니다. 그리고 파워포인트 보고서는 가로 방향 A4 지 한 장에 다음 내용이 들어가죠.

- 상단에는 핵심 메시지(헤드 메시지)

- 하단에는 도표나 수치 등 근거자료

두 보고서의 구조를 잘 살펴보면, 다음과 같이 간단하게 1페이지 보고서 내용을 파워포인트 보고서 슬라이드로 바꿀 수 있습니다.

- 1페이지 보고서의 항목별 핵심 메시지를 파워포인트 보고서 슬라이드 상단에 '헤드 메시지'로 옮기고,
- 슬라이드 하단에는 1페이지 보고서의 첨부자료나 도표를 가져와 배치하고 편집하면 됩니다.

❷ 파워포인트 보고서를 1페이지 보고서로 전환하는 방법

반대로 파워포인트 보고서를 1페이지 보고서로 만들어야 할 때는 파워포인트 보고서의 '목차+헤드 메시지'만 따로 모아서 개조식(요약정리문) 형태로 정리하면 됩니다. 그리고 파워포인트 보고서 각 슬라이드 하단에 배치한 표, 도식, 수치자료 등은 1페이지 보고서의 첨부문서로 분리해서 [첨부 1], [첨부 2] 등의 형태로 넣으면 됩니다.

참고로 저는 '1페이지 보고서에 비해 파워포인트 보고서를 만들기가 쉽다'고 생각합니다. 파워 포인트 보고서는 설명문을 중심으로 헤드 메시지를 적고, 그에 맞는 도표만 잘 붙이면 되기 때문이죠. 즉, 파워포인트 보고서 작성은 구조화된 조립식 작업이라 상대적으로 부담이 덜합니다. 반면에 1페이지 보고서는 한두 페이지에 핵심 메시지의 논지를 잘 요약해야 하기 때문에 신경을 많이 써야 합니다.

요즘은 이런 자료의 변환이 어느 때보다 편리해졌습니다. 생성형 AI는 콘텐츠 형태를 변경하는 데 아주 뛰어난 성능을 발휘합니다. 위의 원리를 바탕으로 생성형 AI를 활용한다면 훨씬 빠르게 초안을 작성할 수 있을 것입니다.

8장

문서의 설득력을 강화하는 실전 보고법

001
때와 상황에 맞는 보고의 유형

보고는 크게 구두보고, 정식 보고, 문서보고 3가지 형태로 구분됩니다. 다음과 같이 보고상황에 따라 적절한 보고방식을 선택해 활용하면 됩니다.

① 구두보고

주로 중간 보고, 단순 사안, 민감하거나 애매한 이슈를 다룰 때 적합합니다. 문서로 표현하기 애매한 내용은 구두로 직접 전달하는 방식이 오히려 효율적입니다.

② 정식 보고(문서+설명)

회사의 중요 정책, 핵심 의사결정, 전략적 사안 등을 다룰 때는 문서와 함께 설명을 곁들이는 정식 보고형식을 사용하는 것이 좋습니다.

③ 문서보고(문서만 전달)

간략한 정보 전달, 시장동향 공유, 즉각적인 피드백이 필요하지 않은 상황에서는 문서보고가 유용합니다.

위의 설명처럼 문서보고는 즉각적 피드백이나 판단이 필요하진 않지만, 상황을 알려주면 보고 대상이 안심할 수 있는 사안에 적합합니다. 예를 들어 팀장이 지시한 일을 마무리하고 있는데 팀장이 먼저 퇴근했다고 해 보죠. 이런 경우에 지시한 일을 마친 후 그냥 퇴근하기보다는 '팀장님, 지시하신 일 잘 마무리했습니다. 편히 쉬세요.' 정도의 문자 메시지를 보낸다면 팀장이 마음 편히 쉴 수 있겠죠? 간단한 정보지만 이것이 상대를 안심시키는 역할을 한다면 그 자체로 훌륭한 문서보고가 될 수 있습니다. 반대로 아무 정보도 제공하지 않으면 '일은 잘 마무리한 건가?' 하는 팀장의 걱정을 부를 수 있습니다. 결국 보고는 문서뿐 아니라 사람과 사람 사이의 신뢰와 맥락까지 전달하는 행위입니다. 보고 상황에 따라 말로 할지, 문서로 할지, 둘 다 할지를 잘 판단하는 것이 중요합니다.

❶ 아무리 좋은 문서가 있어도 보고를 잘해야 합니다

보고서를 아무리 잘 만들어도 보고를 제대로 못 하면 소용이 없습니다. 먼저 보고를 할 때 자주 발생하는 3가지 상황을 살펴볼까요?

〈상황 1〉

보고자 : 팀장님, 이렇게 하면 좋을 것 같습니다.

팀장 : 근거가 뭔데?

보고자 : 그냥… 좋을 것 같아서요.

→ 근거 부족으로 발생하는 상황입니다. 근거가 없으니 당연히 설득하지 못하고 팀장에게서 "그럼 근거를 고민해서 다시 보고해"라는 말을 듣게 됩니다.

〈상황 2〉

보고자 : 이 방식이 좋을 것 같습니다.

팀장 : 그거 말고 다른 방식도 생각해 봤어?

보고자 : 미처 생각 못했습니다.

→ 경우의 수 분석이 부족했음이 드러나는 상황입니다.

〈상황 3〉

보고자 : 이렇게 처리했습니다.

팀장 : 왜 이렇게 처리했는데?

보고자 : 전임자들도 계속 이렇게 처리해 와서요.

팀장 : 처리방식을 바꿔 볼 생각은 안 해 봤어?

→ 문제의식 부족이 드러나는 순간으로, 셋 중 가장 안 좋은 상황입니다. 보고자의 판단이나 의도가 전혀 보이지 않기 때문에 신뢰를 얻기 어렵습니다.

❷ 보고서라는 문서의 향수에 빠지면 안 됩니다

기획자나 행정 담당 실무자들은 흔히 '보고서를 잘 만들었으니 일이 잘 풀리겠지'라고 착각하곤 합니다. 실제 보고과정에서 보고서가 차지하는 비중은 절반 정도라고 봐야 합니다. 보고서를 잘 쓰는 것은 기본이고, 보고방식과 커뮤니케이션 스킬에 따라 보고결과가 크게 달라질 수 있음을 꼭 기억해야 합니다. 실전에서 문서가 할 수 있는 역할은 50% 정도이고 나머지 절반은 보고자의 설명과 설득에 달려 있습니다.

❸ 보고 대상에 따라 보고방식도 달라져야 합니다

보고를 하다 보면 보고 대상에 따라 보고방식과 내용을 적절히 달리해야 함을 체감합니다. 예를 들어 보고 대상이 팀장이라면 보고서를 펼쳐 놓기만 해도 직접 내용을 읽어보고 피드백이나 의견을 주는 경우가 많습니다. 보고 대상이 본부장급 이상, 즉 경영진이면 상황이 완전히 달라집니다. 보고서를 잘 만들어도 설명이 매끄럽지 않으면 보고받는 경영진이 내용을 이해 못 하고 '다시 보고해!'라고 하는 상황이 생기곤 합니다.

002
시간대별로
잘 먹히는 보고방식

100% 정답은 아니지만, 시간대별로 보고가 잘 통하는 타이밍이 있다는 사실을 알고 있나요? 예를 들어 아침 8시에 출근해 본부장이 하루 일정을 막 계획하려던 참에 아주 열정적인 팀장이 "본부장님, 보고드릴 내용이 있습니다!" 하고 찾아오면 어떨까요? 팀장이 아무리 부하의 열정을 높게 사더라도 차분히 일정을 정리하는 시간에 불쑥 찾아오는 게 반갑지만은 않을 겁니다. 그렇다고 그런 마음을 드러내지는 못하고 답답해할 뿐이겠죠. 직장인은 대부분 출근 직후 약 30분 정도는 하루를 정리하는 시간이 필요합니다. 이런 시간대에는 성급히 구두보고를 하는 것보다는 간단한 전자결재, 문서보고나 이메일 보고가 훨씬 효과적일 수 있습니다.

각 업무시간대별로 잘 통하는 보고방식은 다음과 같습니다.

〈오전 9시~10시〉

- 보통 문서보고가 잘 통하는 시간대입니다.
- 전자결재 문서나 이메일로 보고하면 상대가 차분하게 읽고 결재해 줄 확률이 높습니다.

〈오전 10시~11시 30분〉

- 정식 보고를 하기에 가장 좋은 시간대입니다.
- 머리도 맑고, 집중도 잘 되며 의사결정을 내리기에도 적절한 시간대죠.

〈점심시간 전후〉

- 점심식사 시간에는 무거운 주제를 다루기보다는 간단한 중간 보고나 가벼운 커뮤니케이션이 좋습니다. 예를 들어 "팀장님, 지난 번 말씀드렸던 건 여기까지 진행됐고요. 내일 초안 드릴 수 있을 것 같습니다" 하는 식으로 진행 상황을 짧게 전달하는 데 적합한 시간대입니다.

또 하나의 팁은 점심식사 후 배가 부르면 사람은 쉽게 화를 못 낸다는 사실입니다. 공감하시나요? 조금 꺼내기 껄끄러운 얘기나 이슈가 있다면 점심시간 이후나 티타임 때 가볍게 건네 보십시오. 회의실에서 들었으면 화가 날 법한 이야기도 "아, 그런 이슈가 있었구나. 그럼 어떻게 해야 할까?" 하고 부드럽게 넘어가는 경우가 많습니다. 그래서 세계 정상들도 어렵고 중요한 이야기를 식사하면서 자연스럽게 나누는 경우가 많습니다.

〈오후 1시~2시〉

- 식곤증이 몰려오는 이 시간대에는 구두보고보다는 문서보고가 더 효과적입니다.
- 전자결재 문서나 이메일로 보고하는 것이 좋습니다.

〈오후 2시~5시 30분〉

- 정식 보고를 하기 좋은 시간대입니다.
- 다만 보고받는 사람이 보고 직전이나 직후에 급한 일정이 있는 시간은 피하는 게 좋습니다. 일정에 쫓기면 보고내용을 집중해서 듣기 어려울 수 있기 때문이죠.

〈오후 5시 30분 이후〉

- 보고를 피하는 것이 좋은 시간대입니다.
- 하루 업무를 정리하는 시간대에 갑자기 어려운 이야기를 꺼내면 보고 대상이 부담을 느껴서 오히려 부정적인 반응이 나올 수 있습니다.

보고에도 '타이밍'이 있습니다. 같은 내용이라도 언제, 어떤 방식으로 전달하느냐에 따라 받아들이는 사람이 전혀 다르게 반응할 수 있죠.

003
'요약 보고', 초반에 기선을 잡는 보고법

대부분 실무자들이 직속상사에게는 보고서만으로도 비교적 편안하게 보고를 합니다. 그런데 간혹 직속상사가 부하직원에게 자신의 윗선 상사에게 직접 설명하라고 지시할 때가 있습니다. 이런 경우 똑같은 보고내용인데도 보고에 어려움을 겪는 경우가 많죠.

저도 그런 경험이 있었습니다. 어느 날 기술적 내용이 포함된 보고서를 만들어서 직속상사인 실장에게 보고했는데 갑자기 "이 대리, 이 건은 자네가 상무님께 직접 보고하면 좋겠어"라고 한 것이죠. 당시 저는 제가 만든 보고서에 자신이 있었던 터라 겁도 없이 "네, 알겠습니다" 하고 상무에게 직접 보고하러 들어갔습니다. 그런데 평소 말 빠르고 성격 급하기로 유명한 그 상무는 제가 "상무님, 보고드리러 왔습니다"라고 하자마자 보고서를 낚아채서 페이지를 넘기기 시작했습니다. 그러더니 제 설명은 들을 생각도 않고 곧바로 "그래서? 뭐 하자는 건데?"하고 물었죠. 저는 당황해서 중언부언하며 어버버 하고 말았고 상무는 "다시 정리해서 보고해"라며 보고를 중단시켜 버렸습니다. 그때 저는 '아, 문서를 아무리 잘 만들어도 설명을 못하면 아무 소용이 없구나'라는 큰 깨달음을 얻었습니다. 무엇보다 내가 만든 문서에 도취되면 안 된다는 사실을 깨달았죠.

'내 문서가 주는 나르시즘에 빠지지 마라.'

이 깨달음이 이후 저에게 평생 각인됐습니다. 첫 보고에 실패한 후 저는 A4 지 4분의 1 정도에 인사말, 핵심 개요, 결론 요약, 설명순서를 짧은 멘트로 정리해서 암기하다시피 했습니다. 그리고 다시 들어간 보고 자리에서 "그래서? 뭐 하자는 건데?"라는 상무의 똑같은 질문에 "상무님, 이 건은 이러이러하게 하자는 것입니다. 핵심은 이러저러한 3가지인데 보고서 3페이지에 정리돼 있습니다"라고 선명하게 답했습니다. 그런 후 상무의 몇몇 질문에 보고서 앞뒤를 왔다 갔다 하며 설명했더니 상무가 "그래, 알았어. 그대로 진행해. 수고했어"라며 곧바로 승인해 줬습니다.

보고내용은 그대로였고 바뀐 건 단 하나, '한마디로 요약된 도입부 메시지'였습니다. 이것이 바로 제가 강조하는 요약보고, 그리고 도입 메시지의 힘입니다. 앞에서 배운 '한마디로 요약하면?'이라는 질문도 이런 경험에서 얻게 됐습니다(60쪽 참조).

여러분도 같은 상황에서 A4 지 1/4이나 1/3 정도의 요약보고문을 만들어 숙지하고 나서 보고에 들어가 보십시오. 초기 1분 정도만 잘 넘어가면 그 다음에는 서로 대화하듯 보고가 가능해질 것입니다. 저는 보통 2가지 패턴의 요약보고문을 활용합니다. 꼭 이 패턴들을 똑같이 따라

할 필요는 없으며, 가이드 정도로 생각하고 본인 입에 잘 붙는 문장을 만드는 것이 중요합니다. 첫 번째는 가장 표준적인 형태입니다.

〈표준 요약보고문〉

1. 인사말

상무님 안녕하십니까? 이윤석입니다.

2. 보고개요

최근 자주 발생하고 있는 해킹에 의한 보안사고 개선방안에 대해 보고드리려고 합니다.

3. 대략적인 결론·대안

현장에서 원인을 분석해 보니 결론은 서버나 네트워크 쪽의 문제라기보다는 프로그램 오류로 벌어지는 경우가 많았습니다. 이를 해결하기 위한 개선방안을 3가지 정도로 정리해 보았습니다.

4. 설명할 순서

그럼 현황, 이슈, 개선방안 순서로 설명드리도록 하겠습니다. 4페이지를 봐 주시기 바랍니다.

두 번째는 결론부터 말하고 시작하는 패턴입니다. 저의 경우 업무경험이 쌓이면서 다양한 보고를 하다 보니 언젠가부터 주로 이 패턴을 활용하고 있습니다.

〈결론부터 제시하는 요약보고문〉

사장님! 금번 조사 결과 서비스 장애가 일어나는 핵심적인 원인은 시스템 구조의 복잡성 때문인데, 이를 해결할 전문가가 현재 회사에 없습니다.

그래서 첫 번째로 타깃 리쿠르팅으로 업계에서 경험이 풍부한 시스템 구조 전문가 확보가 필요하고, 두 번째로 시스템 구조 개편 전까지는 장애전파 체계를 구축하여 장애 대응시간을 최소화할 필요가 있습니다.

3페이지를 보시면 전체적인 현황과 대안을 종합적으로 정리해 놓았습니다.

제가 상무 앞에서 어버버한 경험을 계기로 활용하게 된 요약보고문은 보고능력을 크게 향상시켜 줬습니다. 이것이 습관화되면 나중에는 미리 문서로 만들지 않아도 이런 식의 요약보고가 가능해집니다. 요약보고문을 활용한 보고법을 정리하면 다음과 같습니다.

- 30초 안에 강력히 어필할 메시지를 만들어서 반복해서 외움
- 보고에 필요한 사항은 미리 수첩에 적어 놓거나 참고자료로 복사
- 보고 전까지 주변 사람과 대화를 나누며 긴장 완화
- 보고에 들어가기 전 심호흡
- 상사의 눈을 맞추며 요약보고문에 기초해 자신감 있게 30초 어필 메시지 전달
- 상사가 바로 궁금해할 결론을 초반에 제시

이런 요약보고문은 콜드 콜(Cold Call) 영업에도 응용할 수 있습니다. 제가 스타트업에서 콜드 콜 영업에 활용한 예시를 공유하면 다음과 같

습니다.

> 팀장님! 안녕하십니까? 주식회사 OOO 이윤석 이사입니다.
> 저희는 현재 AA, BB, CC 등 150개 가구사가 활용하고 있는 가구 전문 배송 서비스를 시행하고 있습니다. OOOO 배송 관련해서 제안을 한번 꼭 드려 보고 싶어서 연락을 드리게 되었습니다.
> 2인 1조로 전국 배송이 체계적인 일정으로 진행되고 있고, 웹으로 신청하시면 체계적인 알림톡과 해피콜이 진행되어서 가구사로 인입되는 고객 콜이 80% 이상 줄어들어 본질인 마케팅에 더욱 집중하실 수 있는 서비스입니다.
> 한번 찾아 뵙고 설명을 드리고 싶은데 괜찮으신지요?

결론을 먼저, 부연설명은 나중에

앞서 언급한 '맥킨지 엘리베이터 테스트'는 고객사의 경영진과 엘리베이터를 타고 내려가는 30초 안에 핵심 메시지를 전달해 설득할 수 있는지를 점검하는 훈련입니다. 결론부터 말하는 두괄식 화법이 핵심인 이 테스트는 본인의 논리와 메시지가 얼마나 정돈돼 있는지를 가늠하는 기준이 됩니다. 실제 업무현장에서도 바쁜 경영진 앞에서 이렇게 짧고 명확하게 말하는 것이 의사결정을 받는 데 큰 도움이 됩니다. 어떤 보고이든 다음 표와 같이 '결론'과 '부연설명'을 한 문장으로 정리하는 훈련이 꼭 필요합니다.

결론	
부연설명	

위의 표에 내용을 채우는 느낌으로 다음 예시와 같은 요약보고문을 만들어 봐도 좋습니다.

① 예시 1 : 내부 개선 제안

· 결론

고객 VOC 대응체계를 전면 개편해야 합니다.

· 부연설명

최근 3개월간 민원 처리 지연건수가 42% 증가했고, 반복된 문제에 대한 내부 피드백 루트가 부재해 대응력이 떨어지고 있습니다. 전담 인력 지정과 FAQ 시스템 연동이 시급합니다.

② 예시 2 : 신규 서비스 제안

· 결론

MZ세대 대상 구독형 간편식 모델을 도입하겠습니다.

· 부연설명

20~30대 1인 가구 대상 정기 배송 니즈가 급증하고 있고, 경쟁사 대비 라인업 다양성과 레시피 기반 구독 구성이 차별화 요소가 될 수 있습니다.

③ 예시 3 : 비용 절감방안

• 결론

구매 프로세스 표준화를 통해 연간 약 3억 원의 비용을 절감할 수 있습니다.

• 부연설명

현재 각 부서별 수작업 주문으로 인한 낭비가 많으며, 전사 통합 발주 관리 시스템 도입 시 단가 협상력과 재고 효율성이 동시에 개선됩니다.

④ 예시 4 : 프로젝트 상황 보고

• 결론

○○ 프로젝트는 계획보다 2주 늦어졌으나, 핵심 모듈 개발은 완료했습니다.

• 부연설명

개발팀 인력 이슈로 중간 지연이 있었지만, 핵심 기능이 마무리되었고 QA 일정 조정으로 전체 일정 내 목표 달성은 가능할 전망입니다.

⑤ 예시 5 : 전략방향 제시

• 결론

디지털 전환의 핵심은 내부 프로세스와 체계를 만드는 것입니다.

• 부연설명

외부 플랫폼 연동보다 내부 프로세스 자동화와 데이터 기반 의사결정 체계를 만드는 것이 장기적으로 ROI가 더 높습니다.

004
'중간 보고', 논스톱 보고의 핵심 기술

　보고를 잘하려면 '중간 보고' 기술이 정말 중요합니다. 여기 2가지 유형의 보고자가 있습니다. 하나는 수첩 들고 사장실에 자주 들락거리며 대화하는 유형이고, 다른 하나는 혼자 멋지게 보고서를 써서 비서를 통해 시간을 잡고 사장에게 정식 보고를 하는 유형이죠.
　여러분은 성공적인 보고관점에서 어떤 유형이 더 유리하다고 생각하나요? 제 오랜 경험으로 보면 전자가 더 유리합니다. 정식 보고 전에 중간중간 사장에게 상황을 알리며 '잽'을 날려 놓으면 정식 보고서가 조금 약하더라도 이미 상황을 알고 있는 사장이 "김 팀장, 그때 말한 그 건이지?" 하며 대화가 자연스럽게 이어지기 때문이죠. 이에 비해 아무 말도 없다가 갑자기 정식 보고를 들어가면 사장이 "김 팀장, 갑자기 무슨 일로 왔어?" 하며 방어적으로 보고를 듣게 됩니다. 소위 '품평 모드'가 되면서 보고서 내용이 아무리 좋아도 설득력이 떨어지게 되죠. 이처럼 중간 보고는 상대방이 보고사안을 미리 이해하고 대략적인 방향성을 잡을 수 있게 함으로써 보고를 성공으로 이끄는 기술입니다.

❶ 중간중간 '잽'을 날립니다

중간 보고는 상사가 궁금해하기 전에 진척상황이나 이슈를 주기적으로 가볍게 공유하는 게 중요합니다. 상사를 직접 대면하기 어려우면 현재 진척사항과 이슈를 적어 이메일로 보내 놓습니다. 그러면 나중에 갑자기 상사가 해당 안건의 진행사항을 묻더라도 '해당 안건 관련 사항을 이메일로 보내드렸는데 현재 ○○까지 진행이 되었습니다' 하고 대응할 수 있습니다.

❷ 위기상황에서는 골든 타임을 놓치지 말고 바로 보고합니다

업무현장에는 늘 예상치 못한 일이 생깁니다. 오랫동안 잘 유지해 온 거래처가 갑자기 태도를 바꿀 때도 있죠. 그럴 땐 망설이지 말고 바로 전화기를 들어 상사에게 보고해야 합니다. 물론 전화하면 팀장이 '도대체 뭘 어떻게 했길래 이렇게 된 거야?'라며 버럭 화를 낼 수도 있습니다. 이런 꾸중을 받는 편이 낫습니다. 욕 안 먹으려고 혼자 끙끙대다 결정적인 타이밍을 놓치면 더 큰 사고로 이어질 테니까요. 작은 욕은 감수하고, 문제를 해결할 골든 타임을 확보하는 것! 이것이 훨씬 현명한 선택입니다.

❸ 지시가 이상하면 잠시 시간을 두었다가 다시 보고합니다

간혹 말이 잘 통하지 않는 상사가 이상한 지시를 할 때가 있습니다.

지시내용이 이상해서 그렇게 하면 안 될 것 같다고 하면 "이 대리, 왜 해 보지도 않고 그런 말을 해?" 하는 식으로 반응하죠. 그래 놓고 시킨 대로 했다가 결과가 안 좋으면 도리어 "이 대리는 생각이 없어? 하라니까 그대로 해?"라고 합니다. 당사자는 정말 답답한 노릇이죠.

이럴 땐 바로 대꾸하기보다는 우선 "네, 진행해 보겠습니다" 하고 돌아와서 잠시 시간을 가진 뒤 다시 제안하는 전략이 효과적입니다. 예를 들어 지시를 받은 다음에 어느 정도 고민해 봤을 만한 시간이 지난 후에 "팀장님, 고민을 좀 해 봤는데요, 진행하려고 보니 이런저런 이슈가 생겨서 다시 팀장님 의견을 듣고 싶습니다"라고 정중하게 되묻는 방식이죠. 신기하게도, 이렇게 하면 고집 센 상사도 생각보다 쉽게 방향을 바꾸는 경우가 많습니다. 갈등 없이 문제를 해결하는 유연한 커뮤니케이션 기술이죠.

❹ 초안 보고는 전체 보고서 작성기간 2분의 1 지점 이내에 합니다

마지막으로 중요한 팁 하나가 있습니다. 보고서가 완성되지 않았더라도 상사에게 그 초안을 빨리 보여주는 것이 좋습니다. 대부분의 실무자는 보고서가 80%쯤 완성됐을 때 보고하려고 합니다. 그러면 상사는 보고서를 수정할 시간이 부족해서 불편해하고, 더러 화를 내기도 합니다.

저는 보통 보고서가 30~40%쯤 완성됐을 때 초안을 들고 상사에게 가서 "본부장님, 아직 초안 단계 보고서인데요, 콘셉트는 이렇고 구성은 이렇게 생각 중입니다" 하고 보여 줍니다. 그러면 상사는 초안을 보면서 본인 의견을 이야기하죠. 저는 그 의견을 받아 적은 다음 그것과 제 아이디어를 합쳐 정리해서 더 빠르고 정확한 보고서를 완성합니다. 이런 식으로 혼자 멍 때리는 시간을 없애면 보고시간이 엄청 단축됩니다. 보통 2~3배는 빨라지죠. 여러분도 전체 보고서 작성기간 1/2 시점이 지나기 전에 꼭 상사에게 초안을 보고해 보기 바랍니다.

이런 습관 하나하나가 여러분의 보고력을 2~3배 빠르게 성장시킬 수 있습니다. 보고는 타이밍, 리듬, 대화입니다. 실전에서는 속도가 곧 실력이 될 수 있다는 점을 꼭 기억하십시오.

일을 잘한다는 것은 수많은 관점을 반영하여 가장 최선의 방향으로 일을 추진하는 것입니다. 본인, 상사, 이해관계자의 관점이 모두 녹아 있어야 성공적인 기획, 보고가 될 수 있습니다.

005
보고의 신뢰와 설득력을 높이는 5가지 핵심 원칙

실전 보고를 잘하려면 어떻게 해야 할까요? 실제 보고현장에서 여러분이 지켜야 할 5가지 핵심 원칙을 정리해 봤습니다.

❶ 메시지는 간결하게, 대안은 압축적으로 준비합니다
먼저 효과적이고 간결한 메시지를 미리 준비해 두는 것이 중요합니다. 보고하려는 사안의 핵심 내용을 명확하게 정리하고, 그에 따른 대안도 2~3가지 정도로 압축해서 준비합니다. 보고가 익숙하지 않을 때는 핵심 메시지를 워드로 따로 정리해 외워 두면 실제 보고에서 훨씬 매끄럽게 메시지를 전달할 수 있습니다.

❷ 결론을 먼저 이야기합니다
구두보고는 결론부터 명확히 말하는 것이 핵심입니다. 보고의 첫 메

시지부터 상대방의 관심을 끌 수 있도록 핵심 내용을 정리해서 전달해야 합니다. 보고를 두서없이 설명부터 시작하면 '그래서 결론이 뭐야?'라는 질문을 받기 쉽습니다.

❸ 대안과 그 장단점을 함께 설명합니다

보고를 할 때는 하나의 안이 아니라, 실행 가능한 대안과 각각의 장단점, 본인이 추천하는 안과 함께 그 이유까지 설명해야 합니다. 보고받는 사람은 선택지 없는 보고는 의미가 부족하다고 느끼기 마련입니다. 따라서 어떤 안을 제시하든, 그에 대한 경우의 수, 리스크, 실행조건 등을 미리 분석해 둘 필요가 있습니다. 그렇지 않으면 '그 대안은 다시 확인해서 보고하겠습니다'라는 말로 보고가 마무리될 뿐 아니라 보고자의 신뢰까지 떨어질 수 있습니다.

❹ 말은 또박또박, 여유 있게

보고가 처음이면 긴장해서 본인도 모르게 말이 빨라질 수 있습니다. 그러면 아무리 보고내용이 좋아도 상대방이 신뢰하지 못하고 오히려 미숙하다는 인상을 받게 됩니다. 보고할 때는 한마디씩 천천히 또박또박 말하는 것이 매우 중요합니다. 말 속도에 여유를 줘서 내용의 신뢰도와 전달력을 높여 줍니다.

❺ 반론에는 공감하고, 의견은 조심스럽게

보고를 할 때 상사가 다른 의견이나 반론을 제기하면 먼저 그 의견에 공감하고 경청한다는 태도를 보이는 것이 중요합니다. 그런 다음 "그런

우려가 있으신 점은 이해합니다. 다만 이런 측면에서 이런 안도 고려해보았습니다" 하는 식으로 자신의 의견을 정중하게 제시하면 됩니다. 자기 주장만 고집하거나 감정적으로 대응하면 보고는 실패로 끝날 가능성이 높습니다. 보고의 목적은 자기 주장을 관철시키는 게 아니라 이해관계자들과 함께 합리적인 결론에 도달하는 것이라는 점을 기억해야 합니다.

위의 5가지 원칙을 잘 익히고 실천하면 보고의 설득력과 신뢰도가 훨씬 높아집니다. 다만 구두보고만 잘한다고 해서 모든 것이 해결되지는 않습니다. 구두로 보고한 내용을 문서로 정리해서 남기고 공유해야 비로소 보고의 완성도가 높아집니다. 구두보고와 문서는 항상 함께 간다는 사실을 잊지 않아야 합니다.

006
보고의 효율을 높이는 3가지 도구

보고서 외에 보고효과를 높이는 여러 도구가 있습니다. 그 대표적인 3가지 도구와 활용법을 알아보겠습니다.

❶ 전자결재 의견 첨부 : 문서만으로 설명이 부족할 때

전자결재 시스템에 올린 품의서가 아무리 잘 작성돼 있더라도 경영진이 그 문서만 보고 모든 맥락을 이해하기는 쉽지 않습니다. 특히 이해관계자가 많은 사안일수록 더 그렇습니다. 이럴 때는 전자결재 시스템의 '의견 첨부' 란에 간단한 설명문을 적어주는 방식이 효과적입니다. 설명문은 이메일처럼 번호를 붙여가며 개조식으로 쓰는 방식이 좋습니다. 예를 들어 이미 경영진 승인을 받은 채용 대상자의 채용 품의서를 올린다고 해 보겠습니다. 이때 회사 대표가 해당 채용 대상자의 연봉이 높은 이유를 다시 물을 것 같으면 이렇게 의견을 첨부하는 겁니다.

대표님

지난번 인터뷰하신 OO 사 OOO 본부장 채용 품의입니다. 전반적인 사항은 지난 보고 시 구두로 보고드렸습니다.

1. 현재 받고 있는 연봉이 OOO원인데. 인센티브를 30% 받고 있는 것으로 확인되었습니다. 지난번 사장님께서 주신 가이드를 바탕으로 연봉을 OOO원으로 정하는 것을 본인에게도 최종 확정을 받았습니다. 현재 회사 보상수준 검토 시 OOO 본부장과 같은 수준으로, 무리가 없는 수준입니다.

2. 다시 한번 업계에 평판을 확인하였는데 OOO분야에 국내에서 몇 안 되는 경험자라는 것은 동일하게 제시되고 있고, 열정적이면서 겸손해서 같이 일하고 싶은 사람이라는 의견이 전반적이었습니다. 일부 약점으로 제시된 의견은 업무역량에 비해 효과적인 관리능력은 다소 부족하다는 의견이었습니다. 종합해 볼 때 회사가 추진하는 OO사업의 OO을 구축하는 데 많은 도움이 될 것 같습니다.

3. 입사 후 2개월 정도 제가 지속적으로 미팅을 가지면서 필요한 사항을 지원하여 회사 적응을 지원하도록 하겠습니다.

감사합니다.

'의견 첨부' 란에 이런 설명을 덧붙이면 대표가 굳이 담당자를 호출할 필요 없이 바로 승인 버튼을 누를 수 있습니다. 항상 그렇지는 않겠지만, 중요한 결정을 받아야 할 때는 이 방법을 잘 활용하기를 권합니다. 상대방도 내용을 빠르게 이해하고 긍정적으로 반응할 가능성이 높습니다.

❷ 이메일 : 새로운 제안은 가볍고 설득력 있게

새로운 제안을 할 때는 1페이지 보고시보다는 이메일이 더 효과적입니다. 저도 새로운 아이디어가 생기면 대부분 이메일로 전달합니다. 예를 들면 '대표님, 어젯밤에 고민하다가 문득 이런 아이디어가 떠올라 메일 드립니다. 혹시 이 방식으로 진행하는 건 어떨까요?' 하는 식이죠.

이메일은 상대방이 바쁘더라도 끝까지 읽는 경우가 많다는 장점이 있습니다. 심지어 성격 급한 사람도 이메일은 꼼꼼히 읽는 경우가 많습니다. 이메일은 상사가 특별히 요청하지 않은 안건을 제안할 때 효과적입니다. 이렇게 이메일을 보내 놓으면 다음 날 직접 불러서 이야기하는 식으로 연결되기도 쉽습니다. 다음 사례처럼 말이죠.

홍 과장! 보낸 메일 잘 검토해 보았어.

좋은 콘셉트인 것 같아. 전체적인 방향성에 공감해. 아침에 잠깐 이야기 나눠 보고 구체적으로 진행하자고. 수고했어!

장길산 부장

From: 홍길동 과장
Sent: 20××-05-04 (수) 18:07:02
To: 장길산 부장
Subject: 보고서 작성과정 구상

부장님 안녕하십니까? 홍길동입니다. 지난번 말씀주신 구성원 보고서 작성과정 구상에 대하여 아래와 같이 의견을 드립니다.

1. 본 과정은 보고서를 만들기 위해 필요한 역량을 핵심적인 Tip 위주로 빠르게 체득하여 기획역량을 향상시키는 데 집중할 계획입니다.

2. 현재 기존의 다양한 과정들을 살펴보면 내용은 재미있는데 실제 현장에 쓰기 어려운 경우가 많고, 주로 파워포인트 문서 작성에 집중되어 있으며, 콘셉트를 잡는 것과 기획서를 구체적으로 쓰는 방법이 나눠져 있어서 효과적인 학습이 되고 있지 못한 이슈가 있습니다.

3. 따라서 본 과정은 짧은 3시간 동안 근본 원리 및 실제 현장에서 쓰이는 스킬 및 Tip 위주로 구성하여 과정을 끝내고 돌아가도 수강생이 업무에 지속적으로 적용이 가능한 수준을 목표로 하고 있습니다.

미팅할 때 서로 주고받은 이메일을 출력해서 책상에 올려놓고 함께 의견을 나누면 상대방도 말문 열기가 쉬워집니다. 그 자리에서 나온 상대방의 좋은 의견을 제안내용과 함께 보고서로 정리해 제출하면 제안 성공률도 높아집니다. 즉, 제안을 할 때는 '이메일→대화→문서화'의 흐름이 가장 자연스럽고 효과적입니다.

❸ 메신저(문자) : 빠르고 안심되는 소통방식

문자 메시지나 메신저는 복잡한 내용보다는, 간단하지만 상대를 안심시키는 메시지를 보낼 때 효과적입니다. 예를 들어 해외 출장 중인 본부장에게 다음과 같은 짧은 메시지를 보내면 본부장은 직접 보고받지 않더라도 걱정되는 마음을 놓을 수 있습니다.

'상무님, ○○ 프로젝트 잘 마무리됐습니다. 걱정 마시고 출장 잘 다녀오십시오.'

'상무님, ○○○입니다. 장기간 출장으로 피곤하실 텐데 건강 잘 챙기고 계시지요? 궁금해하셨던 <협력업체 활용> 건에 대하여 우선 ~ 등과 같이 간략히 보고드립니다. 궁금하시면 언제든지 문의주시고, 자세한 내용은 회사 메일 계정으로 보냈으니 시간되실 때 검토 부탁드립니다. 감사합니다.'

상대방의 심리적 긴장을 낮춰주는 것도 보고의 한 방식일 수 있습니다. 문자 메시지나 메신저는 보고의 '주 수단'보다는 '보완적 수단'으로써 빠르게 소통하거나 안심을 주는 용도로 활용하는 것이 좋습니다.

007
커뮤니케이션 오류를 없애는 메모 소통법

메모를 활용한 소통의 장점

저는 사회생활 초기에 상사가 부를 때 수첩을 들고 가지 않았습니다. 상사가 부르면 최대한 빨리 달려가는 게 최선이고, 지시사항은 기억력으로 커버하면 된다고 생각했었죠. 그런데 실제로는 상사의 지시사항 중 한두 가지는 꼭 까먹었고, 기억에서 사라진 지시 한 가지로 인해 업무 전체가 어긋나는 경우도 많았습니다. 저는 이런 실수를 반복하다 기억에 의존한 일 처리는 신뢰를 쌓기 어렵고, 상사에게 '저 사람에게 일을 맡기면 안심된다'는 확신을 줘야 완벽한 신뢰를 얻을 수 있음을 깨달았습니다. 그러고 나서 저는 상사와 업무 논의를 할 때 무조건 수첩을 들고 갔고, 메모한 지시내용을 다시 확인하는 습관을 들였습니다. "팀장님, 아까 말씀하신 건은 이렇게 정리되는데, 이대로 진행하면 될까요?"

식으로 메모한 지시내용을 확인하고 조율하는 습관을 들여 실수를 줄여 나갔고, 자연스럽게 더 많은 업무도 맡게 됐습니다. 상사의 지시내용을 꼼꼼히 메모하는 습관은 단순히 실수를 줄이는 것뿐만 아니라 다음과 같이 여러 이점이 있습니다.

첫째, 일의 우선순위를 명확하게 파악할 수 있습니다. 메모를 하면 어떤 업무를 먼저 처리해야 할지 판단하기 쉬워지기 때문에 '엉뚱한 일부터 시작하는' 실수를 방지할 수 있습니다.

둘째, 상사와의 커뮤니케이션이 훨씬 정확해집니다. 메모한 내용을 토대로 상사에게 다시 질문하거나 일정과 우선순위를 조율할 수 있기 때문에 업무속도와 정확도가 올라갑니다.

셋째, 상사에게 '경청하고 있다'는 인상을 줄 수 있습니다. 지시사항을 꼼꼼히 받아 적는 모습을 보여주는 것만으로도 상사는 '이 친구가 집중하고 있구나' 하는 신뢰를 느끼게 됩니다.

아쉽게도 신입사원은 물론이고 대리나 과장급 실무자들도 메모 습관을 들이지 않는 경우가 많습니다. 사소해 보이는 이런 습관들이 결국 업무현장에서의 역량차이를 만드는 경우가 많습니다.

'확인-우선순위-일정', 메모 활용 업무 협의의 핵심

'메모 소통법'은 실무에서 정말 중요한 기술 중 하나입니다. 지금 설명하는 이 방법을 여러분도 적극 활용하고 후배에게도 꼭 알려 주기를 바랍니다. 메모 소통법의 핵심은 '확인-우선순위-일정' 단계를 습관화하는 것입니다. 이 세 단계만 기억하면 어떤 업무지시도 분명하게 정리할 수 있습니다.

❶ 지시내용을 핵심 키워드 중심으로 최대한 구체적으로 기록합니다

상사 지시의 중요 부분만 대충 요약하지 말고 가능한 한 상세하게 메모합니다. 특히 업무가 익숙하지 않은 신입사원이라면 중요 내용만 요약해 메모하면 나중에 자세한 지시내용을 기억하지 못하는 경우가 많습니다. 메모할 때는 가능한 한 상사의 말투나 뉘앙스까지 기록하는 것이 좋습니다. 이런 기록이 나중에 업무의 방향성을 확인하는 데 큰 도움이 됩니다.

❷ 확인 : 메모 내용을 되짚어 상사에게 재확인합니다

상사의 지시가 끝난 뒤에는 "말씀하신 내용을 정리해 보면 ○○을 ○○하게 진행하라는 말씀이시죠?" 식으로 지시내용을 재확인하는 게 좋습니다. 이 과정이 매우 중요합니다. 대부분의 상사가 즉흥적으로 지시하는 경우가 많아서 애초 지시한 의도와 실제 실행내용이 다를 수 있기 때문이죠. 신기하게도, 본인의 지시내용을 부하직원이 정리해서 다시 들려주면 상사도 한 번 더 생각해 보곤 합니다. 상사가 생각해 보고 본인이 지시한 의도와 일치하면 그대로 진행하라고 할 것이고, 아니라면 "그 건은 그게 아니라 이런 의도였어" 하고 정정해 줄 것입니다. 이렇게 지시받은 현장에서 바로 내용을 재확인하면 실수 없이 업무를 정리할 수 있고, 나중에 서로 불편하게 다시 물어볼 필요도 없습니다.

❸ 우선순위 : 우선순위를 묻는 질문은 필수입니다

상사가 한 번에 여러 일을 지시하면 꼭 "여러 말씀 주셨는데 어떤 일부터 진행하면 좋을까요?" 하고 묻는 게 좋습니다. 의외로 많은 실무자가 이 질문을 하지 않고 자기 판단으로 편한 일부터 처리하곤 합니다. 그러다 결국 상사에게서 "왜 그걸 먼저 했어? 내가 그 순서로 하라고 한 적 없는데?"라는 말을 듣게 되죠. 제 경험으로는 위의 질문을 던졌을 때 90%의 상사가 그때서야 잠깐 우선순위를 고민합니다. 그리고 나서 일의 우선순위를 다시 정리해 주죠. 위의 질문을 하지 않았다면 실무자는 그냥 전부 다 급한 일이라고 생각할 수 있겠죠. 우선순위 묻기는 단순한 일의 절차 확인이 아니라 '상사와 업무방향을 일치시키는' 중요한 대화의 한 과정입니다.

❹ 일정 : 마지막에는 반드시 일정을 확인합니다

업무 우선순위를 확인했다면 마지막으로 꼭 일정(납기일)을 확인합니다. 상사에게 "이 일은 언제까지 마무리하면 될까요?"라고 물으면 상사도 일정을 한 번 더 생각하게 되고, 양쪽 모두 명확한 마감기준을 공유할 수 있습니다. 만약 상사가 제시한 일정에 무리가 있다면 "현재 진행 중인 ○○ 업무가 있어 ○일까지 완료하는 것으로 조정해도 괜찮을까요?" 하는 식으로 일정을 협의하면 됩니다.

상사와 메모로 업무 협의를 하는 과정은 실질적으로 구두 업무계약을 맺는 것과 같습니다. 회사에서 계약서를 쓰듯이, 상사의 지시를 메모를 기반으로 '확인→우선순위→일정' 단계로 정리함으로써 일종의 정확한 업무 처리를 위한 계약을 맺는 것이죠. 이렇게 확인, 우선순위, 일정만 분명히 해도 업무가 훨씬 선명하게 정리되고, 일을 더 정확하고 실수 없이 처리할 수 있습니다. 때론 리더급 실무자들도 이 3단계 확인과정을 거치지 않는 경우가 있습니다. 일례로 한 팀장이 무서운 사장에게서 지시를 받고 지시의도나 일정 등을 감히 묻지 못하고 나와서는 팀원을 소집해 '의도 파악 회의'를 했다는 사례가 있습니다. 지시받는 자리에 있지도 않았던 직원들 입장에서는 '팀장님이 직접 여쭤 보지, 왜 우리한테 해석을 맡기시나…' 하며 당황스런 마음이 들 수밖에 없겠죠? 아무리 무서운 상사라도 그 자리에서 지시내용을 정확하게 확인하는 것이 훨씬 낫습니다. '확인-우선순위-일정' 3단계 확인을 거치면 지시를 주고 받는 중간에 서로 말이 꼬이지 않고 일도 매끄럽게 흘러갑니다.

9장

집중과 호응도를 높이는
프레젠테이션 기술

001
'청중-목적-환경', 프레젠테이션 사전 3P 분석

　남들 앞에서 발표를 한다는 것은 누구에게나 스트레스일 수 있습니다. 남들 앞에만 서면 떨리고 머리 속이 하얗게 변하기도 하죠. 이럴 때 도움되는 몇 가지 팁을 정리해 봤습니다.

　프레젠테이션의 어려움은 한정된 시간과 장소에서 청중에게 내가 전달하는 메시지를 공감시켜야 한다는 데 있습니다. 이럴 때 '3P 분석'이 도움이 됩니다. 3P는 내 이야기를 들어주는 청중(Person), 내가 프레젠테이션으로 얻길 원하는 목적 또는 목표(Purpose), 이야기를 하는 환경·공간(Place)을 말합니다. 이 3P 분석은 내 일이 최종 소비되는 장면을 상상하는 것과 일맥상통합니다.

―――― 프리젠테이션의 3P ――――

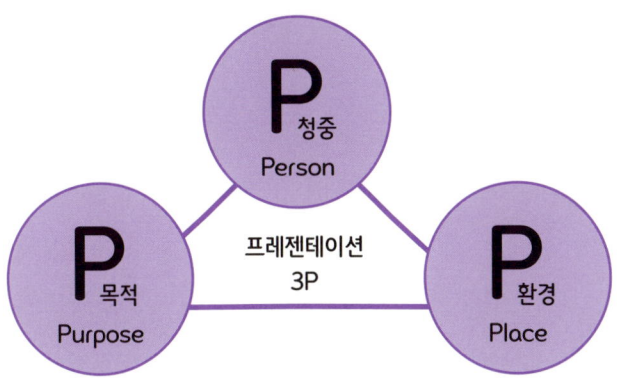

다음과 같은 방법으로 3P 분석을 하면 발표를 어떻게 준비해야 하는지 감을 잡을 수 있습니다.

① 청중(Person)

내가 설득하려는 대상은 어떤 사람이고, 어떤 지식·경험을 가지고 있으며, 무엇을 원하는가? (예 : 본부장? 실무자? 외부 심사위원?)

② 목적·목표(Purpose)

내가 프레젠테이션으로 이루려는 것은 무엇이고, 주어진 시간 내에 어떤 목표를 달성하고 싶은가?

③ 환경(Place)

발표시간은 얼마이고, 발표장소는 어떠하며, 발표장비나 환경은 어떠한가?

각 요소들을 조금 더 구체적으로 살펴볼까요?

① 청중(Person)

먼저 내가 발표할 대상이 누구인지부터 파악합니다. 어떤 사람들이 듣는지, 연령대는 어떠한지, 어떤 배경지식을 갖고 있는지를 미리 물어보거나 확인해 보는 게 중요합니다. 예전에 제가 40대 중반인 저보다 나이 많은 사람이 대부분인 청중을 대상으로 리더십 강의를 한 적이 있었습니다. 그 상황에서 제가 일방적으로 강의하면 당연히 집중도가 떨어질 듯해서 먼저 이렇게 운을 뗐습니다. "선배님들, 오늘 정말 반갑습니다. 아마 저보다 훨씬 더 많은 현장경험이 있으실 텐데요, 저는 오늘 다양한 리더십 패턴을 소개해 드리려고 합니다. 이미 알고 계신 방식과 비교해 보면서 필요한 부분은 활용해 보셔도 좋겠습니다." 이런 식으로 청중을 존중하면서도 발표방향을 유연하게 조정하면 훨씬 분위기가 좋아집니다.

② 목적·목표(Purpose)

만일 발표시간이 10분밖에 안 된다면 청중에게 많은 메시지를 전달하기 어려울 것입니다. 이렇듯 발표에는 항상 시간이 정해져 있으므로 그 시간 안에 어떤 결과를 끌어낼지를 분명하게 정해 두어야 합니다. 만약 누군가 여러분에게 이 책에 담긴 내용으로 2시간짜리 보고서 강의를 해 달라면 어떻게 하겠습니까? 2시간이면 실습 한 번만 해도 채울 시간인데 이 많은 내용을 어떻게 다 전달할 수 있을까요? 저라면 이렇게 하겠습니다. 일단 책 내용을 '기획에 꼭 필요한 사항, 1페이지 보고서 작성법, 보고법' 3가지 주제로 압축해서 강의합니다. 그러고 나서 청중에게 메일 주소를 주면 더 자세한 내용을 담은 샘플 자료를 보내 준다고 하는 거죠. 이러면 한정된 시간에 책 내용을 대부분 전달한다는 목적을 달성할 수 있겠죠? 이처럼 프레젠테이션을 할 때는 한정된 시간에 달성할 목적과 목표를 명확히 정하는 것이 매우 중요합니다.

③ 환경(Place)

마지막으로 발표환경도 중요합니다. 발표 전에는 반드시 발표시간, 발표공간의 조건, 장비 유무, 청중 수 등을 미리 파악해야 합니다. 예를 들어 발표공간에서 PPT 자료를 사용할 수 있는지, 아니면 인쇄물로 진행해야 하는지에 따라 자료 구성과 발표방식이 크게 달라지기 때문이죠. 사전에 발표환경을 파악해야 그에 적합한 전달방식을 선택할 수 있고, 발표효과도 높일 수 있습니다.

002
'시나리오', 프레젠테이션 생명선 만들기

　프레젠테이션을 할 때는 미리 시나리오를 작성해 봐야 합니다. 시나리오를 통해 전체 발표시간을 조절해야 한다는 것이죠. 시나리오는 '분량'이 가장 중요합니다. 이때 핵심 팁은 'A4 지 한 장이 발표시간 3분'이라는 것입니다. 물론 사람마다 다소 차이는 있지만 보통 A4 지 한 장이면 약 3분의 발표시간이 나옵니다. 그런데 많은 발표자가 시나리오가 아닌 'PPT 페이지 수'로 발표시간을 조절하려는 실수를 합니다. 이러면 대부분 시간 초과로 발표가 중단되거나, 중요한 내용을 전달하지 못할 수 있습니다.

　만일 제안 설명회에서 주최 측이 정한 발표시간이 5분이라면 그 시간에 정확히 맞춰 시나리오를 작성하는 것이 무엇보다 중요합니다. 5분이면 A4 지 한 장 반 분량이면 충분합니다. 생각보다 말로 내용을 설명하는 데는 시간이 많이 걸립니다. 이렇게 시나리오를 정해진 시간에 맞춰 준비해야 중간에 끊기는 일 없이 발표를 안정감 있게 마무리할 수 있습니다. 시나리오는 너무 많은 내용을 담기보다는 핵심 위주로 구성하는 게 좋습니다. 시나리오를 쉽게 작성하는 구체적인 방법은 다음과 같습니다.

① PPT 각 장표의 헤드 메시지를 중심으로 시나리오를 구성합니다.
헤드 메시지가 없는 장표라면 그 장표에서 설명할 내용을 1~3줄 정도로 요약해서 넣습니다.

② 추가 설명이 필요한 페이지는 핵심 포인트를 간략히 덧붙입니다.
설명이 거의 필요 없는 페이지는 헤드 메시지만 시나리오에 반영해도 충분하고, 세부적인 설명이 필요한 중요 페이지라면 강조하고 싶은 내용을 정리해 시나리오에 반영하는 것이 중요합니다.

③ PPT 자료를 완성한 후 꼭 전달하고 싶은 내용이 있다면 시나리오에 추가하여 말로 보완 설명을 하면 됩니다.

④ 청중의 흥미를 끌 만한 예시 등을 시나리오에 넣으면 발표를 훨씬 더 매끄럽게 진행할 수 있습니다.

저는 2건의 경쟁 프레젠테이션을 코칭한 경험으로 시나리오의 중요성을 다시 실감한 적이 있습니다. 한 건은 40억 원 규모의 수주 경쟁 프레젠테이션이었는데, 발표와 수행을 담당한 PM이 저에게 조언을 구했습니다. 발표시간이 10분으로 제한돼 있는데 PPT 분량을 줄이는 게 좋겠냐는 거였죠. 저는 두꺼운 제안서가 아닌 발표 PPT 자료만 보고 평가하는 평가위원도 있으니 PPT 분량을 줄이기보다는 시나리오를 만들어 보라고 했습니다. 발표시간이 10분이니 A4 지 3장 정도면 좋겠다고 했고요. 결과는 어땠을까요? PPT 자료를 줄이지 않고도 시나리오를 충실히 준비한 덕분에 발표시간을 딱 맞추고 수주에도 성공할 수 있었습니다.

또 한 건은 정말 경쟁이 치열한 수주 프레젠테이션이었습니다. 당시 발표를 맡은 PM이 너무 긴장하기에 저는 이때도 꼭 시나리오를 작성하라고 조언했습니다. 그 PM은 발표 당일에도 잔뜩 긴장했지만 미리 준비한 시나리오 덕분에 발표를 잘 마칠 수 있었죠. 이 발표에서는 제가 직접 질의응답을 담당하기도 했는데, 결과적으로 간발의 차이로 이 사업도 수주할 수 있었습니다.

시간 제한이 있는 발표에서 시나리오는 필수 요건입니다. 위의 사례들처럼 경험 많은 PM조차 이것을 잘 모를 수 있습니다. PPT 자료에만 의존하는 발표방식으로는 시간과 환경적 제약이 큰 제안상황에서 여러 어려움에 부딪칠 수 있습니다.

003
'아이 컨택',
프레젠테이션 몰입의 열쇠

❶ 메라비언의 법칙, 눈빛과 목소리가 중요합니다

특급 강사의 똑같은 강의내용을 녹음 파일로 들었을 때와 강의장에서 직접 들었을 때 학습효과에 차이가 있을까요? 대부분 후자가 더 효과가 크다고 생각할 것입니다. 그럼 왜 강의를 직접 들었을 때 이해도 잘 되고 기억에도 오래 남을까요? '메라비언의 법칙'을 보면 그 이유를 알 수 있습니다. 미국의 심리학자 앨버트 메라비언이 주장한 이 법칙은 '커뮤니케이션에서 말의 내용보다 시각적·청각적 요소가 훨씬 더 강력한 영향을 미친다'는 이론입니다. 그는 실험을 통해 메시지 전달력에서 단어의 의미는 단 7%에 불과하고, 음성(어조, 음색 등)이 38%, 시각적 요소인 눈빛, 표정, 몸짓 등 비언어적 표현이 무려 55%를 차지한다고 설명했습니다. 결국 메시지의 93%는 비언어적 요소에 의해 전달된다는 것이죠.

이 법칙은 프레젠테이션이나 보고를 할 때 특히 중요한 기준이 됩니다. 발표자가 아무리 논리적으로 설명하더라도 그의 눈빛, 표정, 목소리에서 자신감과 확신이 느껴지지 않으면 청중은 쉽게 공감하지 않습니다. 프레젠테이션을 차렷 자세로 한다고 생각해 보십시오. 발표자의 메시지나 의도가 청중에게 제대로 전달될까요? 발표나 보고를 준비할 때 관련 자료만큼이나 음성과 바디 랭귀지, 특히 아이 컨택 같은 비언어적 커뮤니케이션에 신경 쓰는 것이 중요합니다.

❷ 아이 컨택은 프레젠테이션 몰입도를 결정짓는 열쇠입니다

비언어적 커뮤니케이션 방법 중에서도 가장 중요한 것이 '아이 컨택'입니다. 아이 컨택은 단순히 눈을 마주치는 행위가 아닌 청중과 신뢰와 몰입을 형성하는 핵심 기술입니다. 예전 직장 연말행사에서 직원들이 돌아가며 장기자랑으로 노래를 한 적이 있었습니다. 다들 노래 실력은 훌륭했지만 노래방 기계에 뜬 가사를 보려고 등을 돌리고 있다 보니 사람들은 집중하지 않고 술만 마셨습니다. 그런데 잠시 후 한 초대 가수가 무대에 올랐습니다. 지금은 유명해진 '린'이었지만 당시엔 신인 가수라 알아보는 직원이 거의 없었습니다. 그런데 노래가 시작되고 약 20초쯤 지나자 모든 직원이 무대에 집중하며 호응하기 시작했습니다. 단순히 린이 노래를 잘해서가 아니었습니다. 당시 린은 관객 한 명 한 명에 쭉 돌아가며 눈을 맞추면서 노래했습니다. 그러자 모든 직원이 어느 순간 '지금 나를 보고 있다'는 느낌을 받으면서 자연스럽게 몰입하고 노래에 깊게 공감한 것이었죠.

프레젠테이션에서도 아이 컨택은 절대적인 영향을 미칩니다. 제가 아는 한 프레젠테이션 전문가가 있습니다. 그는 국내 최대 SI회사 PM으로, 많은 제안 설명회를 진행하면서 실패한 적이 거의 없었습니다. 제가 그 비결을 묻자 그는 주저 없이 '아이 컨택'이라고 답했습니다. 그는 고객사 의사결정권자와 아이 컨택하며 발표를 시작하면 1~3분 안에 성공할지 아닐지 감이 온다고 했습니다. 프레젠테이션에서 아이 컨택, 즉 시선 교류가 그만큼 중요하다는 것이죠.

커뮤니케이션의 80% 이상이 시각적인 요소에서 비롯되며, 사람의 '눈'은 감정과 신뢰를 드러내는 가장 강력한 통로임을 꼭 기억해야 합니다. 물론 상대와 단순히 눈을 맞춘다고 해서 아이 컨택의 효과를 얻을 수는 없겠죠? 프레젠테이션에서 아이 컨택의 효과를 높이려면 다음과 같은 요령이 필요합니다.

① 핵심 인물에게 먼저 시선을 맞추며 이야기합니다

청중 중에서 의사결정권이 있는 인물에게 눈을 맞추는 것이 핵심입니다.

② 반응을 지속적으로 살핍니다

아이 컨택한 대상의 반응, 즉 고개를 끄덕이는지, 시선을 피하는지 등을 보면서 발표 흐름을 유연하게 조절할 수 있습니다.

③ 신뢰감 있는 눈빛과 자세를 유지합니다

불안한 시선은 발표내용을 의심하게 만들 수 있으니 자신감 있는 태도로 발표하는 것이 중요합니다.

④ 핵심 인물을 중심으로 점을 찍듯이 한 명씩 자연스럽게 눈을 맞춥니다

자연스럽게 돌아가며 다른 청중과도 눈을 마주치며 발표하다가 다시 핵심 인물에게 시선을 돌리면 균형 잡힌 발표가 됩니다.

⑤ 의식적으로 '시선 사각지대'를 없앱니다

사람은 보통 자신의 왼쪽 뒤편이나 오른쪽 뒤편 등 특정 방향에 시선을 놓치는 경우가 많습니다. 발표자리에서 의식적으로 그런 방향으로 시선을 돌려 눈을 맞추는 노력을 합니다.

위와 같은 아이 컨택 기술은 간단하지만 강력한 효과를 냅니다. 여러분도 발표할 때 꼭 이 기술을 활용하기를 바랍니다.

❸ 바디 랭귀지는 과하지 않게 적절히 사용합니다

손짓이나 제스처 등 바디 랭귀지는 발표나 보고를 할 때 중요 포인트를 강조할 때 매우 유용합니다. 다만 이것이 지나치게 크거나 과장되면 오히려 상대방에게 부담을 줄 수 있다는 점에 주의해야 합니다. 핵심을 말할 때 자연스럽게 손을 사용하는 정도면 충분합니다. TV 오디션 프로그램에서도 손동작이 과한 참가자에게 좋은 평가가 나오지 않는 것과 유사하죠.

004
호감과 전달력을 강화하는 발성 & 말 속도 조절법

'목소리'와 '발성'은 발표에서 정말 중요한 요소 중 하나입니다. 배우 이영애 씨는 데뷔 초에 발성이 약해서 연기를 못한다는 평가를 받기도 했지만, 꾸준히 발성연습을 한 결과 <대장금>의 주역으로 큰 성공을 거둘 수 있었습니다. 연기에서 목소리와 발성은 정말 중요하다는 사실을 방증해 주는 사례죠. 외모가 아주 출중하진 않지만, 발성과 전달력이 좋은 연극배우 출신 배우들이 좋은 평가를 받는 경우도 많습니다.

사실 저도 발표나 강의 분야에서는 나름 인간 승리를 실현한 당사자입니다. 어릴 적 저는 혀가 짧고 발음이 썩 좋지 않았습니다. 게다가 성격까지 급해서 말을 빨리 하다 보니 발음은 더 꼬이곤 했죠. 제 어머니조차 제 말을 잘 알아듣지 못할 정도였습니다. 그래서 어머니는 지금도 제가 강의를 한다는 사실에 신기해 하죠. 발음이나 목소리는 쉽게 좋아지지 않기에 참 오랫동안 애를 먹었습니다. 저에 대한 평가가 그 때문에 깎이는 일도 많았고요. 군대에서 장교로 복무할 때가 특히 힘들었습니다. 예를 들면 장교로서 수많은 병사 앞에서 점호를 할 때 '뒤로 돌아!'라는 구령을 정확히 해야 하는데 매번 발음이 새서 '뒤도 도닷!'이 돼버리곤 했죠. 병사들이 웃음을 참느라 허벅지를 꼬집던 기억이 지금도 생생합니다. 그랬던 제가 요즘은 강의는 물론 이러닝이나 방송 촬영도 많이 하고 좋은 평가까지 받고 있으니 인간 승리라 할 만한 변화 아닐까요? 저는 어떻게 이런 변화를 만들 수 있었을까요?

발성과 발음을 잡아 준 '아에이오우' 발성비법

발성과 발음을 잡기 위해 제가 꾸준히 해 온 훈련이 있습니다. 바로 입을 크게 벌리며 천천히 '아, 에, 이, 오, 우'를 반복하는 연습입니다. 이때 '울림'이 중요합니다. 목에 힘을 빼고, 성대가 자연스럽게 진동할 수 있도록 해야 제대로 된 발성이 나오죠. 저는 발표나 강의를 하기 전에 이 연습을 10~15분 정도 반복합니다. 특히 먼 곳에 강의하러 운전해 갈 때는 차 안에서 이 연습을 하는데, 다른 사람 눈치 보지 않고 부담 없이 할 수 있어 아주 좋습니다.

아직도 혀가 아주 유연하진 않지만, 몇 년간 이 훈련을 반복한 덕분에 발음과 발성이 확실히 좋아졌습니다. 입 주변 근육이 생기면서, 예전처럼 긴장을 하면 발음이 꼬이던 현상도 거의 사라졌습니다. 어느 날부터인가 '목소리가 좋다', '강의 잘한다'라는 말을 들으면서 자신감도 붙었습니다. 이런 경험을 통해 저는 재능보다 습관이 더 중요하다는 사실을 느꼈습니다. 아무리 어려운 분야라도 꾸준히 바른 방식으로 연습하면, 습관이 우리를 도와준다는 사실을 몸소 깨달았죠. 여러분도 발표 전에 '아에이오우' 연습을 10분 정도 꾸준히 해 보길 추천합니다.

발표 긴장을 줄이는 '말 속도 조절법'

발표할 때 긴장을 줄이고 청중과 잘 소통하려면 말 속도를 조절하는 연습이 꼭 필요합니다. 발표 초보자들은 대부분 자신도 모르게 말이 빨라집니다. 그로 인해 청중이 집중하지 못하면서 발표자가 더 긴장하는 악순환에 빠지게 되죠. TV 오디션 프로그램에서도 참가자가 입을 거의 움직이지 않고 노래하면 심사위원들에게서 공감이 안 된다는 지적을 받곤 합니다. 저 역시 발표 초보일 때 그런 상황을 많이 겪었습니다. 그래서 저는 다음과 같은 단계로 말 속도를 조절하며 발표에 나섰고, 실제로 큰 도움이 됐습니다.

① 발표 전 5분 정도 '아에이오우'로 입 운동과 발성연습을 합니다.
② 무대에 올라가면 평소 말하는 속도의 약 70% 정도로, 입을 크게 벌리고 꾹꾹 눌러 말하듯 천천히 또박또박 말합니다.
③ 정확한 발음으로 천천히 말하면 청중의 시선이 자연스럽게 집중되는데, 아이 컨택도 해 가며 발표를 이어 가다 점점 몰입이 된다 싶을 때부터 자연스럽게 속도를 올려 갑니다.

이 방법을 잘 활용하면 프레젠테이션 성공 가능성이 올라갑니다. 경험 많은 발표자에겐 필요 없을 수 있지만, 발표가 익숙하지 않은 사람에게는 정말 효과적인 방법입니다. 저 역시 이 방법으로 많은 도움을 받았기에 여러분에게 꼭 권하고 싶습니다. 부담 갖지 말고 차근차근 연습해 보면 분명 좋은 변화를 얻을 수 있을 겁니다.

005
박수받고 시작하는
첫인사 노하우

공공기관처럼 조직명이 긴 곳에서 종종 보게 되는 장면이 있습니다. 발표자, 특히 공무원이 발표를 시작할 때 박수를 제대로 받지 못하고 발표를 이어가는 경우입니다. 그 이유 중 하나는 인사말이 너무 길어져 청중이 박수 칠 타이밍을 놓치기 때문입니다. 예를 들어 조직명이 길어서 "안녕하십니까? 저는 ○○○부 ○○○ 산하 ○○○○를 담당하고 있는 ○○○팀 누구입니다" 하고 인사할 때 그렇죠. 이렇게 시작부터 박수를 못 받으면 안 그래도 떨리는 발표자리에서 긴장이 풀리지 않아 발표 전체가 어색하게 흘러가곤 합니다.

초보 발표자들이 흔히 첫 인사를 자연스럽게 못하는 실수를 합니다. 마치 첫 단추를 잘못 끼우듯이 시작이 꼬이면 발표 내내 자신감을 갖기 어렵겠죠? 여러분은 다음 2가지 인사말 중 어떤 방식이 나아 보이나요?

"안녕하십니까? ○○회사 ○○부서 ○○팀 누구입니다." (이 인사말을 하는 동시에 인사를 함)

"인사드리겠습니다." (먼저 인사를 하고) "○○부서의 ○○입니다. 여러분을 뵙게 되어 반갑습니다."

첫 번째 방식처럼 인사말이 길어지면 인사하는 타이밍을 놓치기 쉬워서 청중도 박수 칠 타이밍을 놓치기 쉽습니다. 여러분도 혹시 비슷한 경험이 있나요? 반면에 두 번째 방식은 인사 메시지를 짧게 던진 뒤 먼저 인사를 하고, 박수를 받은 다음 주변을 자연스럽게 둘러보며 자신을 소개하는 것입니다. 이러면 청중과의 유대감이 더 쉽게 형성되고 발표자 마음도 한결 여유로워집니다.

사실 저도 이 방법을 발표 잘하는 선배 프레젠터에게서 배웠습니다. 그 후 여러 강의에서 이 방법을 소개했더니 실제 활용해 본 많은 사람이 발표를 시작하기가 훨씬 편해졌다고 했습니다. 무대 위에서는 자신감이 발표의 반입니다. 그 자신감은 청중의 따뜻한 박수 한 번으로 시작되기도 하죠. 여러분도 실전에서 이 방법을 꼭 연습해 보길 추천합니다. 박수부터 제대로 받고 발표를 시작해 보세요!

006
원활한 프레젠테이션 진행을 돕는 실전 팁

프레젠테이션의 가장 큰 적은 '긴장'일 수 있습니다. 긴장만 하지 않아도 절반은 성공한 셈이죠. 발표 전 긴장을 줄이는 핵심 팁 하나를 소개하면 '대기장에서 시뮬레이션을 하지 말라'는 것입니다. 대기할 때 '이렇게 말해야지', '저렇게 말해야지' 하며 머릿속으로 시뮬레이션을 하면 오히려 불안감이 커지고 생각이 많아지면서 막상 무대에 올랐을 때 긴장이 확 밀려올 수 있습니다. 대기시간에는 '잘해야 한다'는 압박보다는 마음을 편안히 하고 가볍게 집중력을 유지하는 것이 훨씬 효과적입니다.

긴장을 낮추는 가장 좋은 방법은 불필요한 걱정을 하지 않는 것입니다. 여기에 도움되는 팁 하나가 있습니다. 보통 눈동자를 계속 움직이면 자꾸 불안한 생각이 밀려듭니다. 이럴 때 앞에서 배운 몰입방법을 응용해서 눈동자를 고정하고 '지금!'이라고 마음속으로 선언한 다음 '딱 좋아!'라고 미소를 짓는 것입니다(48쪽 참조). 이렇게 눈을 한 점에 고정하며 의식을 집중해 보고 미소를 지으면 잡념이 줄고 긴장도 훨씬 덜할 겁니다. 다음 방법들을 함께 활용하면 더 큰 긴장 완화 효과를 볼 수 있습니다.

- 눈동자를 고정하고 미소를 지으며 신경을 손에 집중하면서 주먹을 반복해서 천천히 쥐었다 폈다 합니다. 이 동작이 긴장을 푸는 데 의외로 큰 도움이 됩니다.
- 복식호흡을 해 봅니다. 호흡을 깊게 들이마시고 내쉬는 동작을 천천히 반복하면 몸과 마음이 안정됩니다.
- 발표장소에 여유 있게 도착합니다. 시간이 촉박하면 긴장이 더해질 수 있습니다.
- 사전 리허설을 여러 번 해 두면 자신감이 자연스럽게 생깁니다.
- 발표 직전까지는 동료와 가벼운 대화를 나누며 발표에 대한 걱정을 잠시 내려놓는 것도 좋습니다.
- 마지막으로, '좀 실수해도 괜찮아'라고 자신을 다독이고, 앞서 배운 메타인지 몰입법(마음속으로 '지금!. 딱 좋다!')을 반복합니다. 마음의 평정심을 유지하는 데 큰 도움이 될 것입니다.

이런 방법들을 꾸준히 연습하면 발표 전 긴장을 훨씬 잘 다스릴 수 있습니다.

발표 시 청중 반응에 대처하는 방법

프레젠테이션은 일종의 생방송과도 같습니다. 실시간으로 청중과 교감하며 자연스럽게 소통하고, 이를 바탕으로 공감대를 형성해 결국 상대방의 의사결정까지 끌어내는 것이 프레젠테이션의 목적이기 때문이죠. 그런데 발표 중 청중의 반응이 거의 없으면 이런 목적을 이루기 어려울 수 있습니다. 발표자는 청중 반응을 계속 살피면서 말의 톤, 속도, 강조점, 이야기 흐름 등을 유연하게 조절할 수 있어야 합니다. 발표할 때 청중의 긍정적인 반응과 부정적인 반응은 다음과 같습니다.

긍정적 반응	부정적 반응
• 눈빛을 마주쳐 준다. • 고개를 끄덕이는 경우가 있다. • 몸을 앞으로 기울인다. • 미소를 띄는 경우가 있다. • 집중되는 느낌이 든다.	• 팔짱을 끼고 듣는다. • 눈빛을 집중하지 않는다. • 비스듬히 앉는다. • 유인물만 바라본다. • 산만한 느낌이 든다.

청중 반응이 부정적으로 느껴지면 재빨리 이야기 흐름을 바꾸거나, 가벼운 유머를 섞어 분위기를 환기시키는 것도 좋은 방법입니다. 또는 말의 속도와 톤을 조절해 다시 청중의 집중을 유도할 수 있습니다. 저는 점심식사 후인 오후 1시에 강의가 있으면 수강생들 표정을 유심히 살펴보곤 합니다. 그럴 때 수강생들이 졸려 하거나 집중력이 떨어져 보이면 짧은 유머를 하거나 간단한 스트레칭을 하게 하는 방식으로 분위기를 전환합니다. 간단한 방법이지만 생각보다 강의 집중도를 높이는 데 매

우 효과적입니다. 결국 프레젠테이션을 성공적으로 이끌려면 중간중간 청중 반응을 세심히 관찰하고, 그에 맞게 흐름을 조절하는 것이 매우 중요합니다. 위의 반응들을 기억해 두면 발표현장에서 훨씬 여유 있게 대응할 수 있을 겁니다.

막강한 정보격차가 프레젠테이션 성공 요소

자신감은 가장 중요한 프레젠테이션 성공 요소 중 하나입니다. 자신감 없이 발표하는 사람을 청중이 신뢰하기는 어렵겠죠? 사실 자신감은 눈에 보이지는 않지만 마치 아우라처럼 전달되는 힘이 있습니다. 프레젠테이션은 나보다 많은 경험과 지식을 가진 청중 앞에서 할 때 가장 어렵습니다. 반면에 후배나 학생 들 앞에서라면 상대적으로 부담이 덜하죠. 결국 자신감 있는 발표를 하기 위해서는, 발표주제에 대해 스스로 누구보다 다양하고 깊이 있는 정보와 명확한 개선방안을 갖추는 것이 먼저입니다. 그것이 진짜 자신감의 원천입니다.

보통 제안 발표 뒤에는 질의응답(Q&A)을 한다는 점도 생각해야 합니다. 발표가 매끄럽고 내용이 좋았다면 이 질의응답을 얼마나 잘 하느냐에 따라 결과가 달라질 수 있습니다. 어떤 질문이 나올지 모르므로 발표 주제와 관련한 분야에서는 넓고 정확한 정보를 갖고 있어야 합니다. 평소에 책을 읽고 독서카드를 쓰거나, 뉴스 스크랩을 하거나, 다양한 사람의 의견을 경청하며 정보를 쌓아 올리는 노력을 해야 뛰어난 프레젠터가 될 수 있습니다.

10장

종합적 사고력을 키워 주는 정보관리 & AI 활용법

001
'종합적 사고력', 창조적 대안을 뽑는 능력

많은 사람이 종종 '왜 나는 아이디어가 부족할까?'라는 생각을 하곤 합니다. 왜 어떤 사람은 아이디어가 넘치고, 어떤 사람은 늘 부족하다고 느낄까요? 이 차이를 요리재료와 요리실력에 비유해 보겠습니다. 좋은 요리재료가 없으면 아무리 요리실력이 뛰어나도 훌륭한 요리를 만들기 어렵겠죠? 반대로 아무리 신선하고 다양한 재료가 있어도 그것들을 잘 조합해서 요리할 실력이 없다면 맛있는 요리를 만들기 어려울 겁니다. 여기서 요리재료가 바로 우리가 가진 '데이터나 정보'이고, 요리실력이 그것들을 창의적으로 재조합해 새로운 발상을 해내는 '창의력'이라고 볼 수 있습니다. 다시 말해 좋은 정보와 창의적인 발상능력이 함께 만나야 비로소 제대로 된 아이디어나 전략이 나올 수 있다는 뜻입니다.

《BCG 전략 인사이트》라는 책에서도 비슷한 내용을 다루고 있습니다. 이 책에 따르면, 우리의 좌뇌는 논리적이고 반복적인 패턴 정보를

── 머릿속에서 창의적 대안이 나오는 작동원리 ──

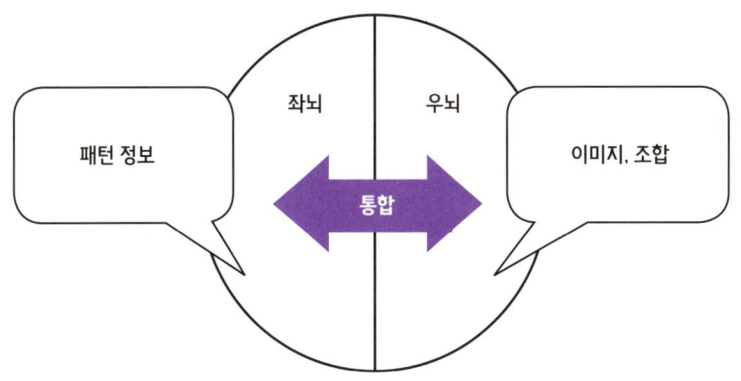

담고 있으며, 우뇌는 이 정보를 바탕으로 이미지를 그리고 창조적으로 재조합하는 능력이 있다고 합니다. 결국, 좌뇌의 패턴 정보와 우뇌의 이미지 발상능력이 함께 작동할 때 전략적 통찰이나 창의적인 대안이 나온다는 이야기이죠.

제가 오랫동안 기업 입사 최종 면접을 진행하면서 느낀 점도 비슷합니다. 지원자에게 추론능력을 묻는 질문을 던졌을 때, 과거 다양한 경험을 했던 지원자일수록 훨씬 잘 풀어내는 경우가 많았습니다. 반면, 학교와 집만 오가며 제한된 경험만 쌓아온 지원자는 같은 문제에 제대로 대응하지 못하는 경우가 많았죠. 결국 창의력을 키우려면 1단계로 '정보의 기반'이 충분히 확보돼 있어야 합니다. 다만 불명확하거나 검증되지 않은 정보는 오히려 창의력에 방해될 수 있다는 점에 주의해야 합니다. 단순히 많은 정보가 아닌 '체험과 개념이 함께 결합된 명확한 정보'를 확보해야 효과적인 창의적 사고를 할 수 있습니다.

예를 들어 어떤 기획자가 신규 스마트폰 앱 서비스 관련 기획서를 작성했다고 해 보죠. 그가 직접 앱을 써 보지 않고 인터넷에서 수집한 여러 평가자료나 정보만으로 기획서를 만들었다면 어떨까요? 이런 경우 상사가 "김 대리, 이거 실제 써 보긴 했어?"라고 물었을 때 얼굴이 붉어지면서 당황해할 수 있습니다. 정보의 양도 중요하지만, 핵심은 '정확한 정보'입니다. 경험 없이 수집한 정보만으로는 억측이 생기기 쉽고, 그런 억측은 기획 전체를 흔들 수 있습니다. 창의력은 '정보력'에서 출발한다는 점을 다시 한번 강조합니다.

종합적 사고력 강화의 원리

우리는 흔히 창의성이라고 하면 IQ(지능지수)가 중요하다고 생각합니다. 하지만 창의적인 결과를 만드는 데는 생각을 정리하는 능력, 즉 '종합적 사고력'이 더욱 중요합니다. 다음은 정확한 정보와 여러 생각도구를 기반으로 생각을 정리해 창조적 대안을 만들어 내는 구조를 표현한 그림입니다. 제가 오래전에 구상했던 구조에 AI와 로봇의 정보 수집기능을 덧붙여 봤습니다.

몰입상태에 들어가면 사고 흐름이 선명해지고, '욕구-두려움-상황(22쪽 참조)'이나 '현상-원인-대안(73쪽 참조)' 같은 사고 패턴을 활용해 생각을 빠르게 정리할 수 있습니다. 이때 좌뇌의 '지식'과 우뇌의 '창의적 조합'이 유기적으로 연결되면서 무의식 속의 정보까지 끌어내어 더 깊이 있고 창의적인 발상을 할 수 있게 됩니다. 특히 정보력, 집중력(몰입력), 사고 패턴이 함께 작동할 때 발현되는 '종합적 사고력'은 나이가

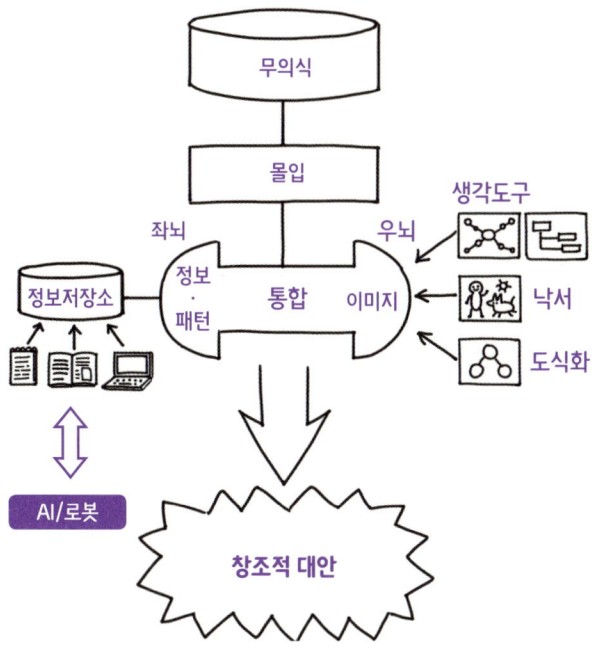

들어서도 꾸준히 발전할 수 있습니다. 여기에 AI와 로봇을 통한 정보 저장·검색 및 분석 기능까지 더하면 인간의 사고과정이 보강되어, 더 빠르고 넓은 범위의 데이터 활용과 창의적 대안 도출이 가능해집니다. 결국 인간의 몰입과 사고 패턴, AI의 데이터 지원이 결합되면 누구나 더 명확하고 지혜로운 사고를 키울 수 있습니다. AI가 발전할수록 이 종합적 사고력을 활용할 수 있는 사람이 더 크게 성장할 것입니다.

002
보고역량을 높이는
AI & ChatGPTs 활용법

생성형 AI가 잘하는 것, 못하는 것

 ChatGPT 등장으로 급속도로 성장하기 시작한 생성형 AI는 글쓰기, 작곡, 이미지 생성 등에서 놀라운 성과를 보여 주고 있습니다. 특히 텍스트 기반의 창조적 활동에서는 이미 거의 박사급 신입사원을 뽑은 듯한 효과를 보이고 있죠. 이런 생성형 AI에게도 약점은 있습니다. 자료가 별로 없을 때 몰라도 아는 척하는 경우가 많고, 틀린 정보를 허구로 만들어 낼 가능성도 높죠. 그래서 AI를 활용한다고 해도 그 결과물을 다듬어 높은 품질로 만드는 데는 앞으로도 아주 오랫동안 사람의 역할이 필요할 듯합니다. 사람이 생성형 AI의 특성을 고려해서 어떤 가이드를 주느냐에 따라 그 결과물이 별로 쓸모 없는 수준일 수도, 큰 사업을 성공시킬 만큼 강력한 것일 수도 있다는 것이죠.

생성형 AI를 이용해 높은 품질의 결과물을 얻고 싶다면 먼저 이 도구가 무엇을 잘하는지를 명확히 아는 것이 중요합니다. 생성형 AI는 무엇보다 자료나 정보를 바탕으로 새로운 패턴을 발견하고 텍스트 콘텐츠를 만드는 데 탁월한 역량을 발휘합니다. 특히 여러 글을 합쳐서 새로운 형태의 글을 만들거나 요약하는 역량은 어떤 사람보다 뛰어나다고 보면 됩니다.

생성형 AI는 이미 세상의 수많은 글과 이미지, 음악 등의 패턴을 엄청난 수준으로 학습(Deep Learning)했습니다. 사용자가 가이드를 제시하면 이렇게 학습한 내용을 기반으로 새로운 패턴의 내용을 창작해 내죠. 더구나 이것이 저작권 걱정이 없는 새로운 창조물이라는 것이 엄청난 강점입니다. 우리가 보고서나 기획서 초안을 빨리 뽑아내는 데 활용할 수 있는 최적의 기능이겠죠? 또한 코드를 작성하거나 여러 언어를 자동으로 바꾸는 등, 일정한 규칙이 있는 작업에도 적합합니다. 학습된 범위 안에서는 언어의 뉘앙스 변화에도 자연스럽게 반응할 수 있습니다.

반대로 AI는 정확한 사실을 검증하는 일에는 약합니다. AI가 하는 일은 '판단'이 아니라 '예측'이기 때문에 틀린 정보를 그럴듯하게 말할 때도 있습니다. 같은 질문을 여러 번 하면 결과가 달라지는 것도 이 때문입니다. 또한 AI는 '가치 판단'이나 '윤리적 기준'을 스스로 세울 수 없습니다. AI는 훈련된 데이터 안에서 평균적인 답을 찾기 때문에 인간저럼 상황에 맞는 판단을 하기는 어렵습니다. 마지막으로, 데이터가 거의 없거나 생소한 주제에 관해서는 아는 것처럼 답을 꾸며내기도 합니다.

우리가 생성형 AI를 활용하려는 목적은 보고서나 기획서를 잘 쓰기 위해서입니다. 그러니 문서 작성에 탁월한 성과를 발휘한다는 생성형

―― AI가 잘하는 것과 못하는 것 ――

잘하는 것	못하는 것
• 문장 합치기·요약 → 대규모 언어모델(LLM)의 핵심 역량, 학습 데이터 패턴을 재구성하는 데 강점 • 초안 빠르게 뽑기 → 보고서·기획서 초안 생성에 최적 • 언어형태 응용(코드·스크립트 작성 포함) → 학습범위 내에서 다양한 언어형식 변환 가능	• 정확한 사실·수치 검증 → LLM은 참·거짓 판단이 아닌 확률 예측 모델이므로, 틀린 정보를 그럴듯하게 제시할 수 있음 • 반복적으로 동일 결과를 산출 → 매번 문맥, 확률분포가 달라져 결과 일관성이 떨어짐 • 옳고 그름 판단 → 가치·윤리 판단은 모델 자체가 '훈련된 사회적 평균치'를 따를 뿐 절대적 기준 없음 • 가끔 정보가 없는데 아는 것처럼 속임

AI의 강점을 적극 활용하면 되겠죠?

생성형 AI에게 하는 지시는 잘게 쪼개서

생성형 AI(이하 AI로 통칭)를 잘 쓰는 최고의 비법은 '일을 잘게 쪼개서 줘야 한다'는 것입니다. 다음 그림은 AI에게 시킨 일과 부하수준의 관계를 나타낸 것입니다. 그림처럼 AI는 일을 큰 덩어리로 줄수록 부하가 커지고 생산성이 떨어집니다.

이런 이유는 AI는 시킨 일의 제곱만큼 부하가 커지기 때문입니다. 대규모 언어모델(LLM)은 한 번에 처리할 수 있는 맥락(토큰)에 한계가 있어서 입력이 많아질수록 초반 내용이 희석되거나 왜곡될 수 있습니다. 따라서 결과물을 2페이지 내외로 나눠서 산출하도록 요구했을 때 훨씬 좋은 품질을 보장합니다. 이를 위해 프롬프팅을 어떻게 해야 할까요?

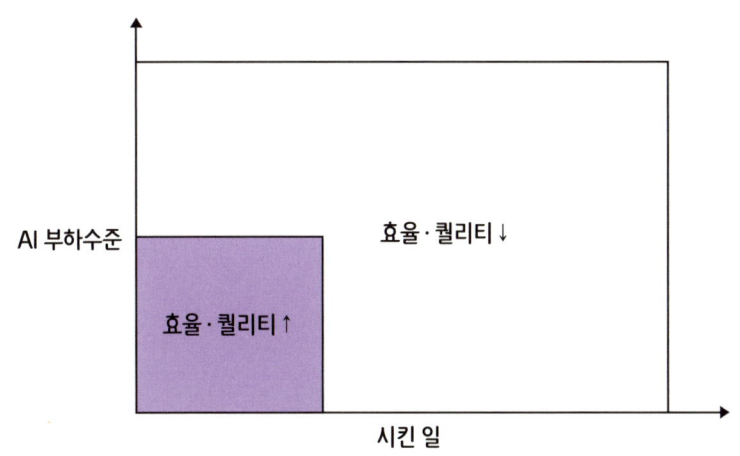

예를 들어 결과보고서를 뽑는다면, AI에게 자료를 모두 제시한 다음 '결과보고서 뽑아 줘'라고 단순하게 프롬프팅하기보다는 다음과 같이 제약사항을 자세히 제시하고 결과물을 조금씩 뽑는 것이 훨씬 효과적입니다.

> 예) 지금까지 업로드하고 분석한 자료를 바탕으로 결과보고서를 뽑아 보자. 총 10페이지 분량으로 만들 건데, 첫 2페이지를 우선 여기에 출력해 줘!

많은 사람이 이 과정이 귀찮아 AI에게 한 번에 많은 일을 시키고는 결과물이 안 좋으면 AI는 아직 멀었다고 생각하곤 합니다. AI를 잘 쓰는 비법은 한 땀 한 땀입니다. 100페이지 보고서를 뽑으려면 2페이지씩 50번을 뽑아야 결과물이 제대로 나온다는 것이죠. 보고서 작성방향만 잘 정리되면 이렇게 결과물을 50번에 나눠 뽑더라도 AI가 인간의 수십

―――― **생성형 AI에게 일을 시키는 기준** ――――

기준	설명	예시
분량기준	AI의 토큰 한계와 맥락 손실 방지	2페이지(1,000단어) 이내 단위로 요청
단계기준	분석·아이디어·작성·검토 등 단계를 분리	자료 분석→스토리 구조 설계→본문 작성
주제기준	하나의 질문에 하나의 주제만	한 번에 3가지 보고서 요청 (×) → 각각 따로 요청 (○)
형식기준	산출물 형태를 명확히 지정	보고서, 회의록, PPT 문서 등으로 지정
난이도기준	고난도 작업은 하위 과제로 쪼갬	'시장 분석'을 국가별·연도별로 나눔

배 속도로 결과물을 낼 수 있습니다.

예를 들어 50페이지짜리 제안서를 만든다고 했을 때 나쁜 프롬프트와 좋은 프롬프트 예시를 비교해 보겠습니다.

· **나쁜 프롬프트 예시**

첨부한 자료를 바탕으로 50페이지 제안서를 완성해 줘.

· **좋은 프롬프트 예시(분량+단계+형식 기준 적용)**

첨부한 자료를 바탕으로 제안서 개요를 2페이지 분량으로 작성해 줘.

목차구조와 각 장의 핵심 메시지만 포함해 줘.

이 개요를 기반으로, 첫 번째 장(시장 분석)을 2페이지 분량으로 작성해 줘.

표와 불릿 포인트 형식으로 정리해 줘.

저는 지금의 회사에서 사업 개척 역할을 맡고 있다 보니 사업성과를 내기 위해 여러 회사와 수주 경쟁을 벌일 때가 많습니다. 이럴 때 저는 AI를 활용해 상당히 많은 성과를 거뒀습니다. 수주 경쟁을 위해 다단계 분석작업을 할 때는 다음 그림처럼 고객 니즈 분석, 상황 분석, 경쟁 분석, 전략 제안 등으로 순서를 잘 쪼개서 진행하는 것이 중요합니다.

이렇게 복잡한 분석작업을 해야 하는데 구성원들이 다른 일로 너무 바빠서 일을 나눠 하기도 어려운 상황일 수 있습니다. 그렇다고 제안을 포기할 수도 없는 노릇이죠. 이럴 때 저는 AI를 최대한 활용합니다. 먼저 AI로 고객사 RFP(제안요청서)를 분석합니다. ChatGPT 등 생성형 AI를 직접 활용해도 되지만, 저는 직접 ChatGPTs로 RFP 분석기를 만들어 활용합니다. 그러고 나서 저는 이 분석결과를 이 책에서 설명한 여러 생각 패턴을 활용해 다시 분석해 봅니다.

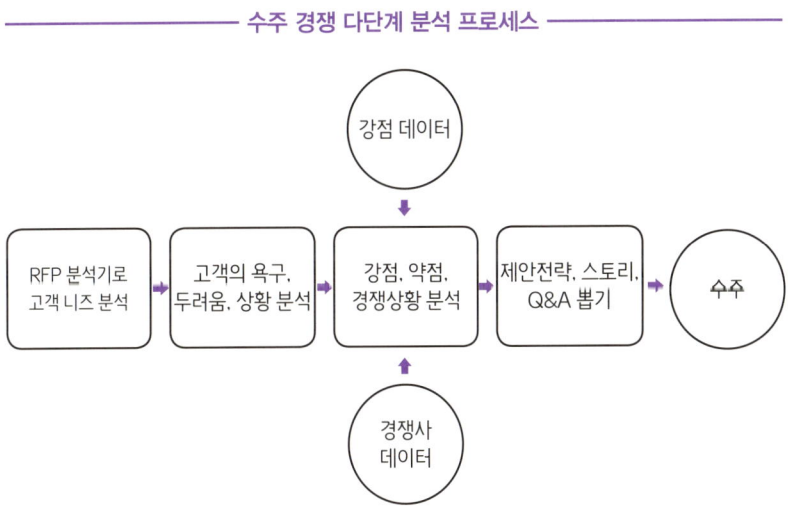

수주 경쟁 다단계 분석 프로세스

먼저 고객사의 '욕구, 두려움, 상황' 분석을 합니다. 자기 관점에서 중요한 것과 그렇지 않은 것을 자의적으로 선택하는 사람과 달리 AI는 최대한 냉정하게 분석결과를 뽑아 주기 때문에 상당히 효과적입니다. 이 분석결과를 바탕으로 우리 회사의 강점, 경쟁사 데이터 등을 반영해 '강점, 약점, 경쟁상황 분석'도 합니다. AI는 이에 대한 결과값도 냉정하게 뽑아 줄 때가 많습니다. 이런 결과물을 바탕으로 제안전략, 스토리, Q&A 등을 뽑아 준비하면 제안서 품질을 성공적으로 높일 수 있습니다. 저는 이런 방법으로 2일만에 200여 장의 제안자료를 구성원들에게 제공할 수 있었습니다. 그리고 구성원들과 함께 그 자료를 다듬어 제출하여 결국 수억 원의 사업을 수주할 수 있었습니다.

AI 활용 측면에서 보면 이 책에서 설명하는 여러 사고 패턴이나 보고서 작성 가이드가 생성형 AI에 입력하는 프롬프트 사전이라고도 볼 수 있습니다. 앞서 언급한 ChatGPTs로 만든 RFP 분석기도 그런 사고 패턴이나 가이드를 종합해 만들 수 있었던 것이죠. 저는 이밖에도 빠르고 효율적인 업무 처리를 도와 줄 여러 ChatGPTs를 만들어 활용하고 있습니다. 여러분에게도 도움되길 바라는 마음에서 여기에 그 중 몇 가지에 대한 사용법과 링크를 소개하겠습니다.

ChatGPTs 활용 ① : 회의록 작성기

먼저 활용도가 가장 높은 회의록 작성기입니다. 다음 링크로 들어가면 여러분도 이 도구를 활용할 수 있습니다.

• 회의록 작성기 : https://myip.kr/MCtAP

요즘은 회의내용을 일일이 타이핑하기보다는 스마트폰이나 노트북의 녹음기능으로 녹음하는 경우가 많습니다. 그리고 녹음내용을 텍스트로 바꿔주는 앱이나 온라인 사이트를 활용해 텍스트로 바꾸죠. 저는 위의 회의록 작성기로 이 작업을 합니다. 즉, 회의내용 녹음파일을 회의록 작성기에 넣고 '회의록 작성을 부탁해'라고 프롬프트를 입력하면, 앞서 설명한 회의록 작성요건인 ① 안건, ② 주요 논의사항, ③ 결정사항, ④ 향후 논의사항(or Action Item)에 맞춰 내용을 자동으로 정리해 줍니다. 물론 이 회의록 결과를 실제 업무에 활용하려면 반드시 점검하고 다듬는 작업을 해야 하지만, 이 도구를 활용하면 결과물의 80~90%를 엄청 편리하게 해결할 수 있습니다. 예를 들어 다음과 같은 회의내용을 회의록 작성기에 넣었을 때 결과를 보겠습니다.

• **회의내용 예시**

〈제목 : 2분기 스마트 물류 플랫폼 사업 진행상황 공유〉

안녕하세요. 지난 202X.5.8. 13:00 2회의실에서 사업팀장. 영업인력이 모인 회의에서 논의한 스마트 물류 플랫폼 2분기 추진현황을 간단히 공유 드립니다. 현재까지 1단계 자동화 모듈 개발은 계획 대비 95%가 완료되어 8월 말부터 일부 파트너사 창고에서 시범 운영을 시작할 예정입니다. AI 수요 예측 엔진은 정확도가 목표치에 근접하고 있어 물류동선 최적화와 차량 배차 효율이 실제로 개선되는지 검증단계에 들어갔습니다. 다만 외부 API 연동과정에서 예상치 못한 데이터 포맷 차이가 발생하여 이를 해결하기 위한 개발 리소스를 추가 배정했습니다. 마케팅 측면에서는 물류 스타트업 3곳과 협업 MOU를 체결했고. 이를 통해 초기 사용량 확보에 긍정적인 신호가 나타나고 있습니다. 다음 주에는 투자사 대상 시연회를 열어 기술성과와 비즈니스 모델을 함께 소개할 계획이며, 시연 후 나온 피드백을 반영해 4분기 본격 론칭 시 안정성과 확장성을 모두 확보할 수 있도록 하겠습니다. 이상입니다.

--- 회의록 작성기 ChatGPTs 활용 사례 ---

회의명 : 2분기 스마트 물류 플랫폼 사업 진행상황 공유

일시 : 202X.5.8. 13:00

장소 : 2회의실

참석자 : 사업팀장. 영업인력

1. 주요 논의내용

- 1단계 자동화 모듈 개발 진척률 95% 달성
  - 8월 말부터 일부 파트너사 창고에서 시범 운영 예정
- AI 수요 예측 엔진 정확도 목표치 근접
  - 물류동선 최적화 및 차량 배차효율 개선 여부 검증단계 진행 중
- 외부 API 연동과정에서 데이터 포맷 차이 발생
  - 해결을 위해 개발 리소스 추가 배정
- 마케팅 측면
  - 물류 스타트업 3곳과 협업 MOU 체결

- ◦ 초기 사용량 확보에 긍정적인 반응 확인
- 향후 계획
    - ◦ 다음 주 투자사 대상 시연회 개최 예정
    - ◦ 기술성과와 비즈니스 모델 소개
    - ◦ 시연 피드백 반영 후 4분기 본격 론칭 시 안정성과 확장성 확보 목표

2. 결정사항
- 1단계 자동화 모듈 8월 말 시범 운영 진행
- 외부 API 연동문제 해결을 위한 개발인력 추가 배정
- 시연회 이후 피드백을 적극 반영하여 4분기 론칭 준비

3. Action Item
- [개발팀] API 데이터 포맷 차이 해결작업 즉시 착수
- [마케팅팀] MOU 체결 스타트업과 협력방안 구체화
- [기획팀] 투자사 시연회 자료 준비 및 리허설 진행
- [전체] 시연회 피드백 취합 및 개선안 마련

위의 '2. 결정사항'이나 '3. Action Item'은 AI가 자동 분류해서 작성해 주는 것이므로 초안을 보고 각 남낭사가 수정해 활용하는 것이 좋습니다.

ChatGPTs 활용 ② : 공문서 작성기

회사나 관공서에서 서로 의사표현을 하기 위해 발송하는 공문은 표준적인 형식이어서 AI를 활용해서 작성하기 좋습니다. 다음 링크로 들어오면 제가 만든 공문서 작성기를 활용할 수 있습니다.

• 공문서 작성기 : https://myip.kr/WpteH

다음과 같이 이 작성기에서 요구하는 몇 가지 내용에 답을 하면 관련 공문이 자동으로 작성됩니다. 담당자 연락처, 주소 등은 다음 예시 사례처럼 초안 내용을 보고 수정해 활용하면 좋습니다. 출력 내용 중 표로 그리고 싶은 부분이 있다면 AI에게 다시 해당 부분을 표로 그려 달라고 요청하면 됩니다. 번호를 넣거나 글씨 크기를 조절하는 등의 편집은 여러분이 직접 해야 합니다.

• **프롬프트 예시**

OO시에 공문을 보내고 싶어. 참조자는 총무팀장. 관련 근거는 OO시-202X-1210(OO시를 빛낸 100인 선정 대상자 추천). 대상자는 조선흥업사 홍길동 상무. 사유는 10년간 노인 거주환경 개선에 많은 노력을 기울인 공로로 추천하려 해. 공문 작성 부탁해.

―――― **공문서 작성기 ChatGPTs 활용 사례** ――――

주식회사 OO
주소 : OO시 OO구 OO로 OO, O층
담당자 : OOO ☎ 000-0000-0000 / email@example.com

문서번호 : OO20××-0810
시행일자 : 20××. 08. 10.
수 신 : OO시장
참 조 : 총무팀장
제 목 : 'OO시를 빛낸 100인' 포상 대상자 추천

귀 시의 무궁한 발전을 기원합니다.
관련 근거 : OO시-202X-1210(「OO시를 빛낸 100인」 선정 대상자 추천)
위 관련 근거에 따라 다음과 같이 포상 대상자를 추천하오니 검토하여 주시기 바랍니다.

추천 대상자
성명 : 홍길동
직위/소속 : 상무/조선흥업사
추천 사유 : 지난 10년 간 노인 거주환경 개선을 위해 헌신적으로 노력하였으며, 이를 통해 지역사회 복지 향상에 크게 기여하였음.

붙임 : 포상 대상자 공적조서 1부. 끝.

주식회사 OO
대표이사 OOO (인)

생성형 AI로 보고서 검토하기

앞에서 이 책에서 배운 사고 패턴 등이 프롬프트 사전이 될 수 있다고 했는데, 실제로 문서 작성에 어떻게 적용되는지 살펴보겠습니다. 예를 들어 여러분이 어떤 보고서를 썼다고 해 보겠습니다. 제가 이 책 초반에서 강조한 '최종 소비자 관점'을 기억하나요? 이 관점에서 여러분이 쓴 보고서가 상사의 욕구, 두려움, 상황을 해소해 주고 있는지 AI에게 물어보면 어떨까요? 여러분의 보고서를 AI에 업로드하고 다음 요소를 가이드로 해서 프롬프트를 작성하면 AI가 매우 냉정하고 효과적인 답을 줄 것입니다.

① 욕구 – 본부 손익 향상
② 두려움 – 불필요한 비용 지출
③ 상황 – 영업이익이 KPI인데, 현재 실적이 부족한 상태

다음은 이 가이드를 기준으로 작성한 프롬프트 예시입니다.

- **프롬프트 예 1: 욕구-두려움-상황 분석 요구**

이 보고서는 본부장님에게 보고하는 사업보고서인데. 요즘 본부장님은 본부 손익을 높이는 데 집중하고 있어(욕구). 그리고 쓸모 없이 낭비되는 비용을 싫어해(두려움). 왜냐하면 사장님께서 본부의 영업이익을 가장 중요한 KPI로 생각하고 있는데. 우리 본부가 좀 실적이 부족하거든(상황). 네가 볼 때 내가 올린 이 사업보고서는 본부장님 관점에서 어떻게 느껴질까?

AI가 보고서의 부족한 부분을 아프게 이야기할 수 있지만, 이런 기계의 냉정함이 오히려 여러분이 놓치는 것을 최소화하고 빠르게 보완하게 해 주는 강점이 될 수 있습니다. 여기서 더 나아가 앞서 배운 시나리오 사고까지 이 보고서에 적용해 볼 수 있습니다. AI에게 다음과 같은 프롬프트로 보고서 내용을 기반으로 해서 최선, 보통, 최악의 시나리오를 그려 보게 하는 것이죠.

· **프롬프트 예 2 : 시나리오별 대응방안 요구**
이 보고서를 기반으로 사업을 진행했을 때,
최선의 미래 – 매출 20% 성장, 시장점유율 확대
보통의 미래 – 매출 보합, 내부 효율성 개선
최악의 미래 – 손익 악화, 시장 점유율 하락
각 시나리오별 대응방안 초안을 작성해 줘.

이런 식으로 이 책에 담긴 여러 사고 패턴, 보고서 작성 가이드를 그대로 프롬프트에 적용하면 AI를 부하직원처럼 활용할 수 있습니다. 부하직원에게 일을 시킬 때 '목적·상황·기준'을 알려주듯 AI에도 같은 방식을 적용하는 것이죠.

미래의 업무 모델은 AI가 각종 정보와 시뮬레이션을 제공하면, 인간이 그것을 바탕으로 가장 올바른 선택과 판단을 하는 형태가 될 것입니다. 다시 말해 메타인지 통찰법이 미래 인간 업무의 핵심이 된다는 것이죠. 메타인지 통찰법을 잘 익힌 사람은 끊임없이 합리적인 질문을 통해 AI와 인간 또는 인간과 인간이 계속 열린 충돌을 하게 하고, 이런 충돌을 통해 변증법적으로 가장 올바른 대안을 찾아 내는 역할을 하게 될 것입니다. 특히 메타인지 통찰법으로 선명하고 찜찜한 것을 분별하는 훈련이 잘 돼 있는 사람은 AI가 찜찜하게 속이거나 모호하게 답하는 부분들을 선명할 때까지 파고들어 최선의 대안을 도출하는 역량을 갖출 수 있습니다.

AI는 논리적 구조를 가진 대화 파트너에 가깝습니다. 즉, '무엇을 물어보느냐'보다 '어떤 생각 구조로 묻느냐'가 성능을 결정합니다. AI는 사용자의 사고 패턴을 그대로 반영합니다. AI는 인간처럼 창의적 통찰을 가진 존재가 아닙니다. 논리구조를 기반으로 귀납적 추론을 수행하는 인식 엔진이죠. 그래서 혼란스러운 질문을 던지면 AI는 그 혼란을 정교하게 정리해 보여 주고, 구조화된 질문을 던지면 새로운 패턴을 잘 찾아내게 됩니다.

결국 AI의 지능은 사용자의 사고구조에 따라 증폭되거나 제한됩니다. AI는 논리적 맥락, 귀납적 사고의 흐름, 원인과 결과의 구조가 명확할수록 더 정확하고 깊은 결과를 냅니다. 따라서 인간은 AI에게 단순한 질문을 던지기보다 자신의 사고구조를 '패턴 언어'로 정리해 입력해야 합니다.

'AI는 패턴을 이해하지만, 목적은 인간이 정의합니다.' AI는 데이터와 패턴의 언어로 사고하지만 '무엇을 위해 사고할 것인가'는 인간의 의도에서 비롯됩니다. 결국 자신의 사고 패턴을 명확히 인식하고, 그 구조를 논리적으로 전달할 수 있는 사람이 AI를 잘 활용할 수 있습니다.

003
자료 활용이 편해지는
폴더 & 파일명 구조화

　조직에서 10년 가까이 일하다 보면 업무용 PC 안에 정말 많은 자료와 결과물이 쌓입니다. 이런 자료들을 체계적으로 정리해 놓은 사람과 그렇지 않은 사람 사이에는 자료 활용이나 새로운 아이디어를 떠올리는 속도에서 큰 차이가 생길 수밖에 없죠. 드라마 <미생>에서 신입인 장그래가 상사인 오 차장에게서 처음 받은 업무가 바로 폴더 정리였습니다. 장그래는 나름 체계적으로 폴더를 정리했지만 회사의 기존 방침과는 맞지 않아 공식적으로 인정받지는 못합니다. 하지만 나중에 술자리에서 오 차장에게서 칭찬을 받게 되죠. 장그래가 했던 번호를 붙이는 폴더 정리방식은 충분히 참고할 만한데요, 자신이 원하는 구조로 체계적으로 폴더를 구성하는 데 다음과 같은 방법을 활용하면 좋습니다.

❶ 폴더 앞에 번호 붙이기

내가 원하는 순서로 폴더를 정렬하려면 폴더 이름 앞에 번호를 붙이는 것이 좋습니다. 이때 '1, 2, 3' 또는 '01, 02, 03' 식으로 숫자를 붙여야 원하는 순서대로 정렬이 됩니다. 번호 없이 폴더명을 붙이면 맨 뒤에 배치하려 한 '기타' 같은 이름의 폴더가 가나다 순에 따라 맨 위로 올라오게 됩니다.

❷ 하위 항목으로 점차 세분화하기

폴더들이 중복되지 않게 다음 예시처럼 점차 하위 항목으로 나누어 구조화하면 좋습니다.

<1단계>
01. 인사관리
02. 인력관리

<2단계>
01. 인사관리
    01. 평가/보상
    02. 복리후생
02. 인력관리
    01. 직무분석
    02. 채용
    03. 이동/배치

❸ 필요할 때마다 만들지 말고 큰 틀을 먼저 잡기

폴더는 그때그때 필요할 때 만들기보다는 큰 틀을 미리 정해 두는 것이 효율적입니다. 그래야 저장하거나 나중에 다시 찾을 때 훨씬 편해집니다.

❹ 현재와 과거 업무 구분하기

다음 예시처럼 현재 진행 중인 업무와 과거 자료 폴더를 구분하면 관리하기 훨씬 수월합니다.

01. 현재업무
02. 과거자료

기획력을 높이려면 자신의 전공·업무 관련 좋은 샘플, 기획 산출물 등을 언제든 꺼내 쓸 수 있도록 각각의 폴더로 만들어 구조화하는 습관을 들여야 합니다. 많은 사람이 인터넷이나 다양한 경로로 얻은 자료를 그때그때 보아 넘기고 맙니다. '또 필요할 때 찾으면 되지' 하는 생각이겠지만, 그 사이트가 없어지거나 링크가 바뀌기도 하고, 검색했던 기억 자체가 나지 않을 때가 많습니다. 따라서 저장공간에 여유가 있다면, 자신의 분류기준에 따라 폴더를 만들어 이런 자료들을 정리해 두는 것이 좋습니다.

다음 그림은 제가 몇 년 동안 업무를 하며 인터넷이나 여러 모임 등에서 얻은 자료를 구조화한 것입니다. 저는 회사 업무가 막힐 때면 관련 폴더에 저장해 둔 유사 문서를 열어보고 내용을 천천히 음미해 봅니다.

─── **저자의 폴더 구조화 사례** ───

[폴더 구조 화면 캡처: 01.각종 HR 자료 > 01.인력관리 > 01.인사관리, 02.인력관리(01.전략적인사관리, 02.직무분석, 03.인력지표, 04.Competency, 05.CDP, 06.채용, 07.배치, 03.업무양식, 04.인사매뉴얼), 02.조직관리, 03.평가보상, 04.육성, 05.프로젝트사례, 06.기타 / 파일 목록: 정부직무분석자료, 정원산정, 직무기술서, 직무분석 양식, 직무분석(휴넷자료), 직무조사, 직무평가, 컨설팅Tool, 표준직업분류, (직무분석) 직무조사요령.hwp, ~$평가의 이론과 실제.hwp, 1990년대 후반 우리기업들의 인사철학…, 2003직무분석 및 자기평가 지침.doc, Broad_Banding_System의_이해.hwp, CHAP8.ppt, esq_job_rotation.zip, hay직무분석 및 인사활용.hwp, hay직무평가항목.ppt]

그러다 보면 '이 분은 왜 이런 방식으로 정리했을까?', '이런 고민은 어디서 출발했을까?'라는 생각을 하게 되고, 거기서 새로운 발상이 떠오르곤 합니다. 이처럼 수집한 정보를 체계적으로 구조화하면 생각의 틀을 넓히는 데 큰 도움이 됩니다. 요즘은 클라우드 저장소와 생성형 AI를 연동해 주는 기능이 발전하고 있습니다. 따라서 향후에는 구조화된 데이터가 많은 사람이 더 높은 성능으로 AI를 활용할 수 있을 것입니다. 이런 측면에서 폴더 정리는 과거에는 물론 미래에도 중요한 의미가 있습니다.

구조화된 파일명 작성법

폴더 구조화와 더불어 문서 파일명을 잘 정리하는 것도 매우 중요합니다. 많은 실무자가 흔히 상사나 업무 관계자에게 예전 버전 문서를 보내는 실수를 합니다. 또 이전 버전이 더 나았는데 새로 작성한 버전으로 덮어 쓰기하는 실수를 하기도 하고, 문서를 작성한 지 오래 돼서 어떤 버전이 최종본인지 알 수 없어 난감해지는 경우도 많습니다. 여러분도 이런 실수들로 시간을 허비한 경험이 있지 않나요? 아주 사소한 습관이지만, 작성한 문서를 저장할 때 약간만 신경 써도 자료를 훨씬 더 체계적으로 관리할 수 있습니다. 다음은 문서 파일명을 효과적으로 관리할 수 있는 핵심 팁입니다.

① 파일 제목은 최대한 구체적으로 작성합니다
많은 실무자가 다음 예시처럼 파일명을 두루뭉술하게 짓습니다.
나쁜 예) 평가/보상제도 개선.doc

이러면 몇 년도 자료인지, 어떤 내용의 자료인지를 구체적으로 알기 어렵습니다. 따라서 파일명은 다음 예시처럼 구체적인 풀 네임으로 작성하는 습관을 들여야 합니다. 좀 더 고민하는 몇 초의 차이가 10년의 업무역량 격차를 좌우합니다.
좋은 예) 20××년 평가제도 개선방안(업적평가제도 개선 중심)_20××.09.10_1.doc

특히 동일 주제의 문서가 연도별로 반복되는 경우에는 파일명에 연도 정보까지 반영해야 정확한 버전 관리가 가능합니다.

② 버전 정보와 작성일자를 포함합니다. 보통 '_' 또는 '-'를 활용합니다
예) 20××년 평가보상제도 개선안_Ver1.1_20××.03.11.doc

③ 최종본에는 '최종', '완료', 'Final' 등의 표현을 덧붙입니다

예 1) 20××년 경영계획_경영전략실_Final_20××.12.20.doc

예 2) 20××년 평가보상제도 개선안(최종)_20××.03.11.doc

④ 필요 시 파일명에 조직명이나 회사명을 포함해 출처를 명확히 합니다

예) 20××년 신기술개선 과제 사업계획서_(주)○○화학_20××.03.30.doc

⑤ 문서성격이 드러나도록 파일명 끝에 품의, 보고, 자료, 회의록 등의 키워드를 추가합니다

예) 20××년 1분기 사업추진현황 조사자료_20××.03.05.doc

요즘은 이메일 보고가 많기 때문에 이메일 제목과 첨부파일명에도 신경 쓰는 것이 중요합니다. 파일명이 정돈돼 있지 않으면 상사가 해당 직원이 자료관리를 제대로 하지 않는다는 인상을 받을 수 있습니다. 문서의 버전 관리가 제대로 되지 않으면 문서의 신뢰도를 떨어뜨립니다. 실무에서 위의 방법들을 적용해서 한눈에 정돈돼 보이는 문서 파일명 만드는 습관을 들이길 바랍니다.

004
과거가 현재를 돕는 업무 히스토리 파악법

'히스토리를 파악하라!' 여러분이 새로 업무를 맡았을 때 꼭 기억했으면 하는 말입니다. 어떤 일이든 그 히스토리(History)를 제대로 알지 못하면 예상치 못한 시행착오를 겪을 가능성이 높습니다. 반대로 새로운 일을 시작하기 전에 히스토리를 충분히 파악하면 과거의 경과와 시사점을 바탕으로 실수를 줄이고 성공확률을 높이는 기반을 만들 수 있습니다. 마치 우리가 역사를 통해 선대의 경험을 배워서 현 시대에 필요한 새로운 가치를 만들어 내는 이치와 같습니다.

저는 새로운 조직에 들어가면 첫 일주일 정도는 과거 문서를 모두 살펴봅니다. 주변 동료에게서 조직의 흐름과 배경 이야기도 많이 듣습니다. 현재의 시스템이나 방식도 결국 과거의 여러 이유로 만들어졌을 것이기 때문이죠. 그래서 저는 '과거를 이해하지 않고서는 현재도 미래도 없다'라는 믿음을 가지고 있습니다.

새로운 아이디어나 개선안을 도출하려면 다양한 배경정보가 필요합니다. 그 중에서도 과거 업무의 히스토리가 매우 중요한 자원이 됩니다. 조직에는 종종 과거 히스토리를 무시하고 일을 무리하게 진행하는 사람이 있습니다. 과거 실패했던 일을 '그건 예전 일이고' 하며 다시 밀어붙이거나, '그때 추진한 사람이 능력이 부족했었겠지' 하고 단정하며 과거 일의 맥락은 무시한 채 일을 추진하기도 합니다. 이런 경우 대부분 과거 실패가 되풀이되고 맙니다. 과거에 실패한 일을 다시 시도하지 말라는 뜻이 아닙니다. 오히려 그럴수록 실패원인을 더 면밀히 분석하고, 그 분석결과를 바탕으로 새롭게 전략을 짤 필요가 있다는 것이죠.

히스토리를 파악하는 방법은 생각보다 어렵지 않습니다. 우선 과거에 작성된 기획문서, 규정, 업무지침, 회의록, 관련 이메일 등을 시간 흐름에 따라 읽어보는 것이 좋습니다. 그러다 보면 현재 제도나 시스템, 일하는 방식이 왜 그렇게 정착됐는지 자연스럽게 이해하게 됩니다. 동료에게 조직의 과거 이야기를 자주 묻고 듣는 방법도 큰 도움이 됩니다. 이렇게 문서와 대화를 함께 활용해 히스토리를 파악하다 보면 업무에 대한 입체적인 이해와 함께 더 깊은 통찰력을 갖게 됩니다.

- **히스토리 파악을 위한 핵심 방법 요약**

① 업무 시작부터 마무리까지의 흐름을 중심으로 조직의 서류철을 읽어 봅니다.

② 공용 폴더에 보관된 문서를 읽으며 문서의 틀, 구성방식, 형식을 파악합니다.

③ 조직에서 선호하는 문서 스타일이나 보고서 형식을 파악합니다.(최종 의사결정권자가 좋아하는 형태를 아는 것도 중요합니다.)

④ 전자결재나 품의문서를 살펴보며 예산 집행 등 실무절차를 함께 이해합니다.

새로운 일을 시작하기 전에 히스토리를 파악하는 습관은 결국 여러분의 업무실력을 한 단계 높이는 무기가 돼 줄 것입니다.

005
언제 어디서나 생각을 기록하는 클라우드 메모장

여러분은 평소 클라우드 메모장을 활용하나요? 메모를 잘하는 핵심은 순간순간 떠오르는 생각을 놓치지 않고 기록하는 데 있습니다. 이를 위해서는 언제 어디서든 메모할 수 있는 클라우드 메모장을 활용하는 방법이 좋습니다. 메모장 앱은 스마트폰에서만 활용할 수 있기 때문에, 클라우드 메모장을 이용해 스마트폰은 물론 PC, 태블릿 등 다양한 기기에서 자유롭게 접속하고 내용을 확인할 수 있는 환경을 구축하는 것이 중요합니다. 클라우드 메모장은 서비스별로 특징이 조금씩 다르므로 한두 가지를 조합해 사용하는 방법이 메모 관리에 더 효과적입니다. 제가 직접 사용해 본 몇 가지 클라우드 메모장의 특징은 다음과 같습니다.

❶ 네이버 메모
네이버에서 제공하는 메모 서비스로, 스마트폰 앱과 PC 웹에서 모두

사용할 수 있습니다. 디자인이 깔끔하고 기능도 다양하며, 카테고리별로 메모를 분류할 수 있는 점이 특히 유용합니다. 무엇보다 무료 제공이 큰 장점이죠. 저는 여기에 주로 맛집 정보를 기록해 두고 사용합니다. 메모에 저장한 맛집 정보를 네이버 지도와 연동해서 바로 길찾기를 할 수 있기 때문이죠. 메모를 무작정 쌓아 두기보다는 시간 날 때 분류기능을 활용해 정리해 두면 훨씬 활용도가 높아집니다. 다음 예시처럼 메모장에 한 줄의 아이디어만 적어 놓아도 나중에 그 아이디어로 다양한 콘텐츠나 기획을 구상할 수 있습니다.

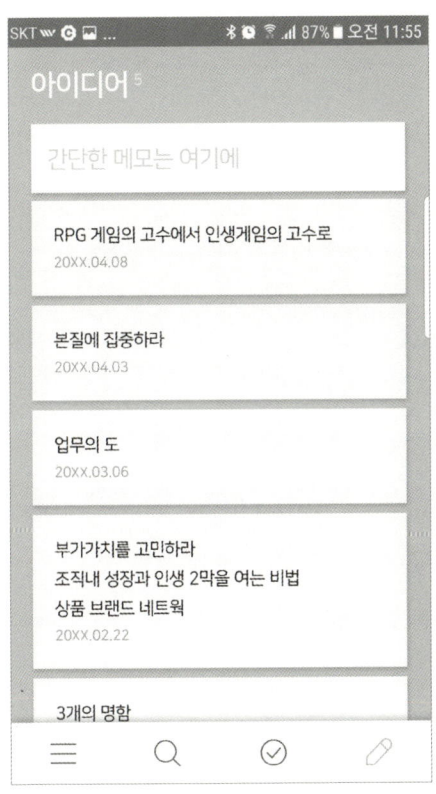

❷ 구글 Keep

구글 Keep도 제가 애용하는 메모 도구 중 하나입니다. 네이버 메모와 기능이 유사하며 직관적인 인터페이스를 갖추고 있습니다. 특히 체크리스트 기능이 유용합니다. 프로젝트 일정이나 할 일 목록을 작성하고, 완료된 항목은 체크해서 깔끔하게 정리할 수 있어 실무에서 유용하게 쓰입니다. 스마트폰과 PC에서 모두 연동되며, 역시 무료입니다. 이 도구의 정말 대단한 기능은 이미지상의 글자로도 검색이 가능하고, 이미지 내의 글자를 OCR(광학 문자 인식기능)로 추출해 준다는 것입니다. 대

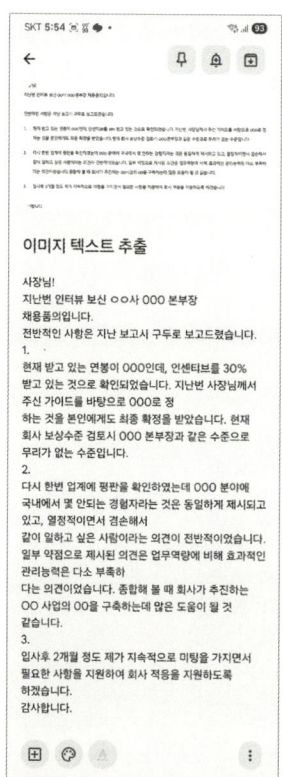

부분 OCR 기능만 들어가도 유료인데 소리없이 강한 서비스입니다. 구글 Keep은 스크랩북으로 응용하기에 정말 좋은 서비스입니다. 이미지의 텍스트를 다 검색해 주니 언제 어디서든 스크랩한 이미지 자료를 활용할 수 있습니다. 앞의 예시는 이 도구로 스크랩한 이미지에서 텍스트를 추출한 내용입니다.

❸ 노션(Notion)

저는 노션(Notion) 유료 버전(연 6만 원 정도)을 사용합니다. 처음에는 비용이 부담스러울 수 있지만 지식 기반 업무를 하는 사람에게는 충분히 그 이상의 가치를 제공한다고 생각합니다. 노션은 임시 메모보다는 장기적이고 체계적인 정보 저장소로 활용하기 좋습니다. 특히 웹 스크랩 기능, 태그를 통한 분류, 데이터베이스 등이 강력합니다. 저는 책을 읽으며 떠오른 생각이나 시 같은 창작물은 네이버 메모나 구글 Keep에

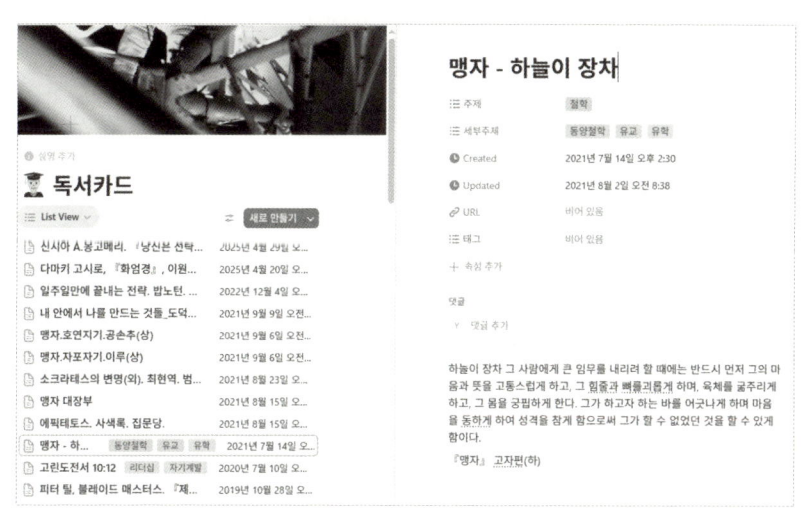

먼저 저장하고, 일정한 주기로 노션에 정리해 둡니다. 앞의 예시처럼 한눈에 목록과 내용을 볼 수 있어 전체 흐름을 파악하고 아이디어를 발전시키기에 효과적입니다.

위에서 소개한 메모장이나 그 외 어떤 도구를 쓰든 괜찮지만, 효율적 기록관리 측면에서 다음 3가지 중요 기준에는 맞아야 합니다.

① 언제든지 즉시 기록할 수 있어야 하고,
② 분류나 정리가 용이해야 하며,
③ 어디서든 접속해서 확인할 수 있는 환경

메모는 생각을 기록하는 도구인 동시에 더 나은 아이디어와 기획력을 키워 주는 중요한 습관입니다. 이렇게 쌓은 기록들이 여러분만의 콘텐츠 제작이나 AI 활용 등 다양한 영역에서 활용될 수 있습니다. 여러분에게 꼭 맞는 메모 도구를 찾아 활용하기 바랍니다.

생성형 AI가 발전하면서 사용자가 딥러닝을 할 필요는 많이 줄었습니다. 대형 회사들이 알아서 딥러닝된 AI 서비스를 제공하고 있기 때문이죠. 여기에 내가 체계적으로 정리한 자료를 엮으면 그냥 AI를 쓰는 데 비해 수 배에서 수십 배의 좋은 결과물을 도출할 수 있습니다.

006
'정보, 깨달음, 도식, 날짜'는 기록의 공통 요소

예쁜 수첩이나 메모장을 사 놓고도 정작 뭘 적어야 할지 몰라 그냥 두는 경우가 많죠? 그래서 여기 메모를 습관화하고 기록을 효율적으로 관리하는 데 도움이 되는 4가지 기준을 소개합니다. 바로 ① 정보, ② 깨달음, ③ 도식, ④ 날짜입니다. 참고로 '④ 날짜'는 모든 메모에 공통으로 포함해야 하는 요소입니다.

① 정보

새로운 '정보'를 접하면 그 내용을 꼭 메모하기를 권합니다. 어떤 정보를 어디서 들었는지 정도만 정확히 적어도 충분합니다. 나중에 다시 출처를 찾아서 보거나 활용할 수 있으니까요. 책에서 얻은 정보는 페이지 번호까지 함께 적으면 더욱 좋습니다. 여기에 간단한 코멘트를 덧붙여도 괜찮습니다. 간단한 예시를 보면 다음과 같습니다.

인(仁)은 자신이 서고자 할 때 남부터 세워주고,
자신이 뜻을 이루고 싶을 때 남부터 뜻을 이루게 해주는 것이다.
〈논어 옹야 편〉
20××.08.25

❷ 깨달음

생활하다 갑자기 '아!' 하고 깨달음이 올 때가 있죠? 그럴 때는 꼭 그 순간을 놓치지 말고 다음 예시처럼 짧게라도 기록하세요. 그 한 줄이 인생의 소중한 나침반이 되거나 새로운 콘텐츠를 만드는 가장 중요한 재료가 될 수 있습니다. 깨달음을 한 줄의 메모로 남기는 습관은 시간이 지날수록 더 깊이 있는 통찰로 돌아옵니다.

• 포기하고 싶을 때 한 번만 더 밀고 나가면, 신은 기회를 주신다.
힘들고 포기하고 싶을 때 한 번만 더 밀어붙였을 때 성공한 경험이 많았다.
신은 쉽게 기회를 주지 않기에 성공이 더 값진 것 같다.
20××.10.27

• 경험을 돌아보면 첫 생각이 정답일 때가 많았다.
직관적으로 얻은 답에 집중하자.
20××.10.25

• 재연 가능성이 없는 것은 사업이 아니다.
20××.03.13

❸ 도식

도식(그림)을 활용하는 메모 방법도 있습니다. 간혹 업무내용이나 아이디어 등이 간단한 그림으로 정리될 때가 있는데, 그럴 때 활용하면 됩니다. 너무 잘 그리려고 신경 쓸 필요 없이 다음 예시처럼 종이에 간단히 그려서 스마트폰으로 촬영하거나 스캔해서 메모장에 저장하면 됩니다. 이렇게 저장해 놓으면 나중에 다시 꺼내 보면서 아이디어를 이어갈 수 있습니다.

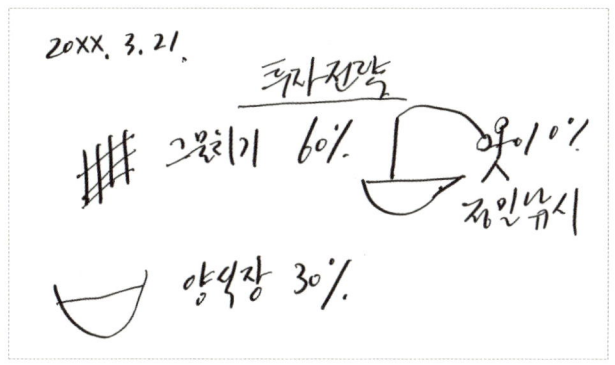

❹ 날짜

어떤 형식의 메모이든 날짜를 꼭 함께 기록하는 습관이 정말 중요합니다. 시간이 지나면 언제 적은 메모인지 기억나지 않을 때가 많기 때문이죠.

위의 4가지 기준(정보, 깨달음, 도식, 날짜)의 메모를 습관화하면 생각을 정리하는 능력이 확연히 달라질 것입니다.

007
'동그라미, 네모, 선'이면 되는 비주얼 씽킹

여러분은 '생각을 그림으로 표현해 보라'는 말에 자신 있게 '네!'라고 답할 수 있나요? 아마 대부분은 어렵다고 느낄 겁니다. 저 역시 글씨나 그림에는 자신이 없었습니다. 서점에서 비주얼 씽킹 관련 책을 보면 '정말 부럽다'는 생각이 들어 여러 권 사서 따라 해 보기도 했는데 결과는 항상 기대와 달랐습니다. 아무리 정성껏 그려도 그렇게 멋진 결과물이 나오지는 않더라고요. 그러다 문득 책을 만들 때 표지 샘플을 고르는 과정이 떠올랐습니다. 제가 독자에게 가장 좋은 표지를 보여주기 위해 고르고 골랐던 것처럼 비주얼 씽킹 책에 담긴 예시들도 그럴 수 있겠구나 하는 생각이 들었습니다. 저자가 그려 본 수많은 그림 중 가장 잘 된 것을 실었다고 생각한 것이죠. 그렇게 생각하니 마음이 한결 편해졌고 '나도 할 수 있다'는 자신감이 조금 생겼습니다.

그 후로는 예쁘고 깔끔하게 그리려고 애쓰기보다는 그냥 생각나는 것을 낙서하듯 자유롭게 그리기 시작했습니다. 처음엔 도화지에 그리다가 점점 메모지나 수첩 같은 데도 대충 스케치하듯 그려 봤죠. 그러다 보니 신기하게 생각을 그림으로 표현하는 감각이 점점 늘었습니다. 저는 중학교 시절 미술 선생님에게서 "윤석아, 네 그림은 기본 점수 이상은 주기 어려웠다"라는 평가를 듣기도 했습니다. 그런 제가 지금은 생각을 그림으로 표현하고 있으니 여러분도 충분히 할 수 있습니다. 비주얼 씽킹에서 중요한 건 멋지게 그리는 게 아닙니다. '생각을 붙잡아 두는 것'이죠. 낙서하듯 자유롭게 그리다 보면 자연스럽게 생각을 그림으로 표현하는 감각이 늘게 됩니다.

비주얼 씽킹 6가지 기본 패턴

비주얼 씽킹에 익숙해지면 몇 가지 공통 패턴이 있음을 알게 됩니다. 다음은 그 대표적인 6가지 패턴입니다.

① 도형 패턴

동그라미, 사각형 같은 기본 도형에 선이나 화살표를 연결해서 생각을 정리하는 방식입니다. 전체 생각의 60% 정도는 이 유형으로 표현될 수 있다고 생각합니다.

예) 3P 분석 → 원 3개 + 선 3개 + 키워드

② 순서도·흐름도 패턴

도형과 화살표를 활용해 흐름을 표현하는 방식입니다. 동그라미와 화살표만으로도 충분히 표현할 수 있습니다.

예) 일의 절차, 업무 흐름 설명 등

③ 수식 패턴

도형과 사칙연산 기호(+, -, ×, ÷)를 이용해 개념 간의 관계를 간단히 표현하는 방식입니다.

예) 정보력 × 몰입력 × 사고패턴 = 종합적 사고력

④ 트리 구조 패턴

상위와 하위 개념을 단계별로 나눠 표현하는 방식입니다.

예) 조직도, 전략 체계도 등

⑤ 매트릭스 패턴

X축과 Y축으로 공간을 4분면으로 나누고, 기준별 내용을 각 분면에 구분해 표현하는 방식입니다.

예) 중요도-긴급도 매트릭스(퀵 윈 과제 도출)

⑥ 모형 패턴

여러 개념이나 흐름을 하나의 '모델'로 종합해 표현하는 방식입니다. 개념은 복잡해 보이지만, 도형 몇 개로도 충분히 표현할 수 있습니다.

예) 창의력 발현 모델, 정보 저장 구조 등

마음에 드는 펜을 하나 준비해서 일단 수첩이나 메모지에 그림을 그리거나 생각을 써 보세요. '스걱스걱', '쓱쓱' 하는 펜 소리도 생각 정리에 도움이 되곤 합니다. 그린 그림을 스마트폰으로 찍어서 보관해 두면 나중에 다시 꺼내 보며 아이디어를 발전시키는 데 좋습니다. 처음부터 아이패드로 그려서 저장하는 방법도 좋습니다. 멋진 그림은 필요 없습니다. '쓸모 있는 낙서'면 충분합니다. 그냥 막 그려 보다 보면 비주얼 씽킹 능력이 자연스레 늘게 됩니다.

008
엑셀을 활용한
데이터베이스(DB) 관리방법

AI · 빅데이터와 정보 분석의 중요성

21세기는 빅데이터 시대라고 합니다. 빅데이터는 종래의 아날로그 방법으로는 수집, 저장, 검색, 분석 등이 어려운 방대한 데이터를 말하죠. 빅데이터는 인간의 미래 행동을 예측하는 데도 큰 도움이 된다고 합니다. 실제로 전문가들은 과거 3개월 간의 사람의 행동 패턴을 분석하면 향후 어떻게 행동할지 80%는 예측할 수 있다고 합니다.

빅데이터 개념이 없었던 과거에도 이와 유사한 패턴 분석이 있었습니다. 대표적으로 1931년 허버트 윌리엄 하인리히(Herbert William Heinrich)가 발견한 '하인리히 법칙'이 있죠. 미국 트래블러스 보험회사의 손실관리부서에 근무했던 하인리히는 수많은 사고현황을 분석하다 하나의 일관된 법칙이 있음을 발견했습니다. 산업재해가 발생해 중상자가 1명 나오면 그 이전에 같은 원인으로 발생한 경상자가 29명, 같은 원인으로 부상을 당할 뻔한 잠재적 부상자가 300명이 있었다는 사실입니다. 그래서 하인리히 법칙을 '1:29:300'으로 요약해 부르기도 합니다. 이 법칙을 대부분의 사고에 적용해 보았을 때 거의 정확하게 맞아떨어져서 오늘날에도 많이 활용되고 있습니다.

빅데이터가 이런 패턴을 정확하게 예측하는 데 큰 도움이 됩니다. 실제로 제가 현재 몸담고 있는 온라인 서비스 분야에서는 별도의 정보 분석팀을 운용하며 빅데이터에서 다양한 고객 패턴을 분석해 전략 수립에 활용하고 있습니다. 예를 들어 온라인 회사들은 모집한 고객의 3~5%가 비용을 지불한다는 패턴 분석에 기인해 부분 유료화 서비스 방식을 운용합니다. 그런 패턴 분석에 의한 예측에 따라 이들 회사는 우선 고객규모를 넓히기 위해 노력하는 전략을 취합니다.

미국 국세청은 2011년에 빅데이터와 IT 기술을 결합해 '탈세·사기범죄 방지 시스템'을 구축하기도 했습니다. 이 기관은 다양한 패턴에 의한 예측방법을 이용해 납세자의 과거 행동정보를 분석한 다음 좋지 않은 패턴들을 검출했습니다. 그 뒤 페이스북이나 트위터를 통해 범죄자와 관련된 계좌, 주소, 전화번호, 납세자 간 연관관계 등을 분석해 고의적인 세금 체납자를 찾아냈다고 합니다. 이 기관은 이러한 빅데이터 활용으로 연간 3,450억 달러에 이르는 세금 누락을 개선했다고 합니다.

앞으로는 일반 조직에서도 업무 관련 빅데이터에서 필요한 정보와 패턴을 찾아 내는 것이 핵심 역량으로 떠오를 수 있습니다. 그러한 패턴 분석에 도움이 되는 IT 기술이 계속 발전하고 있기도 합니다. 그러한 빅데이터의 핵심이 바로 '데이터베이스'입니다. 우리가 흔히 듣고 쓰는 데이터베이스의 개념을 정확하게 이해하는 사람은 의외로 많지 않습니다. 여기서 그 핵심 원리를 알아보겠습니다.

데이터베이스는 '논리적으로 연관된 하나 이상의 자료의 모음으로, 내용을 구조화함으로써 검색과 변경의 효율성을 꾀한 자료의 집합체'라고 정의할 수 있습니다. 여러 자료 파일을 조직적으로 통합하여, 자료의 중복을 없애고 구조화하여 기억시켜 놓은 자료의 집합체라고 할 수 있죠. 데이터베이스는 다음과 같이 몇 가지 특성을 가집니다.

① 중복 없이 연결된 자료의 구조이며,
② 컴퓨터를 활용하여 자료를 연결하고,
③ 체계적으로 쌓아 놓은 자료의 구조이며,
④ 자료의 추출, 검색, 가공이 용이합니다.

데이터베이스는 일종의 '연결표'라고 보면 이해가 쉽습니다. 여러 자료를 담은 표가 있는데, 그 표가 하나의 연결고리로 연결돼 있는 것이 데이터베이스라고 보는 것이죠. 예를 들어 다음과 같은 2개의 표가 있다고 해 보죠.

사번	성명	생년월일	소속	직책
0001	홍길동	1970.11.11	회계팀	팀장
0002	장길산	1980.11.12	정보시스템팀	

사번	성명	학교	전공	졸업년월
0001	홍길동	X대학교	회계학	1998.02.28
0001	홍길동	Y대학교 대학원	회계학	2000.02.28

여기서 두 표의 공통된 연결고리는 뭘까요? 다음 밑줄 친 공간에 생각나는 대로 적어 보십시오.

....

두 표의 연결고리로는 사번과 성명이 있습니다. 그런데 동명이인이 있을 수 있으므로 성명으로 연결고리를 만들면 위험합니다. 실제로 예전에 어떤 회사의 급여 담당자가 성명으로 연결고리를 만들었다가 동명이인에게 엉뚱한 급여를 지급하는 사고가 발생한 적이 있었습니다. 따라서 여기서 가장 정확한 연결고리는 바로 '사번'입니다. 사번으로 연결고리를 만들면 두 표에서 다음과 같은 새로운 자료를 추출할 수 있습니다.

사번	성명	생년월일	소속	직책	최종 학교	전공
0001	홍길동	1970.11.11	회계팀	팀장	Y대학교 대학원	회계학

다양한 데이터를 적절한 연결고리로 연결하면 사용자가 원하는 다양한 형태의 자료를 추출할 수 있는데, 이것이 바로 데이터베이스입니다.

1 대 다의 관계 이해하기

많은 사람이 데이터베이스와 일반적인 표와의 차이를 잘 이해하지 못합니다. 둘 사이에 가장 큰 차이는 바로 '1 대 다의 관계'에 있습니다. 이 차이를 다시 앞 사례를 이용해 확인해 보겠습니다.

사번	성명	생년월일	소속	직책
0001	홍길동	1970.11.11	회계팀	팀장
0002	장길산	1980.11.12	정보시스템팀	

사번	성명	학교	전공	졸업년월
0001	홍길동	X대학교	회계학	1998.02.28
0001	홍길동	Y대학교 대학원	회계학	2000.02.28

두 표를 잘 살펴보면 한 사람이 한 가지 정보만 가지기도 하고, 한 사람이 여러 개의 정보를 가지기도 합니다. 즉, 성명, 생년월일, 직책 등은 한 사람이 하나의 정보만 가지는데, 학력은 대학교, 대학원, 박사학위 등 한 사람이 여러 가지 정보를 가질 수 있습니다. 이런 관계를 '1 대 다의 관계'라고 합니다. 정보 분석이나 데이터베이스를 잘 활용하려면 이 관계를 정확히 이해해야 합니다. 예를 들어 어떤 조직의 회원 관리자가 엑셀로 다음과 같은 표를 그려 회원관리를 한다고 해 보겠습니다. 표 한 줄에 모든 데이터를 담는 방식이라 관리하기는 편하겠지만, 이러면 나

중에 시스템화나 통계 분석을 하기 어렵습니다. 1 대 다의 관계를 모르면 보통 데이터를 이런 식으로 쌓게 됩니다.

회원번호	성명	가입일자	발령일	발령사항	발령내용
2111	홍길동	2011-02-01	2014-04-01	보임	2013년 02월 팀장, 2014년 04월 회장

향후 다양한 검색과 시스템화에 도움을 받으려면 다음과 같이 작성하는 것이 좋습니다.

회원번호	성명	발령일	발령사항	발령내용
2111	홍길동	2014-04-01	보임	회장
2111	홍길동	2013-02-01	보임	팀장

이러한 1 대 다의 관계를 활용하면 다음과 같은 형태의 관리 프로그램을 만들 수 있습니다.

기본 인적사항

사번	2111	성명	홍길동
생년월일	1970.11.11	소속	회계팀
직책	회장		

학력

학교	전공	졸업년월
X대학교	회계학	1998.02.28
Y대학교 대학원	회계학	2000.02.28

발령사항

발령일	발령사항	발령내용
2014-04-01	보임	회장
2013-02-01	보임	팀장

위와 같이 연결된 표를 가지고 한 사람의 이력을 구성하는 시스템을 만들 수 있습니다. 이런 식으로 자료를 저장하고 활용하는 습관이 들어야 자신의 업무를 보다 체계적으로 개선하고 정보 시스템을 잘 구축할 수 있습니다.

스프레드시트를 활용한 DB형 자료 관리방법

요즘은 누구나 엑셀 등의 스프레드시트로 다양한 계산이나 분석작업을 편하게 합니다. 이런 스프레드시트를 활용해 데이터베이스(DB)와 같은 효과를 내려면 몇 가지 자료관리 원칙이 필요합니다.

❶ 한 개 셀에 하나의 내용만 넣습니다

데이터베이스는 구조화된 형식으로 자료를 축적한 것입니다. 많은 사람이 엑셀로 자료를 만들 때 하나의 셀에 쉼표(,) 등을 활용해 여러 정보를 넣습니다. 직원의 경력을 'A회사, B회사, C회사' 식으로 한 셀에 넣는 것이죠. 이런 구조로 정보를 축적하면 나중에 자동적인 통계를 돌리기 어려워집니다. 따라서 정보를 쌓을 때는 하나의 셀에 하나의 내용을 넣어 구축하고, 나중에 함수나 수식으로 자료를 추출해 사용하는 방식을 권합니다.

❷ 피벗 테이블을 잘 활용합니다

많은 사람이 엑셀 등의 스프레드시트를 사칙연산에 편리하다는 단순한 용도로 활용합니다. 그런데 정보를 체계적으로 축적해서 엑셀의 피벗 테이블 기능을 활용하면 업무속도가 빨라지면서 오류도 방지할 수 있습니다. 예를 들어 어느 날 사장이 급하게 조직별 기혼자, 미혼자 수를 알고 싶다고 해 보죠. 이런 경우에 피벗 테이블 기능을 못 쓰면 급하게 계산기부터 두들길 수 있습니다. 예를 들어 해당 회사 직원들의 기본 인적사항이 다음 쪽 그림과 같다고 가정하고 피벗 테이블 기능을 활용해 보겠습니다. 여기서는 편의상 샘플 수를 줄였지만, 실제 직원 수가 천 명이 넘는다면 계산기를 두들기다 오류가 생길 위험이 크겠죠?

먼저 다음 그림처럼 제목을 포함한 엑셀 표 전체를 스크롤해서 선택한 후 상단 메뉴에서 '삽입 > 피벗 테이블' 메뉴를 선택합니다.

다음 그림처럼 '피벗 테이블 만들기' 창이 나오면 '확인'을 클릭합니다.

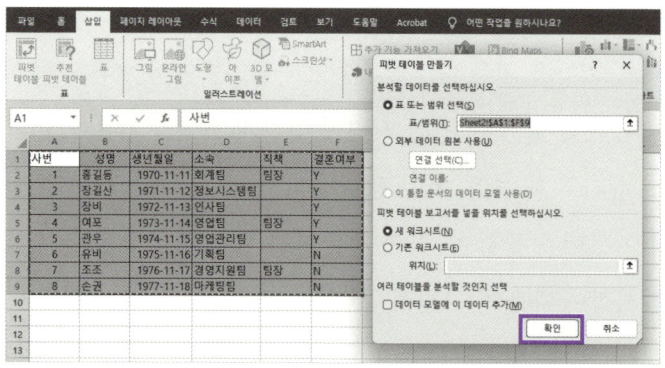

다음 그림처럼 엑셀 화면 오른쪽에 피벗 테이블 생성 창이 나오면, 하단 4분면으로 나뉜 창의 '열(가로축)'에는 '결혼여부'를, '행(세로축)'에는

'소속'을, '값'에는 '결혼여부'를 드로그해서 넣으면 엑셀 화면 왼쪽과 같은 표가 만들어집니다.

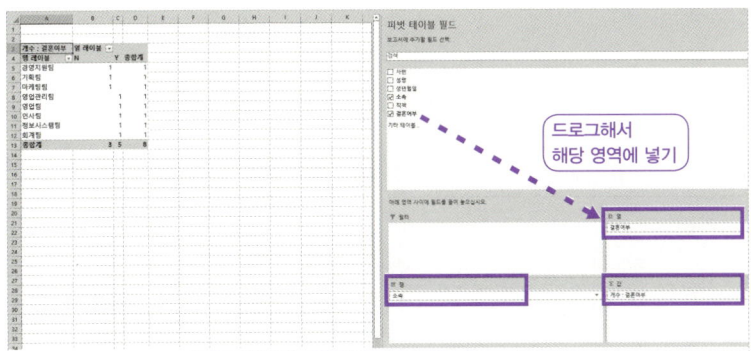

위 사례처럼 엑셀의 피벗 테이블 기능을 잘 활용하면 여러분이 원하는 방식으로 데이터를 쉽고 빠르게 분석할 수 있습니다.

❸ VLOOKUP을 잘 활용합니다

회사 업무를 하다 보면 가끔 기존 자료들을 조합해서 새로운 자료를 만들어야 할 때가 있습니다. 이럴 때 VLookup 함수를 활용하는 방법이 효과적입니다. VLookup은 데이터베이스의 쿼리처럼 한 테이블의 내용을 다른 테이블에 동일한 내용이 있을 때 연결해서 추출해 줍니다.

예를 들어 앞서 사례를 든 회사에서 직원들의 '희망 근무지'를 조사한다고 해 보죠. 이럴 때 각 팀에서 소속, 성명, 희망 근무지를 취합해서 보내준 엑셀 자료를 보고 개인별 희망 근무지를 기존 인사자료에 일일이 추가할 수도 있을 것입니다. 하지만 직원이 수천 명이라면 너무 많은 시간이 걸리겠죠. 이럴 때 VLookup 기능을 활용하면 빠르게 데이터를 통합할 수 있습니다. 예를 들어 다음과 같이 기존에 가지고 있던 직원 기본 인적사항과 직원들의 희망근무지를 취합한 엑셀 표가 각각 있다고 해 보겠습니다.

K15

	A	B	C	D	E	F	G	H	I	J	K
1	사번	성명	생년월일	소속	직책	결혼여부			소속	성명	희망근무지
2	1	홍길동	1970-11-11	회계팀	팀장	Y			회계팀	홍길동	서울
3	2	장길산	1971-11-12	정보시스템팀		Y			정보시스템팀	장길산	분당
4	3	장비	1972-11-13	인사팀		Y			인사팀	장비	여주
5	4	여포	1973-11-14	영업팀	팀장	Y			영업팀	여포	양평
6	5	관우	1974-11-15	영업관리팀		Y			영업관리팀	관우	인천
7	6	유비	1975-11-16	기획팀		N			기획팀	유비	광명
8	7	조조	1976-11-17	경영지원팀	팀장	N			경영지원팀	조조	일산
9	8	손권	1977-11-18	마케팅팀		N			마케팅팀	손권	서울
10											
11											
12											

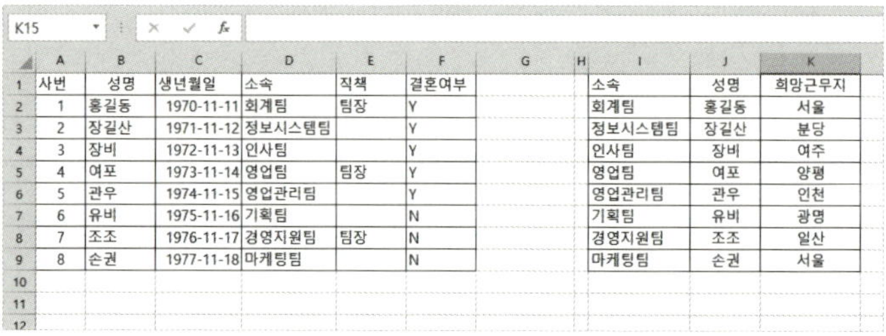

이럴 때 기존 인적사항에 각 직원의 희망근무지를 합쳐 하나의 표로 완성하고 싶다면, 다음 그림처럼 기존 인적사항 표에 희망근무지란을 추가한 다음 희망근무지를 기재할 공간을 클릭하고 다음과 같이 VLOOKUP 함수를 입력합니다.

G2 =VLOOKUP(B2,$J$2:$K$9,2,0)

	A	B	C	D	E	F	G	H	I	J	K
1	사번	성명	생년월일	소속	직책	결혼여부	희망근무지		소속	성명	희망근무지
2	1	홍길동	1970-11-11	회계팀	팀장	Y	=VLOOKUP(B2,$J$2:$K$9,2,0)			홍길동	서울
3	2	장길산	1971-11-12	정보시스템팀		Y			정보시스템팀	장길산	분당
4	3	장비	1972-11-13	인사팀		Y			인사팀	장비	여주
5	4	여포	1973-11-14	영업팀	팀장	Y			영업팀	여포	양평
6	5	관우	1974-11-15	영업관리팀		Y			영업관리팀	관우	인천
7	6	유비	1975-11-16	기획팀		N			기획팀	유비	광명
8	7	조조	1976-11-17	경영지원팀	팀장	N			경영지원팀	조조	일산
9	8	손권	1977-11-18	마케팅팀		N			마케팅팀	손권	서울
10											

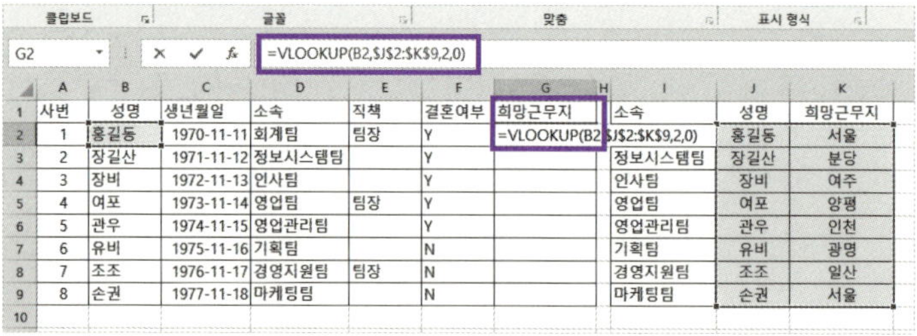

위 VLOOKUP 함수의 의미는 다음과 같습니다.

=VLOOKUP(B2,$J$2:$K$9,2,0)

* B2 : 두 표의 공통기준이 되는 검색 값(여기서는 '성명')

* $J$2:$K$9 : 데이터를 참고할 범위

* 2 : 데이터 참고범위 중 가져올 정보(여기서는 '희망근무지')

* 0 : 일치 여부, 즉 B2(성명)가 정확히 일치하는 데이터만 선택

이렇게 함수를 입력하고 나서 엔터 키를 누르면 다음 그림처럼 오른쪽 표의 희망근무지가 왼쪽 표에 자동으로 입력됩니다.

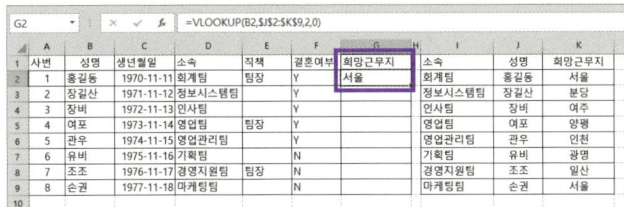

그런 다음 해당 함수를 복사해서 붙여넣기하거나 해당 셀을 선택한 다음 드로그해서 그 아래 셀들을 같은 함수로 채우면 다음과 같이 각 직원의 희망근무지가 포함된 새로운 표가 완성됩니다.

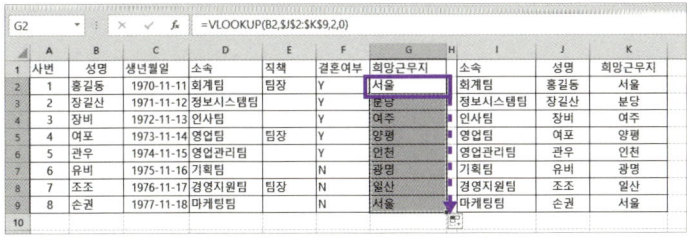

009
'디지털 & AI 전환(DX & AX)', AI 시대 필수 정보화 마인드

DX · AX 마인드란

우리는 지금 제2의 AI 혁명시대에 살고 있습니다. 아침에 눈 뜰 때부터 잠들 때까지 스마트폰 등 정보기기를 사용하지 않는 순간이 거의 없을 정도죠. 그런데도 정보화라고 하면 여전히 거리감을 느끼는 사람이 많습니다. 물론 우리가 첨단기술의 근본 원리까지 알 필요는 없습니다. 그 기술들을 내 업무나 일상에 효과적으로 응용할 수 있느냐가 중요하죠. 정보화 마인드는 바로 거기서 시작됩니다.

DX·AX 마인드는 AI 시대에 필요한 정보화 마인드라고 할 수 있습니다. 참고로 DX는 디지털 전환을 뜻하는 Digital Transformation의 약어이고, AI는 AI(인공지능) 전환을 뜻하는 AI Transformation의 약어입니다. DX·AX 마인드는 '자신의 업무를 획기적으로 개선할 수 있는 아이디어를 떠올리고, 이를 프로세스로 정리한 뒤, 정보 시스템으로 전환할 수 있는 사고력과 실행력'을 말합니다. 이를 위해서는 다음 3가지 역량이 필요합니다.

① 창의적인 업무 개선능력
② 과정을 명확하게 프로세스화하는 능력
③ 그리고 기본적인 정보기술(개발언어, 클라우드, AI, DB 등)에 대한 이해와 응용능력

다음은 ③ 정보기술 이해도를 체크해 볼 수 있는 표입니다. 표를 통해 여러분의 정보기술 이해도를 체크해 보고, 부족한 부분은 검색, 독서 등으로 보완해 나가기 바랍니다.

NO	구분	주요 내용
1	시스템구조	서버 · 클라이언트 · 미들웨어 · 네트워크 등의 개념을 잘 이해하고 있다.
2		웹에서 작동하는 시스템은 어떤 구조를 가지고 있어야 하는지 잘 이해하고 있다.
3		UNIX, LINUX, Windows, iOS, 안드로이드 등의 OS 종류에 관해 잘 이해하고 있다.
4	개발인력	서비스 기획, 디자인, 퍼블리셔, 개발자가 어떤 역할을 하는지 잘 이해하고 있다.
5		프론트 개발자와 서버 개발자, 풀스텍 개발자가 어떤 역할을 하는지 알고 있다.
6		DBA, 시스템 엔지니어 등이 어떤 역할을 하는지 알고 있다.

7	개발언어	C, JAVA, C#, JavaScript 등이 어떤 언어인지 알고 있고, 어떤 분야에 사용하는지 대략 알고 있다.
8		최근 점점 사용이 증가하고 있는 React.js, Node.js, Python, Kotlin, Swift 등이 어떤 언어이고, 어떤 강점이 있는지 알고 있다.
9		HTML이 어떤 언어이고, 어떤 분야에 사용하는지 알고 있다.
10	데이터 · AI	관계형 데이터베이스와 쿼리(query)가 무엇인지 잘 이해하고 있다.
11		엑셀의 피벗 테이블, Vlookup 기능의 활용법을 잘 이해하고 있다.
12		빅데이터, AI(인공지능, 딥러닝, 머신러닝 등), 검색엔진 등이 무엇인지 잘 이해하고 있다.
13	디지털흐름	DT가 어떤 의미인지 이해하고, 잘 활용하고 있다.
14		폭포수 개발방법과 애자일 개발방법의 차이를 이해하고 있다.
15		블록체인을 비트코인 외에 어느 분야에 사용할 수 있는지 잘 알고 있다.
16	IT 활용능력	클라우드 서비스가 어떤 구조와 장점을 가지고 있는지 이해하고, 현재 업무와 개인생활에 사용하고 있다.
17		각종 페이(Pay), 포인트 서비스 등을 일상에서 잘 활용하고 있다.
18		API가 무엇인지 이해하고 있으며, 각종 오픈 API 등을 어떻게 활용하는지 대략적으로 이해하고 있다.
19	시스템기획	자신이 하는 업무를 시스템으로 개선하기 위한 기획서를 작성한 경험이 있거나 작성할 수 있다.
20		서비스 기획자, 개발자, 디자이너 등 IT 인력에게 자신이 원하는 것을 문서와 대화로 설명할 수 있다.
21		자신의 업무를 표준화하기 위해 양식을 만들거나, 업무 프로세스를 개선하는 등의 일을 잘 할 수 있다.

일하는 방식을 바꾸는 작은 DX·AX 마인드

저는 수주사업 분야에서 일하며 매번 수백 페이지에 달하는 RFP(제안요청서)를 읽고 분석하는 일이 참 힘들었습니다. 어떻게 하면 요청서 내용을 더 쉽게 이해할 수 있을지가 늘 고민이었죠. 그러다 ChatGPT가 어떤 내용을 읽고, 요약하고, 분석하는 데 탁월하다는 사실을 알고 이런 생각이 들었죠. 'RFP 분석이 필요할 때마다 그 내용을 내가 원하는 RFP 분석양식에 맞춰 분석해 주는 맞춤형 ChatGPTs를 만들면 어떨까?' 저는 여기에 과거 분석한 RFP에서 도출한 리스크나 이슈 유형까지 반영해 봤습니다. 결과는 대성공이었죠. 저는 다음 그림과 같이 수백 페이지의 RFP를 입력해도 2분 안에 분석결과를 제가 원하는 분석보고서 형태로 출력해 주는 간단한 ChatGPTs를 만들 수 있었습니다. 이 분석기는 제가 회사에서 쓰는 것이라 공유하지 못하는 점 양해 바랍니다.

기술보다 중요한 건 문제를 푸는 방식

　DX·AX 시대에는 '어떻게 하면 더 쉽게, 더 효율적으로 일할 수 있을까'를 고민하는 태도가 가장 중요합니다. 그리고 그 해법을 정보기술과 연결해 내는 사고력이 필요하죠. DX·AX 마인드는 결국 시스템이 아니라 문제해결 프로세스를 그려 낼 줄 아는 능력에서 출발합니다. '내가 생각한 것을 개발자가 구현할 수 있도록 설명할 수 있다면' 그 자체로 DX 역량입니다. 그 프로세스를 꼭 멋진 그림으로 그려 낼 필요는 없습니다. 단순한 텍스트로라도 프로세스를 조목조목 풀어낼 수 있다면 훌륭한 아이디어가 됩니다. 결국 DX·AX 마인드는 기술보다 문제해결 중심의 사고에서 시작되며, 이를 실제 업무에 적용하는 작은 실천력에서 강화됩니다.

　AX나 DX 모두 데이터가 좋아야 발전합니다. 폴더 관리, 엑셀 활용 등으로 데이터를 체계적으로 쌓고, 활용하는 능력을 강화하는 것을 확장해 가면 향후 AX가 중요한 상황에서도 좋은 역량을 발휘할 수 있습니다. 그리고 끊임없이 새로운 기술이나 서비스를 열심히 써 보려고 노력하는 것도 정보화 마인드를 기르는 데 큰 도움이 됩니다. 이와 함께 꾸준히 올바른 선택과 판단을 하는 메타인지 통찰법을 훈련하면 AI 시대를 선도할 수 있을 것입니다.

11장

보고역량을 높여 주는 몇 가지 조언

001
보고서 품격을 높여 주는
8단계 발상법

　보고서를 작성하든 기획을 하든 '발상력'이 있어야 좋은 결과를 만들 수 있습니다. 발상력을 키우려면 실제 업무상황에서 어떤 식으로 발상해야 하는지 알아야 합니다. 그래서 여기 8단계 창의적 발상법을 소개합니다. 모든 상황에서 이 8단계를 모두 수행할 필요는 없으며 각자의 환경과 상황에 맞게 활용하면 됩니다. 자주 활용하며 습관화하면 여러분의 발상력을 높이는 데 큰 도움이 될 것입니다.

❶ 1단계 : 조직 내부의 유사 사례 및 히스토리 검토
　보고서를 작성하거나 기획을 하기 전에 먼저 조직 내에서 과거 유사 업무를 수행한 사례나 히스토리를 담은 기록(문서나 면담기록 등)을 찾아 검토합니다. 이를 통해 현재 당면한 문제와의 유사점과 차이점을 파악할 수 있습니다.

② 2단계 : 조직 외부의 유사 사례 및 벤치마킹 사례 조사

조직 외부의 유사 사례나 벤치마킹할 만한 사례도 함께 검토하면 다양한 관점을 확보하는 데 큰 도움이 됩니다.

③ 3단계 : 관련 책이나 자료 읽기

관련 책이나 자료를 찾아서 읽고 내용을 곱씹는 과정도 필요합니다. 이 과정을 통해 무의식 속에서 문제해결을 위한 아이디어가 서서히 숙성됩니다.

④ 4단계 : 내·외부 전문가와의 의견 교환

조직 안팎의 전문가나 이해관계자들과 미팅하면서 다양한 시각을 들어보는 것도 매우 중요합니다. 짧은 티미팅으로 가볍게 이야기만 나눠도 문제를 보는 관점이 넓어지고, 중요한 포인트를 놓치는 실수를 줄일 수 있습니다.

1~4단계는 '정보 수집' 단계에 해당합니다. 앞서 강조했듯 정보가 부족하면 확신 있는 판단이 어렵습니다. 반드시 여러 경로를 통해 충분한 정보를 모아야 합니다.

⑤ 5단계 : 조사한 자료 정리하기

1~4단계에서 수집한 자료를 문서로 한 번 정리합니다. 이 과정을 통해 생각이 정리되고 아이디어도 점차 숙성됩니다. 이렇게 정리한 내용은 나중에 보고서의 첨부자료로도 활용할 수 있습니다. 이럴 때 생성형

AI를 활용하면 빠른 시간에 자료를 정리할 수 있습니다.

❻ 6단계 : 집중과 휴식의 반복

수집한 자료를 바탕으로 원인과 해결방안을 집중해서 고민하는 시간을 가져야 합니다. 답이 한 번에 떠오르진 않으므로 집중과 휴식을 번갈아 반복하는 것이 중요합니다. 그러다 보면 어느 순간 '유레카' 하며 머릿속에 번쩍 스치는 아이디어가 떠오를 수 있습니다. 이는 잠재의식에서 정보들이 유기적으로 연결되면서 생기는 현상인데, 이런 연결이 일어나려면 머리에 계속 부담을 주기보다는 주기적으로 쉬어 주는 것이 효과적입니다. 앞서 설명한 몰입법, 메타인지 통찰법, 상황 인정법을 활용하여 몰입했다 쉬고, 또 다시 몰입했다 쉬는 식의 리듬을 만들어 보면 어느 순간 무의식이 좋은 기획안을 끌어올려 줄 수 있습니다(40~58쪽 참조).

❼ 7단계 : 내면의 확답 얻기

머릿속에 떠오른 아이디어나 해결방안에 확신이 드는지 스스로에게 반복해서 물어봐야 합니다. 그런 아이디어 등이 아직 검증되지 않은 '가설'일 수 있으므로 충분히 확신이 들 때까지 이 단계를 반복해야 합니다.

❽ 8단계 : 주변과 논의하며 구체화하기

스스로 확신이 드는 아이디어를 동료나 상사와 공유하면서 피드백을 받아 보완하고 구체화하는 단계입니다. 이 과정으로 더욱 현실적이고 설득력 있는 안으로 발전시킬 수 있습니다.

8단계 발상법을 거쳐 완성된 기획이나 보고서는 실제 업무현장에서 좋은 성과로 이어지리라 확신합니다. 창의적인 아이디어와 좋은 기획은 어느 날 갑자기 떠오르지 않습니다. 체계적인 사고와 탐색을 통해 만들어지죠.

마지막으로 '정보와 재조합', 이 2가지를 항상 함께 고민해야 한다는 점을 강조합니다. 별다른 정보가 없어도 좋은 아이디어가 떠오를 것이라고 착각하면 안 됩니다. 한 개인이 짧은 시간에 인류가 수십 년, 수백 년에 걸쳐 쌓아온 지식을 단번에 뛰어넘기는 쉽지 않습니다. 따라서 최신 정보부터 과거 사례까지 폭넓게 학습하고 경험하는 것이 매우 중요합니다. 이런 정보들을 기반으로 기존의 생각의 틀을 깨고, 새로운 시각으로 정보를 재조합하는 노력을 지속하다 보면 반드시 뛰어난 기획자로 성장하게 될 것입니다.

002
인정받는 보고는 언제나 '능동형'

　보고를 잘하는 사람과 그렇지 않은 사람 사이에는 아주 큰 차이가 있습니다. 단순히 보고서를 잘 쓴다고 끝이 아닙니다. 핵심은 '능동형 보고'에 있습니다. 많은 실무자가 보고를 상사에게서 지시를 받은 후에 그 결과를 전달하는 '수동적 활동'으로 생각합니다. 물론 그런 경우도 있지만, 진짜 실력 있는 실무자는 지시를 받기 전에 스스로 문제를 정의하고, 이에 대한 자료를 미리 준비해 제시하는 '제안형 보고'를 합니다. 이것이 바로 '능동형 보고'입니다. 능동형 보고를 자주 할수록 상사가 그 사람의 태도를 높이 평가하고 더 많은 권한과 책임을 부여합니다. 그러면 자연스럽게 상사의 지시가 줄어들고 실무자 스스로 판단하여 업무를 주도할 수 있게 되죠. 결국 능동형 보고는 본인의 커리어 성장에도 도움이 되는 전략입니다. 여러분이 업무현장에서 능동형 보고를 실천하는 데 도움이 되는 팁을 정리해 봤습니다.

① 보고 지시가 있기 전에 먼저 대안을 고민합니다

문제에 대한 해결방안을 먼저 고민한 후 '이런 대안이 있습니다'라고 먼저 제안해 봅니다.

② 상대방의 입장을 고려합니다

보고받는 사람이 어떤 결정을 내려야 하는지, 어떤 정보를 궁금해할지를 예측하고 준비하는 것이 중요합니다.

③ 이메일 보고와 구두보고를 적절히 병행합니다

간단한 제안은 이메일로 보고하고, 필요한 경우 직접 대면하여 구두로 짧고 명확하게 설명하는 방식을 병행하면 매우 효과적입니다.

④ 정기적으로 개선안을 보고합니다

2주에 한 번 정도 시간을 내서 상사에게 '최근 생각한 개선 아이디어', '지금 하는 일의 상황', '문제점과 개선점' 등을 정리해 보고해 봅니다. 이 습관만 잘 들여도 여러분에 대한 조직 내 인식이 크게 달라질 수 있습니다.

자신의 보고성향을 잘 모르겠다면 한 번쯤 자신에게 이런 질문을 던져 보세요.

'나는 지금 상사의 지시를 기다리고 있는가, 아니면 먼저 제안하고 있는가?'

어떤 쪽이 능동형인지는 말 안 해도 알겠죠?

003
'일기', 생각 정리에 가장 좋은 도구

　어느 날 저는 아들과 함께 PC방에 간 적이 있었습니다. 아들은 오버워치 게임을 했는데, 게임이 끝나자 한 손에 든 음료수를 마시면서 그 게임을 리플레이로 다시 보더군요. 멋진 장면에서는 감탄을 하고, 아쉬운 장면에서는 "아, 이렇게 할 걸…" 하고 후회하면서 말이죠. 경영학에서는 이런 행동을 'PDCA 사이클'이라고 합니다. 대부분의 조직에서는 'Plan(계획), Do(실행), Check(점검), Action(개선)' 4단계로 구성되는 이 사이클을 기준으로 성과를 관리하죠. 이 사이클은 개인의 삶에도 적용할 수 있습니다. 특히 점검과 개선, 즉 피드백 활동은 개인의 성장을 위해 매우 중요하죠. 운동선수들이 일지를 쓰는 이유도 같은 맥락입니다. 매일 자신을 점검하고 생각을 정리하는 데 큰 도움이 되기 때문이죠.

　사실 많은 사람이 자신의 인생을 기록하고 싶어합니다. 하지만 막상 일기를 쓰는 사람은 많지 않죠. 일기장을 사서 앞 몇 장만 채우고 마는 경우도 흔합니다. 저도 꼼꼼한 성격은 아니어서 몇 번 일기 쓰기를 시도했다 중간에 그만두기를 반복했었습니다. 그러다 어느 날부터 '매일은 어렵고, 2주에 한 번만 써 보자' 하고 마음을 바꿨죠. 매일 쓰려다 보니 회식이 있거나 여행을 가거나 일이 바쁘면 계속 놓치게 되더라고요. 그래서 부담을 확 줄여 2주에 한 번만 쓰는 습관을 들이기 시작했습니다.

막상 2주 동안의 일을 돌아보며 있었던 일과 느낀 점을 간단히 정리하다 보니 자연스럽게 머릿속이 정리되고 마음도 차분해지는 걸 느꼈습니다. 생각이 정리되니 정신의 '성능'이 좋아진 듯한 느낌도 들고, 업무도 더 잘 풀리는 경험이 이어졌습니다. 처음엔 2주에 한 번이었지만, 지금은 스마트폰이나 PC를 활용해 짬 날 때마다 한두 줄씩 기록하고 있습니다. 이렇게 짧은 시간을 이용한 짧은 기록이 오히려 일기 쓰기를 습관화하는 데 큰 도움이 됐습니다.

일기는 도구일 뿐입니다. 매일 쓰지 않아도 좋고, 길게 쓰지 않아도 괜찮습니다. 중요한 건 기록을 통해 생각과 실행 사이의 차이를 점검하고, 스스로를 돌아보는 시간을 갖는 것입니다. 여러분도 부담 갖지 말고 짬짬이 일기를 써 보세요. 이런 습관으로 생각이 정리되기 시작하면 일도 삶도 훨씬 가벼워지고 선명해지는 걸 느낄 수 있을 것입니다.

004
'독서',
지식의 뼈대를
제공하는 토대

왜 지금, 독서인가

요즘은 책보다는 스마트폰으로 짧은 글이나 영상을 보거나 검색을 통해 정보를 얻는 사람이 많습니다. 하지만 이런 식의 정보 습득으로는 지식을 체계적으로 쌓기 어렵고, 깊이 있는 사고를 하는 데 한계가 있습니다. 지식의 유효기간이 짧고 변화가 빠른 지금의 21세기에는 더더욱 그렇습니다. 정보가 넘쳐나는 시대일수록 그 정보들을 붙잡고 체계화할 수 있는 지식의 '뼈대'가 필요합니다. 이 뼈대를 제공하는 도구가 바로 '책'입니다. 분야를 막론하고 책은 깊이 있는 통찰과 개념을 제공해 주는 도구입니다. 블로그나 SNS로는 얻기 어려운 지식구조, 사고의 틀을 갖추게 해 주죠. 정보의 바다에서 방향을 잃지 않기 위해서라도 독서는 꼭 필요합니다. 앞으로 부수적인 정보는 AI가 엄청 빠른 속도로 제공할 것입니다. 하지만 AI를 학습시키는 깊이 있는 정보는 독서를 통해서 지식의 뼈대를 세우고, 깊이 있는 통찰을 해야만 확보할 수 있습니다.

누구나 실천할 수 있는 7단계 독서습관

책을 읽는 데 가장 큰 장애물은 '시간이 없다'는 생각입니다. 하지만 실제로는 습관과 요령의 문제일 수 있습니다. 출퇴근시간, 대기시간, 화장실에서의 짧은 시간만 잘 활용해도 일주일에 한 권은 충분히 읽을 수 있습니다. 여러분이 그런 습관을 만드는 데 다음 방법들을 추천합니다.

① 좋아하는 책부터 시작합니다

무겁고 어려운 책보다 흥미 있는 분야의 책을 먼저 선택합니다. 습관을 만드는 데는 '호감'이 중요합니다.

② 서문과 목차부터 훑어봅니다

전체 구조를 파악하면 읽을 방향이 잡힙니다.

③ 끌리는 챕터부터 읽습니다

책을 꼭 처음부터 읽을 필요는 없습니다. 핵심은 흥미 있는 내용에 집중하는 것입니다.

④ 앞뒤로 자유롭게 왔다갔다 하며 읽습니다

책 전체를 다 읽지 않아도 중요 내용을 중심으로 읽으면 그 책을 읽은 것과 같은 효과를 얻을 수 있습니다.

⑤ 틈새시간을 이용한 독서를 습관화합니다

지하철, 버스를 타고 있는 시간이나 짧은 휴식시간을 활용해 책을 읽어 봅니다. 처음엔 어색해도 익숙해지면 독서 집중도가 높아집니다.

⑥ 전자책(이북)을 활용합니다

스마트폰으로 전자책을 읽는 방법도 좋습니다. 스크랩 기능으로 중요 구절을 모아 독서카드를 쉽게 정리할 수 있습니다.

⑦ 독서카드로 정리합니다

중요 내용이나 인상 깊은 구절은 반드시 기록해 둡니다. 나중에 글을 쓰거나 기획을 할 때 큰 도움이 됩니다.

위의 방법을 활용하면 1년에 50권도 읽을 수 있습니다. 책을 처음부터 끝까지 다 읽어야 한다는 강박관념을 내려 놓으면 수많은 정보를 자신의 것으로 만들 수 있습니다. 도서관에서 책을 빌려서 머리말과 끌리는 곳만 펴서 읽어도 충분합니다. AI의 성능을 더 효과적으로 활용하고 싶다면 웹에 돌아다니는 정보보다는 독서를 통해 더 깊은 정보를 쌓아야 합니다. 독서 카드가 그러한 정보를 쌓는 데 큰 도움이 됩니다. 독서는 통찰력의 재료인 뼈대지식을 기르는 활동이라는 점을 인식하기 바랍니다.

창의적 발상을 위한 독서카드 활용법

책을 읽은 뒤 그냥 덮지 말고 핵심 내용을 독서카드로 정리하는 습관을 들이길 권합니다. 독서카드는 기억을 체계화할 뿐 아니라 나중에 새로운 아이디어를 도출할 때 강력한 도구가 됩니다. 독서카드를 기록하는 요령은 다음과 같습니다.

- 형식은 자유롭게, 기록 매체도 블로그, 메모 앱, 노트, 클라우드 문서 등 어떤 것이든 상관없습니다. 중요한 건 기록 그 자체입니다.
- 다음 요소를 포함해 작성하면 좋습니다. 모두 포함하기 부담되면 2번 항목만 기록해도 충분합니다.
  ① 책을 읽고 느낀 생각이나 인사이트
  ② 인용하고 싶은 구절(페이지 번호 포함)
  ③ 자신만의 의견은 색깔이나 기호로 구분

- **독서카드 작성 사례**

패트릭포사이스. 《읽고 싶은 보고서 제안서》. 이진원 옮김. 비즈니스맵. 2007.

1. 간결하다

짧은 글이 긴 글보다 훨씬 더 읽기 쉽다. 하지만 정말로 중요한 건 주제와 목적에 맞는 적절한 길이여야 한다는 것이다. 가장 적절한 보고서는 핵심을 찌르고 필요한 말만 콕 집어서 해 주는, 한마디로 간결함을 갖춘 보고서. 보고서는 10쪽 또는 50쪽으로도 작성할 수 있지만, 분량에 관계없이 중요한

건 간결함이다. (21~22p)

☞ 항상 생각해 오던 내용인데 역시 동서양을 막론하고 간결 명료한 것이 비즈니스에서는 효과적인 것 같다.

책 한 권을 읽고 나만의 한 줄 문장이 남았다면 충분히 의미 있는 독서가 된 것입니다. 이렇게 축적된 독서카드는 여러분의 사고력과 기획력을 확장시켜 줄 든든한 자산이 될 것입니다.

2주 만에 30권 읽는 '주제별 추적 조사법'

명확한 목적 없이 정보를 무작정 모으기만 하는 사람이 많습니다. 이러면 머리에 얕은 수준의 정보만 남고, 실제 보고서 작성이나 기획을 할 때 별 도움이 되지 않습니다. 좀 더 깊이 있고 체계적인 정보를 얻고 싶다면 지금 소개하는 방법을 활용해 보길 권합니다. 제가 '주제별 추적 조사법'이라고 이름 붙인 이 방법은 특정 주제를 중심으로 링크를 따라가듯 계속해서 자료를 깊이 있게 추적하는 방식입니다.

예를 들어 '이순신 장군'에 관한 정보를 조사한다고 해 보겠습니다. 먼저 가장 유명한 《난중일기》를 읽어 보겠죠? 그런데 이 책에는 전투에 대한 구체적인 묘사가 부족하다는 걸 알게 됩니다. 그러면 자연스럽게 《임진장초》 같은 장계를 찾아 읽게 됩니다. 그러다 또 다른 궁금증이 생깁니다. 조정에서는 이순신 장군을 어떻게 평가했을까? 이럴 땐 《조선왕조실록》 데이터베이스에서 '이순신' 키워드로 검색해 관련 기사들을 살펴볼 수 있습니다. 그런 다음 조정에 이순신 장군을 추천했던 류성룡의 《징비록》을 찾아 읽고, 또 적국인 일본 쪽 자료를 찾아서 그들 시각에서 이순신 장군을 어떻게 평가했는지도 살펴보게 됩니다.

이처럼 책, 논문, 블로그, 뉴스, 홈페이지, 데이터베이스 등 다양한 출처를 활용해서 하나의 주제를 다각도로 파고드는 방식이 바로 '주제별 추적 조사법'입니다. 이 방법을 활용할 때 인터넷 검색 정보만으로는 깊이 있는 정보를 얻기 어렵다는 점에 주의해야 합니다. 검색자료는 신뢰성이 부족하거나, 표면적인 정보인 경우가 많기 때문이죠. 따라서 책을 꼭 함께 참고해야 합니다. 그러다 보면 전혀 다른 분야의 책에서 의외로 좋은 정보를 얻기도 합니다. 예를 들어 저는 조직관리나 리더십을 고민할 때 철학서나 《사서오경》 같은 고전에서 중요한 통찰을 얻기도 했습니다.

이 방법의 핵심은 '모호하게 알고 있는 부분을 집중적으로 파고드는 데' 있습니다. 단순히 이순신 전기 한 권 읽는 수준이 아니라, 인물에 대한 입체적이고 깊이 있는 관점을 얻게 되죠. 이런 정보는 서로 연결되며 새로운 콘텐츠로 발전하고, 나아가 전문가와 깊이 있는 대화를 나눌 수 있는 기반이 됩니다. 이 방법의 가장 큰 장점은 짧은 시간에 특정 분야의 전문성을 쌓을 수 있다는 것입니다. 저는 책을 쓸 때 도서관에서 관련 주제의 거의 모든 책을 훑어보곤 합니다. 필요한 부분만 빠르게 읽고 정리하면 2주에 30권 정도 읽기도 충분히 가능합니다. 마지막으로, 자료를 찾을 때 반드시 '주제를 정해 놓아야 한다'는 점을 당부합니다.

이렇게 하면 관련 자료를 끝없이 확장해 나갈 수 있고, 단순한 정보 습득을 넘어 사고의 깊이까지 넓힐 수 있습니다. '왜 그랬을까?'라는 질문을 계속 던지며 한 시대를 이해하려는 시도는 결국 미래를 읽는 힘을 기르는 연습이 됩니다. 단기간에 사고력과 기획력을 탄탄하게 키우는 데 아주 효과적인 이 방법을 여러분도 한 번 도전해 보기 바랍니다.

005
지혜의 출발점은 모름을 인정하는 것

지혜로운 사람은 언제나 '자신이 모른다는 사실'을 인지합니다. 겸손한 마음으로 매순간 상대방에게 배울 점을 찾고, 아는 것에 안주하지 않으며 모르는 것을 인정할 줄 아는 태도가 바로 진짜 지혜의 출발점입니다. 소크라테스는 델포이 신탁에서 '아테네에서 가장 현명한 사람'이라는 말을 들었을 때 이렇게 응답했습니다.

"나는 내가 아무것도 모른다는 단 한 가지를 안다."

자신의 무지를 인정하는 것. 즉, '아는 것과 모르는 것 사이의 경계를 인식하는 능력'이야말로 진정한 지혜의 시작입니다. 최인철 교수도 저서 《프레임》에서 '지혜는 한계를 인정하는 것'이라고 강조합니다. 우리가 할 수 있는 것과 할 수 없는 것을 정확히 구분할 수 있어야 더 나은 판단과 선택이 가능해집니다. 이처럼 겸손은 단순히 태도의 문제가 아니라, 깊은 사유와 성찰을 가능하게 하는 '지적 도구'입니다. 내가 아는 것을 과신하지 않고, 모르는 것을 솔직하게 받아들일 때 비로소 우리는 더 큰 지혜와 성장을 얻을 수 있습니다. 지금 이 순간에도 마음속에 '나는 아직 모른다'는 겸손함을 품고 있다면 여러분은 이미 지혜를 향해 한 걸음 더 나아가고 있는 것입니다.

앞으로 우리는 AI와 협업해야 하는 시대에 살게 됩니다. AI는 빠르고 대안도 잘 내지만, 올바름을 선택하는 것은 앞으로도 오랫동안 인간의 역할일 겁니다. 지금은 지식보다 지혜가 중요해지는 시대입니다. 지혜는 선명하게 알고 모르고를 가르는 데서 시작되죠. 항상 겸손한 마음으로 모르는 것을 모른다고 하는 용기를 발휘한다면 메타인지가 강화되어 여러분의 지혜가 나날이 발전할 것입니다.